◎泰山学院学术著作
出版基金资助出版

17世纪以来西方人眼中的泰山

田芬 译著

山东大学出版社
SHANDONG UNIVERSITY PRESS
·济南·

图书在版编目(CIP)数据

17 世纪以来西方人眼中的泰山/田芬译著.
—济南:山东大学出版社,2021.9
ISBN 978-7-5607-6944-8

Ⅰ.①1… Ⅱ.①田… Ⅲ.①泰山—文化研究 Ⅳ.①K928.3

中国版本图书馆 CIP 数据核字(2021)第 195732 号

责任编辑 刘森文
封面设计 王秋忆

出版发行 山东大学出版社
社 址 山东省济南市山大南路 20 号
邮政编码 250100
发行热线 (0531)88363008
经 销 新华书店
印 刷 济南新科印务有限公司
规 格 720 毫米×1000 毫米 1/16
16 印张 294 千字
版 次 2021 年 9 月第 1 版
印 次 2021 年 9 月第 1 次印刷
定 价 49.00 元

前言

泰山自上古以来就是柴祭天下、巡狩四方，给中华民族带来深厚福祉的神圣之地。东岳大帝、碧霞元君、封天禅地又给这座神圣之山增加了无穷的神秘色彩，很多神话传说都能在泰山上寻根溯源。在这座神圣之山庇佑下的是一座国泰民安的城市，一座福及八方、恩泽万代的城市，这座城市就是泰安。数千年来，泰山以包容的姿态迎接了无数王公贵族、文人墨客、圣人君子，还有数不尽的平民百姓、乞丐苦力、远近香客。除此之外，泰山还以她无穷的魅力吸引着来自美国、英国、德国、法国、意大利、西班牙、澳大利亚等世界各地的无数访客。这些访客慕名而来，说着不同语言，或西装革履，或长袍马褂，夹杂在泰城百姓当中。他们为闻名遐迩的泰山自然风光所折服，为泰山上的神鬼人物形象所着迷，对泰山在中华文化上的历史地位感到震撼，对进香的人群充满敬意——他们留下了一篇篇文章和一部部著作。这些文献在记载、研究泰山的同时也使得泰山文化在国际上得到了广泛传播，吸引了众多国际目光。本书就是希望对搜集到的这些外文文献进行探索和研究，了解这些外文文献描述下的泰山文化，阐释和评价外国人笔下的泰山文化。

本书共分为两部分：第一部分包括绪论、第一章至第五章，主要按时间顺序将泰山文化外文文献分为早期发掘阶段、探索发展阶段、深入熟知阶段、持续发展阶段和专题研究阶段。作者对每一个阶段的外文文献进行了搜集、整理、译介和短评，并竭力呈现外文文献中的泰山记载。因中外语言与文化的差异，加之文献作者基于身份、国别、立场等的不同，所以他们笔下所描述的泰山形象及文化未必与客观存在的泰山文化完全一致。基于这个原因，笔者在对原作品进行译介之后又增加了短评内容，分析总结了不同时期泰山文化外文文献的特点，并力图寻找中外语言记述下关于泰山文化的差异性。第二部分包括第六章和第七章，作者将掌握的所有外文文献作品进行了整体架构、解读，分析归纳了不同历史时期下外文文献里的泰山文化特点，并对泰山文化海外传播进行了尝试性研究和实践。

由于水平有限，疏漏在所难免，恳请大家批评指正。

田 芬

2019 年初于英伦

目 录

绪　论 …………………………………………………………………… (1)
第一章　泰山文化外文文献早期发掘 …………………………………… (5)
第二章　泰山文化外文文献探索发展 …………………………………… (15)
第三章　泰山文化外文文献深入熟知 …………………………………… (79)
第四章　泰山文化外文文献持续发展 …………………………………… (158)
第五章　泰山文化外文文献专题研究 …………………………………… (206)
第六章　泰山文化外文文献解构 ………………………………………… (216)
第七章　泰山文化海外传播尝试性研究与实践 ………………………… (227)
附　录　咬文嚼字:英汉语言里的泰山文化对比研究 …………………… (240)
后　记 …………………………………………………………………… (247)

绪论

一、五岳独尊

东岳泰山，闻名遐迩；五岳独尊，保家护国。泰山自上古以来就是柴祭天下、巡狩四方，给中华民族带来深厚福祉的神圣之地。数千年来，泰山以包容的姿态迎接了无数王公贵族、文人墨客、圣人君子，还有数不尽的平民百姓、乞丐苦力、远近香客。

提到泰山最常用的词语就是“五岳独尊”。根据《述异记》[1]记录，五岳的来源有些神话色彩，但是“独尊”则彰显了泰山的气量和地位。唐玄宗《纪泰山铭》已有“五岳之伯”的赞词，但明确提出“五岳独尊”的则是石介的《泰山》诗：“七百里鲁望，北瞻何岩岩。诸山知峻极，五岳独尊严。寰宇登来小，龟蒙视觉丸。此为群物祖，草木莫锄殳。”历史上从舜帝巡狩，到秦汉唐宋皇帝的封禅，再到康乾的“龙脉”祭拜，历代君王都对泰山奉若神宗，称之为“五岳独尊”“五岳之宗”“首出万山”“第一山”等，足见泰山威严神圣的历史地位。

泰山的地位之高、力量之重使得很多词语都辅以“泰山”二字进行类比以增强气势，如“安若泰山”（安如泰山、稳若泰山、稳如泰山、泰山磐石）形容像泰山一样稳固，不可动摇；而“安于泰山”则是比泰山还稳固；“人心齐，泰山移”指的是只要大家一心，就能发挥出极大的力量；“泰山不让土壤，故能

① （南朝梁）任昉（460～508）撰，共 2 卷。其中有篇神话讲的是巨人盘古开天辟地之后倒在神州大地上：头朝东变成了东岳泰山，腹部变成中岳，左臂变成南岳，右臂变成北岳，两脚变成了西岳。巨人之头变成了东岳，所以泰山就是“五岳之首”了。

成其大”[①]指的是泰山不排斥细小的土石，所以能那么高大，比喻人度量大，能包容不同的事物；“重于泰山，轻于鸿毛”[②]形容意义重大，比泰山还要重或比大雁的毛还轻；“泰山北斗”[③]比喻德高望重或有卓越成就，为众人所敬仰的人，又作“泰斗”；“恩重泰山”[④]指的是恩情深厚，比泰山还重；“泰山梁木”[⑤]则是指像泰山崩塌、梁木毁坏一样，比喻伟人去世；“泰山其颓”[⑥]则用于哀悼大家敬仰的人；“泰山若厉”[⑦]指泰山剥蚀得像一块磨刀石那样大，比喻时间久远。

也有的词语拿泰山进行反衬，起到强烈的对比作用，如：“挟泰山以超北海”[⑧]（挈泰山以超江河）指夹着泰山跨越北海（江河），比喻做绝对办不到的事；“一叶障目，不见泰山”[⑨]（一叶蔽目，不见泰山）指一片树叶挡住了眼睛，连面前高大的泰山都看不见，比喻为局部现象所迷惑，看不到全局或整体；“泰山鸿毛”则比喻轻重相差极大；“蚂蚁搬泰山”比喻群众力量大，齐心协力，就可以完成巨大的任务；“捧土加泰山”[⑩]指的是用手捧土增加泰山的高度，比喻不自量力；“有眼不识泰山”[⑪]指的是不认识泰山，比喻见闻太窄，认

---

① （秦）李斯《谏逐客书》：“是以泰山不让土壤，故能成其大；河海不择细流，故能就其深；王者不却众庶，故能明其德。”

② （汉）司马迁《报任少卿书》：“人固有一死，或重于泰山，或轻于鸿毛。”

③ （宋）欧阳修等《新唐书·韩愈传赞》：“自愈没，其言大行，学者仰之如泰山北斗云。”

④ （宋）刘攽《彭城集·次韵孙少述二首》：“君恩重泰山，未有毫发酬。”

⑤ 《礼记·檀弓上》：“孔子蚤作，负手曳杖，消摇于门，歌曰：‘泰山其颓乎！梁木其坏乎！哲人其萎乎！’”

⑥ 《礼记·檀弓上》：“孔子蚤作，负手曳杖，消摇于门，歌曰：‘泰山其颓乎！梁木其坏乎！哲人其萎乎！’”

⑦ （汉）司马迁《史记·高祖功臣侯者年表》记汉高祖刘邦大封功臣的“封爵之誓”：“使黄河如带，泰山若厉，国以永存，爰及苗裔。”意思是：即使到了黄河变成像衣带一样的小河，泰山变成只有磨刀石那样大小，所封的国土都永远存在，一直遗传到子孙后代。

⑧ 《孟子·梁惠王上》：“挟太山以超北海，语人曰：‘我不能’，是诚不能也。”

⑨ 《鹖冠子·天则》：“一叶障目，不见泰山；两豆塞耳，不闻雷霆。”

⑩ （汉）韩婴《韩诗外传》卷八：“臣赐何敢甚言，尚虑不及耳！臣誉仲尼，譬犹两手捧土而附泰山，其无益亦明矣；使臣不誉仲尼，譬犹两手杷泰山，无损亦明矣。”

⑪ （明）施耐庵《水浒传》第二回：“师父如此高强，必是个教头，小儿‘有眼不识泰山’。”又（清）李宝嘉：《官场现形记》第二十五回：“到如今你拿他当古董铺老板看待，真正有眼不识泰山了！”另有如下典故：木匠的祖师爷是鲁班，手艺巧夺天工，非常高明。传说他曾用木头做成飞鸟，在天上飞三天三夜都不下来。可就是这样一位高人，也有看走眼的时候。鲁班招了很多徒弟，为了维护班门的声誉，他定期会考察淘汰一些人。其中有个叫泰山的，看上去笨笨的，虽然来了一段时间，但手艺也没有什么长进，于是鲁班将他扫地出门。几年以后，鲁班在街上闲逛，忽然发现许多做工精良的家具，很受人们欢迎。鲁班想这人是谁啊，这么厉害，有人在一旁告诉他：“就是你的徒弟泰山啊。”鲁班不禁感慨地说：“我真是有眼不识泰山啊！”

不出地位高或本领大的人；“泰山压顶”[①]指泰山压头上，比喻遭遇到极大的压力和打击；“泰山压卵”[②]则指泰山压在蛋上，比喻力量相差极大，强大的一方必然压倒弱小的一方。

泰山也是诗人争相吟咏的对象。一句“孔子登东山而小鲁，登泰山而小天下”[③]吸引了无数人来泰山小天下；杜甫《望岳》名句“会当凌绝顶，一览众山小”一直是人们登泰山的巨大内心动力；李白的《游泰山六首》、谢道韫的《泰山吟》等诗歌充满了对泰山的无比赞美和惊叹。

另外，与泰山相关的词语也是比比皆是，大都有文化内涵和典故深意，比如封禅[④]、圣地、圣诞、朝圣[⑤]、石敢当、舍身崖、无字碑、丈人峰、五大夫松，等等。

二、中外兼容

近代以来，泰山不仅在国内受到了无数民众的信奉、信仰，她还以开放的姿态迎接了海外无数访客，其中最多的群体是传教士。他们来自不同国家，代表不同的教义宗派，在泰山及周边地区传教布道，兴建医院、学校，给泰山信仰带来了冲击和影响。此外，还有慕名而来的旅行家、政客、植物学家、动物学家等，他们到访泰山的同时也把泰山文化传递到了世界各地。这一现象在明清至民国时期尤其兴盛，数量众多的美国、英国、德国、法国、意大利、西班牙等世界各地的游客纷纷到访。这些留着大胡子，说着不同语言，穿着西装、长袍、马褂的外国人夹杂在朴实的百姓当中，使泰城俨然成了一座国际化城镇。而泰山不让土壤，彰显了其兼容并蓄、海纳百川的气魄。他们都为这闻名遐迩的泰山自然风光所折服，为泰山上的神龛人物形象所着迷，对泰山在中华文化上的历史地位感到震撼，对朝山进香的香客充满敬

① （明）贾凫西《木皮词·正传》：“给了他个泰山压顶没有躲闪，把那助纣为虐的杀个净，直杀的血流漂杵，堵了城门。”又（清）文康《儿女英雄传》第六回：“一个棍起处似泰山压顶，打下来举手无措。”

② （南朝宋）范晔《后汉书·广陵思王荆传》：“功易于太山破鸡子，轻于四马载鸿毛，此汤武兵也。”又（唐）房玄龄等《晋书·孙惠传》：“况履顺讨逆，执政伐邪，是乌获摧冰，贲育拉朽，猛兽吞狐，泰山压卵，因风燎原，未足方也。”

③ 《孟子·尽心上》：“孔子登东山而小鲁，登泰山而小天下，故观于海者难为水，游于圣人之门者难为言。观水有术，必观其澜。日月有明，容光必照焉。流水之为物也，不盈科不行；君子之志于道也，不成章不达。”

④ 古代帝王在太平盛世或天降祥瑞之时的祭祀天地的大型典礼，其中“封”为“祭天”（多指天子登上泰山筑坛祭天），“禅”为“祭地”（多指在泰山下的小丘除地祭地）。

⑤ （明）凌濛初《初刻拍案惊奇》十七卷记录了“朝圣”一词：“吴氏出来上香朝圣，那知观一眼估定，越发卖弄精神。”

意，留下了一篇篇、一部部文献史料。这些外文文献不仅记录了他们的泰山之旅，还一定程度上促进了泰山文化的国际传播。经过近十年的搜集和整理，作者掌握的关于泰山的外文文献作品多达200余件，其中包括著作、文章、摄影集、诗歌译作和创作、画作（包括黑白手绘和彩色作品），另外还有夹杂在著作中的若干图片。这些作品均从不同侧面介绍了泰山文化，极具史料和研究价值。

第一章
泰山文化外文文献早期发掘

本章收录的外文文献时间段是从 17 世纪到 19 世纪 60 年代，为泰山文化外文文献的早期发掘阶段。这一阶段文献的主要特点是大都呈现片段描述，内容比较浅显。文献内容涉及了泰山的高度、地理位置、历史地位以及山上的神灵、宗教等，但对泰山基本上还是处于认知阶段。每一部分内容都是节选自不同文献史料中关于泰山的部分。本章主要是对这一时期的海外文献进行整理、译介并进行总结评述。

一、约翰·纽霍夫[①]《荷使初访中国记》[②]（摘译）

泰安是济南所辖的第十六小[③]的城市，其附近有一座泰山。这座山非常

① 约翰·纽霍夫（Joan Nieuhof），出生在乌埃尔森，一个位于荷德边境属于荷兰下萨克森州本特海姆县的小镇。他的父亲（老家在兹沃勒）是该镇的镇长，后来约翰的兄弟之一和姐夫相继接任了镇长职位。在当时荷兰西印度公司一位显赫人物科尔内利斯·扬·维岑的恩典关照下，纽霍夫在 1640 年作为候选后备官出发至荷属巴西。从此之后，除了在 1658 年和 1671 年两次短暂家庭访问之外，他剩下的一生都是在国外度过的。当葡萄牙在葡荷冲突中得利后，纽霍夫在 1649 年离开了巴西，回到荷兰之后他加入荷兰东印度公司。之后在 1654 年他被任命由佩特尔·德·霍耶尔（Peter de Goyer）和亚科布·德·凯塞尔（Jacob de Keyser）率领的使团中的随从一职，去朝拜当时刚登基不久的清朝顺治皇帝。该使团的目的是从清朝皇帝那里取得在中国南部海岸通商的权利。他一直在中国待到 1657 年。回国后，纽霍夫将笔记和注解交付给他的兄弟亨德里克保管。亨德里克后来在 1665 年编撰了这本深度研究中国的书，并附有很多图片及有关最新事件的文字和解释。随后被译成法、德、英语，每种语言的书籍至少有两个版本。

② 《荷使初访中国记》这本书的荷兰语版在 1665 年由亚科布·凡·默尔斯（Jacob van Meurs）出版，后来法译本（1665）、德译本（1666）、拉丁译本（1668）和英译本（1669）相继出版。本文选自英译本第 98 页。

③ 作者将大城市所辖的小城市分成次序等级，比如济南辖有 31 座小城市。

陡峭，连绵起伏：中国地理学家说，从山脚到山顶至少有五英里（约8千米）高。在这座山上有好几个寺庙，里面有成群的道士。他们跟欧洲的隐士一样居住在山上。

短评

这段文字虽然简洁，但却是我们发现的较早的关于泰山的外文记录。文中提到了山的高度和山上神圣的寺庙和道士，均让人感受到当时的泰山之神圣状况。

看得出，作者虽然并未登山，只是转述了一些中国地理学家的观点，但是作者已经接受了这一观点。这些现象让人不得不感慨泰山当时的影响力。

二、温特伯特姆[①]《有关中国的历史、地理及哲学介绍》[②]（摘译）

自尧、舜以来，针对如何才能尊重祭祀有着不同的观点。我们在《书经》和古代中国历史的其他片段中读到舜是第一个授权祭祀的。在农历二月春分之际，当权者会到泰山祭祀，在那里筑坛祭祀，向上天祈求土地上万物生长，带来春机盎然。

短评

这一小节作者介绍了中国的信仰，包括祭祀地点的发展变化。这里提到了春季在东岳泰山祭祀的目的是祈求万物生长，这是关于泰山祭祀的早期记载。将泰山置于祭祀的体系中来介绍，这是对泰山崇高地位的肯定。其中后面提及的祭坛、明堂对泰山祭祀传统来讲均有重要意义。

三、范巴朗[③]《荷兰使臣游记II》[④]（摘译）

我们在清晨7点出发，三个小时后来到了一个镇子，在那里一家非常好

---

① 威廉·温特伯特姆（William Winterbotham，1763～1829），英国浸信会牧师。他著有关于中国和美国信息的著作。

② W. Winterbotham. *An Historical, Geographical, and View and Philosophical View of the Chinese Empire*. London: J. Ridgway, and W. Button, 1795. pp. 327-328. 第一版出版于1795年，此处选用的是1796年版，与第一版内容相同。

③ 范巴朗（André Everard Van Braam，1739～1801），荷兰—美国商人，随荷兰东印度公司出访中国而出名。

④ 全名《1794～1795年荷兰东印度公司全权特使觐见中国皇帝》（*An Authentic Account of the Embassy of the Dutch East-India Company to the Court of the Emperor of China in the Years* 1794 *and* 1795. Vol. 2, pp. 104-105）。1798年英文版是原文翻译而来。

的旅馆用了餐。我们在镇子里逗留了一个半小时，中途停车休息后，下午3点半到达了泰安州郊区。我们将在那里的一个非常寒冷的住所睡一晚。所到之处都能得到官兵的协助。

今天我们在山间旅行。路有时候非常平坦，有时候又凹凸不平。我们一直向南出发，走过了一段距离的山路，又穿过了两个镇子和十一个不知名的村庄。

周围群山荒芜、多石，一点绿色也没有。尽管如此，在土壤性质允许的平地上大都耕种着粮食作物。

走过许多桥，也看到了许多用石头建成的类似凯旋门的牌坊，充满了古色古香。

天气要温和得多，虽然太阳的照耀强度也很大。下午4点，温度为华氏60度。

短评

这段文字虽然没有明确的泰山信息，但是从作者所描述的泰安州山区地带情况，可以推断出这里就是泰山山脉。从文字记载来看，当时的自然条件是以干燥、干旱为主。古朴的牌坊虽然引起了作者的注意，但作者只是觉得这与凯旋门相似，其具体细节并未详谈，由此来看泰山身影若隐若现。

四、戴维斯[①]《中国人：中国和他的居民》(摘译)

(一)《中国人：中国和他的居民》(1836)[②]

在山东，流入黄河的主要河流之一是汶河。它起源于山东泰山，在最高处垂直注入运河。

(二)《中国人：中国和他的居民》(1846)[③]

山东有一座著名的山脉，被华人称为泰山，大概是周围最高的山了。

① 戴维斯(John Francis Davis，1795～1890)，香港第二任总督。

② John Francis Davis. *The Chinese*: *A General Description of the Empire of China and Its Inhabitants*, London: Charles Knight, Vol. Ⅰ, 1836, p. 127.

③ John Francis Davis. *The Chinese*: *A General Description of the Empire of China and Its Inhabitants*, London: Charles Knight, Vol. Ⅲ, 1846, p. 143.

短评

这两句话均选自戴维斯游历中国时的片段。看得出，作者对泰山的理解尚在认识阶段。第一句话说的是泰山和汶河、黄河、运河之间的地理关系。第二句话能够看出泰山在山东的地理地位。这样来看，在当时的外国人眼中，泰山的地理地位是相当突出的。

五、罗类思[1]《在中国的使命》[2]（摘译）

有一座山脉，据说是中国最崇高的山脉，因此被叫作泰山（或者大山），是这个省内虔诚的信仰者们齐聚的地方。山上不止有一个教派，每个都有他们自己信仰的神像和安放神像的庙宇。因此，这座山从下到上遍布着神龛庙宇；数量众多的道士们夜以继日地唱着颂扬他们神像的歌词，同时施展着各种仪式来吸引来自全国各地的成群的朝圣客们。尤其是每年的头三个月，在去往这座山的路上都涌满了长长的大篷车。人们或来此还愿，或向他们钟爱的神仙求健康、财富或寻求死后重生的幸运境地。有一天，我在路上遇到一辆敞篷马车，车上载满了穿着节日盛装的老太太，跟着我一起走在通往这座名山的大路上。他们和我同住一家旅店。我好奇地问这些妇人是什么原因让她们以这么大的年纪和这种方式来此。她们说她们是“长斋”(chang-chai)分支，因其一生从未吃荤而得名。并且还说她们感知到生命将尽（年纪最小的78岁，最大的99岁），因此特意从300英里外的河南南部来提醒她们信奉的神灵，鉴于她们一生遵守道规，祈求能够实现灵魂的幸福轮回。可怜的妇人们！我感觉有一天她们会从心底抱怨她们的苦行，谴责基督徒的放纵。

短评

这段文字选自罗类思的书信，介绍了泰山的历史地位、历史渊源和宗教信仰以及泰山上的庙宇神龛，更重要的是描述了络绎不绝的信众，尤其是作者遇到的河南信众。这些描述足见当时的泰山信仰深远影响，使得外国人对泰山的印象不再仅仅停留在最初的地理位置、地理概念认识之上，所以这

---

① 罗类思，又名罗伯济(Bishop Lodovico Maria Besi 或 Louis de Besi，1805～1871)，意大利人，天主教山东宗座代牧区首任主教，天主教南京教区署理主教。

② M. Besy. *Mission de la Chine*, *in Annales de la propagation de la Foi*. Oeuvre de la propagation de la foi, A Lyon, Chez L'editeur des Annales, 1844, pp. 419、421-422.

段文字的意义非同一般。1846 年《中国丛报》[1]和 1883 年卫三畏在《中国总论》[2]上也有对此段文字的引用。

六、《中国丛报》上摘译的有关泰山的片段信息

(一)《中国丛报》(1842)上的泰山信息[3]

"山东有一座著名的山脉,被华人称为泰山,大概是周围最高的山了。"这句话引自香港第二任总督戴维斯描述游历山东时的记载。同时,这一期报纸在介绍孔子时,对孔子的去世引用了著名的"泰山其颓乎"(见图 1-1)。

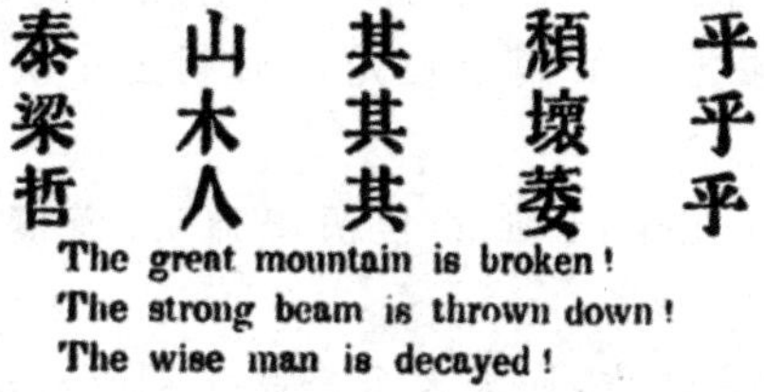
泰山其頽乎
梁木其壞乎
哲人其萎乎
The great mountain is broken!
The strong beam is thrown down!
The wise man is decayed!

图 1-1 《中国丛报》引用"泰山其颓乎"

(二)米怜[4]《中国丛报》(1844)上的泰山信息[5]

就如名字所述,东岳庙要和东岳神联系起来。为了解释清楚,要提及一下中国的五岳。五岳是充满寓意的连绵高山,它们是东岳泰山……每座山上都以一个神灵而著称。而这座庙宇(东岳庙)就是祭祀东岳的神灵(东岳

---

① 《中国丛报》(*Chinese Repository*). Vol. 15, 1846. p. 251. 该报是中国最早的英文期刊,由美国公理会(Congregational Church),又称美部会(American Board of Commissioners for Foreign Missions)的裨治文(Elijah Coleman Bridgman,1801～1861)于 1832 年创办的英文月刊,最初创刊时,刊名叫《澳门月报》。1847 年之后,该刊的编撰即由卫三畏负责。主编先后有裨治文、巴驾(Peter Park)、卫三畏(Samuel Wells Williams)、郭实腊(Karl Friedlich Gutzlaff)等。1851 年 12 月该报停刊,一共 20 卷,第 1 至 8 卷为跨年度卷,每卷 12 期;第 9 卷为 1840 年 5 月至 12 月号,共 8 期;第 10 至 20 卷为年卷,每卷 12 期。每期约 50 页。该刊最高时印刷达 1000 册以上。该刊详细记录了第一次鸦片战争前后中国的政治、经济、文化、宗教和社会生活等诸多方面的内容。其受众包括中国、欧美和东南亚国家读者。以 1834 年为例,《中国丛报》在中国的发行量是 200 册,美国 160 册,英国 40 册。其宗旨和目的主要是为欧美列强提供有关中国政治、经济、军事、文化、地理等方面的情报,为武力侵略中国服务。

② Samuel Wells Williams. *The Middle Kingdom*, New York: Chailes Scribner's Sons, 1883, pp. 90-91.

③ *Chinese Repository*. Vol. 11, 1842, pp. 21、566.

④ 米怜(William Milne,1785～1822),1813 年来华协助马礼逊工作,因庇护问题暂居马六甲并且创立英华书院,著述译作颇丰。

⑤ *Chinese Repository*. Vol. 13, 1844, pp. 83-84.

大帝)的。

(三)《中国丛报》(1849)上的泰山信息[①]

……陈虎:听着!那徐州供奉泰山神的东岳庙至灵验——非常强大非常神圣之神——庙里有个玉杯珓儿。怀有身孕的妇女将它投掷到地上,如果凸面朝上就是上上大吉签,她怀的便是个男孩;掷个凹面朝上,就是中平签,便是个女孩;掷个一凸面上一凹面下便不合神道签,是个鬼胎。因此要去掷个玉杯珓儿去。

……

……因为我怀胎十八个月不分娩,陈虎对张孝友说,那徐州东岳庙至灵验,有个玉杯珓儿。根据凸面朝上还是凹面朝上来决定命运。因此丈夫和我要去掷玉珓儿。

……张:照顾好我儿子,让他相信阴阳神明;谨慎称呼祭祀泰山神的香客们。

……且休说阴阳这造化,许来大个东岳神明。他管你什么肚皮里娃娃。我只知道:种谷得谷,种麻收麻。咱是个积善之家,天网恢恢不漏掐,这言语有伤风化。

……陈虎说东岳庙的泰山神至灵至圣。我想去掷个玉杯珓儿,便快速返回见父母亲。

短评

第一段虽然是翻译的"泰山其颓乎"的信息,但是如此引用,再加上地道的翻译,恰恰是对泰山地位的最高礼赞。

第二段文字米怜描述的是宁波东岳庙和阎罗庙。作者将东岳庙和东岳神以及五岳联系起来,并且写到每座山上都有一个神灵供人们祭祀供奉,看得出作者对泰山的相关认识还停留在山岳崇拜上。作者并未亲临泰山,但将五岳的概念提了出来,足见泰山的影响力。

第三段文字编译自元杂剧《相国寺公孙合汗衫》。这几段出现众多关于东岳大帝/泰山神的台词,将泰山神的威力、民众的信仰和东岳庙会简洁明了地介绍给读者。而在元杂剧中,东岳大帝(泰山神)的信仰尤为突出,这与元朝加封泰山神为"东岳天齐大生仁圣帝"息息相关。[②]

---

① *Chinese Repository*. Vol. 18, 1849, p. 129.

② 参见刘慧:《东岳大帝信仰研究》,第四届"东岳论坛"国际学术研讨会论文,北京,2008年;代洪亮:《官方化与民间化:明清山东的东岳大帝信仰》,第四届"东岳论坛"国际学术研讨会论文,北京,2008年。

七、艾约瑟[①]《道教神话的现代形象简介》[②]（摘译）

山东的高山——泰山上的主神被称为东岳大帝，就是东部高山上的伟大皇帝的意思。还有其他四座高山的神，分别位于中国的北、南、西和中部。但是比起其他的四座山来，泰山更是道教崇尚之山。据说，在不同的年代里，东岳大帝不断以不同道教尊长的形象出现。他掌管着过去和未来的惩戒。地狱两大体系都有他掌管的部门：一个是十殿阎罗之一；另一个是三十六道鬼门之一。他秉承着上天的恩德，找出那些堕落的、欺诈的灵魂并拯救之。

短评

这段信息将泰山和道教紧紧联系在一起，凸显了作者对中国传统宗教信仰的研究。同时提到东岳大帝在不同时期的不同形象，掌管着过去、未来、生、死，也表明了作者对泰山信仰的认识之深刻。这是笔者所搜集到的关于泰山的外文文献里首次将泰山与道教关系明确讲述出来，所以本段信息非常有价值。

八、《奥克兰每日南十字报》中的《游览山东全省——孔子墓》[③]（摘译）

我们刚收到一封来自一位著名医生的信件，对信件内容很感兴趣。这位医生住在芝罘，这封信无疑给读者提供了一个了解从未涉足之地诸如山东的机会：

我刚从内地旅行回来，待了七个周，我们一行三人，游遍了山东全省。我们到达了最西面的济南府，最南面的兖州府和沂州府，继续向上走，绕过山东半岛的脖颈回到了芝罘。

我们拜访了著名的泰山并在山顶过夜。山顶天气异常寒冷，我们遭遇了暴风雪，这给我们下山造成了很大的困难。一条石头台阶筑成的路直通向山顶，我个人感觉这是关于泰山的最了不起的一件事了。当地人说泰山从山脚到山顶的路是45里，登山的路程确实需要走走停停。途中每隔一段距离就有一座寺庙或茶馆。成千上万的朝圣客川流不息，上上下下。

---

① 艾约瑟(Joseph Edkins，1823～1905)，伦敦会传教士、汉学家，1843年来华直至在上海病逝。

② 节选自《皇家亚洲文会北华支会会刊》第3卷，1859年，第313页。

③ 摘译自《奥克兰每日南十字报》(新西兰，奥克兰)1864年7月27日。《奥克兰每日南十字报》发行于1843年，由著名商人、政治家威廉·布朗在奥克兰创办。

短评

这是一篇来自新西兰当地的报纸报道，是关于一名医生游历泰山的见闻，属于国外发现的关于泰山的早期信息介绍。正如新闻所述，这篇报道给读者提供了一个了解未涉足之地诸如泰山的机会。时值冬季，泰山山顶异常寒冷，且有暴风雪。登山的盘道、山脉的高度、朝圣的香客都展现在读者面前。这是泰山给游客的感官印象，也是泰山的直接吸引力。在19世纪60年代，这样的文章信息足以将泰山的朦胧印象传递给世界。所以这篇文章的价值所在就是：这是一篇向国外传播和传达直观的泰山文化的早期作品。

九、佐麻须[①]《中、日与东亚相关的科学、历史和艺术》[②]（摘译）

一位著名的医生，从山东省回来的时候，讲述了他去过的地方——我们整晚都睡在著名的泰山顶上，极度寒冷，我们遭遇了暴风雪，这使我们再次下山陷入了困境。一条铺着台阶的道路延伸到山顶。在我看来，这是与这座著名的山脉相关的最美妙的事物。当地人说，这条台阶从上到下里程为45里，上山肯定是需要循序渐进的，每隔一段路程就有寺庙和茶馆，几乎垂直立着。成千上万的朝圣者辛苦地上山、下山，绵延不断。在曲阜，我们看到了孔子的墓地和一座纪念这位圣人的寺庙——这是我见过的最大的建筑，充满了趣味。坟墓不在城里，穿过一条长长的枞树大道才能到达。墓地的周长为6英里（比这座城本身的面积大），并且安葬着这位哲学家和他所有的后人。他的一个后人，现任孔家的大家长，拥有"衍圣公"的头衔，负责与这个地方有关的一切事务。圣人的坟墓是一个巨大的土墩，前面立着一块简单的墓碑。这块石头没有任何装饰，与四面环绕并雕刻的现代日期形成鲜明对比，这石头上还胡乱刻画着许多符号。

短评

这段经历描述的是作者讲述的别人登泰山的见闻：气候寒冷，盘道陡峭，寺庙茶馆遍布，香客络绎不绝。这样的描述让读者看到了冬天的泰山也不缺少朝圣的香客，所以泰山的影响力可窥一斑。接下来对孔庙、孔林的描

---

① 佐麻须(James. A. Summers，1828～1891)，英国汉学家、英国文学教授，1848年受雇香港圣保罗学院，1854年在伦敦大学教授中国语文，1863年出版第一本关于汉语的书，1873年曾受雇日本明治政府开设英语课程。

② James. A. Summers. *The Chinese and Japanese repository of facts and Events in Science, History, and Art, Relating to Eastern Asia*. VOL. I. (1863～1864). London：W. H. Allen and Co. Waterloo Place；Paris：Benj. Duprat, Rue du Cloltre-Saint-Benoit；And at The Office of The Chinese and Japanese Repository, 31, King Street, Cheapside, London. p. 518.

述也让读者感受到泰山、孔子一脉相承的关系。随后的各种游记也能看得出来，但凡到过泰山的游客必然去曲阜瞻仰孔庙、孔林或孔府，而但凡慕孔子之名来参观游历的也必然会到泰山一览众山。在很长一段时间里，泰山和孔子密不可分，这也是为什么很多初来乍到的人会误认为孔子墓在泰山之巅。但是无论如何，圣山泰山、圣人孔子将圣省山东的美名传播到了世界各地。

值得注意的是，本节内容与上一节"游览山东全省——孔子墓"内容有很大相似之处，虽然上一节内容是发表在面向新西兰当地发行的报纸上。这二者之间的关联还有待进一步发掘。

十、伟烈亚力[①]《湖北、四川和陕西之旅》[②]（摘译）

峨眉山，名气与泰山媲美。而泰山则是儒教的集中地。

短评

这句话引自作者在游历湖北、四川和陕西时所作。虽然短短一句话，但是信息量很大，"峨眉山，名气与泰山媲美"明确突出了泰山至尊的地位，而后提到"泰山则是儒教的集中地"又反映了作者的认识欠缺，因为泰山容纳儒家、佛教和道教思想，是各种思想、信仰的和谐相处之地。

十一、卢美诗[③]《孔子和中国的经典：读中国文学》[④]（摘译）

我们的北边是群山，其中矗立着中国的五岳独尊——泰山。舜巡狩全国时，曾经首先在那里献祭。祭品在公元前2272年一个神圣的月份献上。

短评

这段文字是作者在介绍孔子及其经典作品时所述。正如其他作品一样，泰山与孔子总会被同时提及。虽然这里只有短短几句话，但是泰山的地位也赫然在目。

---

① 伟烈亚力（Alexander Wylie，1815～1887），英国汉学家，伦敦会传教士。1846年来华。伟烈亚力在中国近30年，致力于传道、传播西学，并向西方介绍中国文化，在这几个方面都有重要贡献。1877年，伟烈亚力因年迈体弱，视力衰退，返回伦敦定居。1887年2月10日逝世。

② 节选自《皇家亚洲文会北华支会会刊》第4～5卷，1867～1868年，第249页。

③ 卢美诗（Augustus Ward Loomis，1816～1891），1840年毕业于美国普林斯顿，1844年到浙江传教，一直待到1850年因健康问题回国。

④ Augustus Ward Loomis. *Confucius and the Chinese classics: or, Readings in Chinese literature*. San Francisco, A. Roman & company, 1867.

十二、本章小结

本章节内容所涉及的泰山信息大多是片段描述，涉及泰山的高度、地理位置、历史地位和山上的神灵、宗教。但是这些信息仅限于中国史书的翻译，作者亲临泰山的见闻，或者转述别人的游记。

看得出，无论是一段文字描述还是一句简洁的话，泰山的影响力都是深远的。无论是用来作比较还是简单陈述，泰山的地位都是五岳独尊的。而在描述中，泰山往往与孔子同时呈现，这是对圣山、圣人的最直接赞美。

但是也看得出，这一阶段外文对泰山文化的理解还是朦胧的介绍，还处于认知阶段，停留在表面程度的理解。然而这些文章为彼时泰山文化的传播起到了重要的媒介作用，因此吸引更多的人慕名而来，更多的关于泰山文化的外文文献也呈现出来。

第二章
泰山文化外文文献探索发展

本章收录的外文文献时间段是从19世纪70年代到20世纪初，为泰山文化外文文献的探索发展阶段。这一阶段文献的主要特点是作者大都亲历泰山，对泰山有了进一步的认识，内容也较前一阶段更为丰富。每一小节内容都节选自不同文献史料中关于泰山的部分。本章主要是对这一时期的外文文献进行整理、译介，并进行总结评述。

一、马安[①]《山东游记》(摘译)

以下两篇文章选自英国驻烟台领事马安游泰山的见闻。从他的描述来看当时的泰山周边，也会有所发现。

(一)《山东游记：从芝罘到孟子故里邹县》[②]

从济南府出发，我们沿着一段景色优美的山脉西侧一直向南走。大概离济南30英里处，我们走到了南京到北京的官道上。这里以前一定是一项伟大的工程，但是现在却破败不堪。到处都是横跨河流、沟谷的小桥，早已年久失修。我们经过很多村子，都留有战争的痕迹。村民告诉我们，他们从官兵那里遭受到的侵扰和从叛乱分子那里遭受到的一样多，甚至有时候更加严重。越接近泰安府，景色越美。我们经过一道山谷，向东是泰山山脉，

① 马安(John Markham，？～1871)，1852年作为翻译来到广东，1863年6月6日至1865年3月英国驻沪副领事，后任驻芝罘(烟台)领事。

② 节选自《皇家亚洲文会北华支会会刊》第6～7卷，1869～1872年，第13～29页。

向西是一些崎岖的低矮小山。离泰安城15英里处,我们到达一片平原,这里恰恰位于泰山山脉北坡的山脚下。泰安城是方形的,有完好的城墙和毗邻的郊区,但是城里的街道都损坏严重,尘土飞扬。街道上有许多精美的商铺,但是最好的却是在城西的郊区,那里有一座铁塔,足有40英尺(约12米)高。这是明朝万历皇帝听从自己母亲的请求所建造。万历的母亲南巡经过泰安,对泰安极为推崇。万历皇帝还在附近建了一座庙宇,庙内塑有自己母亲的神像。[①] 这座寺庙曾被当朝修缮,但是叛乱之际,庙宇都被破坏,现在已是一片废墟了。

整座泰城北部都被泰山寺庙占据。这座似宏伟巨大宫殿的庙宇占地大约25英亩(约101171平方米),种植着好看的柏树和紫杉,年月久远,尺寸巨大。庙宇周围是高大的墙体,像其他城墙一样中间是大门,可以从中穿过去。

当我们赶到那里的时候,正遇上一个当地的大集,在一些空地上聚集了来自全国各地的成千上万的人。这里有点心摊位、售卖各种玩具的台架子、临时剧院、皮影戏和转转椅;街头到处都是吹拉弹唱的、玩杂耍的和变戏法的艺人。人们似乎很享受这一切,但却有节制并且温文尔雅。见到我们,他们当然很好奇,尤其是一些第一次见到外国人的,但是他们没有表现出不文明。不管怎样,我从来没有听到过"外国魔鬼"这个词。但是必须记住,我们可能是第一批被这么多人看到的欧洲人。对我们来说,也是平生第一次。这座庙宇的主殿大约有12英尺、高50英尺宽,周围有大理石栏杆,呈梯形层次排列。大殿有120英尺长、50英尺宽,一个隆起的平台有14英尺高,由雕刻精美的大理石柱子支撑。屋顶是黄色、绿色的琉璃瓦,屋檐是精美的雕刻和绘画。寺庙里面,在一个一个凸起的平台上有一把大椅子,上面坐着代表皇帝的舜的雕像。据说舜第一次巡狩全国的时候是在泰山祭祀天和地的。那时候他还在辅佐统治了74年的尧。传说他在自己统治的第五年,也就是公元前2254年,舜又一次来到泰山举行封天禅地的祭祀活动。在这次祭祀中,他向全国的贵族、部落酋长宣告,指示他们学习文明和技术。寺庙内部的墙壁上画着皇帝出巡的一幅全景图。图画里面的白象在突出的位置上。这幅画远远超出了我在中国见过的所有画卷,而且确实是艺术成就的代表作品。

泰山的登山路线是一条蜿蜒12英里的石阶盘道。这条盘道从泰城北门外开始算起:刚开始是一条峡谷,越往里走坡度越陡峭,直到最后的3英里路

---

① 此处指的是泰城天书观,观内曾祀九莲菩萨,就是被万历皇帝加封神化的母亲形象。——笔者注。下文注释如无特殊说明,均为笔者注。

几乎成了垂直的。我估计了一下,从山脚到山顶,这座山的整个高度有5000英尺。刚开始的1600英尺的路两侧都是柏树,再往上一直到山顶就是杉木了。半山腰向上一点的一处松树就是舜帝躲避暴风雨的地方了。[1] 在这附近有一座庙宇记录着孔子所登临的位置,从这里看得出孔子并未登顶泰山。我们上山的路上穿梭着成百上千的上山和下山的朝圣客们,他们来自全国各地。无数的乞丐们立在路两旁乞求朝圣客们的施舍。这些可怜的人们住在路边的洞穴里。路边随处可见由朝廷或有名望的朝圣客们立的石碑。石碑是从石头上砍下来雕刻而成,上面刻着皇帝、钦差、大臣等的名字,以此来代表着登山朝圣者对圣山的崇敬和因圣山而获得的荣耀。盘道上到处都是祭祀的寺庙,但是只有一处可以休息、吃饭、喝水。山顶上有几座寺庙,中间最大的一座叫老母庙,是可怜的妇女们上山进香的地方。这座庙是一个大院子,两侧各有一座小庙,形成两个小院子。主庙的屋顶是铁瓦片,相连的小庙屋顶是铜瓦片,而门廊上的瓦片是绿色、黄色的瓦片。院子中间有一个漂亮的亭子,里面供奉着元君像。最大的寺庙平时是关着的,只有在每年阴历四月十八日的时候才会由钦差本人或者其代表开门,主持仪式拿走上供的祭品、银锭、银圆、旧鞋子等等。这些物品都是朝圣的妇人们通过大门上的缝隙[2]扔来的,用这种方式向元君祈愿。就在这个院子里,主庙的前面有两个铜碑,有14英尺高,是乾隆皇帝所立。山上的众多寺庙也是由乾隆皇帝下令修缮。这座庙东侧是另一座东岳庙,西侧是孔子庙,后面是一块大石碑,大概有40英尺高,唐朝所制。这座山上的寺庙都是道教的场所。[3] 最高峰叫玉皇顶,这里立着一块唐朝早期的石碑。从顶峰看风景是绝佳的,向西北和东北望去,一层又一层的山脉连绵不绝,但是东南和西南方向则是大平原,一直向外延伸。泰安府城——就像棋盘上的一个方块——就在这平原之上,偶尔这儿那儿会有几座突兀的小山。

我们在泰山(也叫"岱宗")山顶上过夜。气温达到零下14摄氏度,第二天早上9点半我们开始下山,到山脚的时候是12点半,相当于上山时间的一半。快到山脚的时候我们到附近一处道教的庵庙看了看。这里精致完好,远远比山上那些道士们掌管的寺庙、道院干净多了。这里的女尼却是因为长相娇美、穿着整洁而出名。斗母宫附近是一处道院,拱顶的建筑内有一具

① 历史上在泰山遭遇暴风雨的典故与秦始皇相关,而舜帝并未有出处。根据下面描述位置推断这里提及的舜帝躲避风雨是一误解现象。

② 原文用的是trap这个词,待查。一般是指大门的门闩。

③ 此处的信息与史实也有出入。泰山的寺庙大部分是道教的,但是也有佛教的痕迹,比如斗母庙、丰都庙等。

干尸骨架，皮肤都已经干了，附在骨架上。这是200年前康熙皇帝在位时的一个道士羽化升仙后留下的。就像道士们打坐时一样，他升仙后干尸也是盘腿而坐，身上还披着后人给他穿戴的精美黄色丝绸长袍。他因虔诚而出名，是这座道观的真人。我还想说一下，我们上山的路上遇到了一个高官，遇到他时，他对我们每一个人(我们一共3人)都礼貌地表示敬意。为了弄清楚这位官员是谁，我们询问了周围的人，得知他是兖州的大官。这也就一下子能解释他对外国人表示礼貌的原因了，因为我确定我之前因军务参观那座城市(指的是兖州)时见过他。他本来可以对我们报以最大的冷漠和轻蔑的。

泰安府是丝绸生产区的中心，一些丝绸产品是在城里制造的。这里同样也解释了为什么我们在烟台看到一样的丝绸，但价格高昂的原因了。官员们竭尽全力向外国人出售丝绸产品。从一个丝绸经销商那里，我们听到这样的话："如果得到许可，他们可以用自由的方式交易，那些蚕农和经销商反而不乐意。"在这附近种植着大量的烟草，大枣生意规模也很大，果园里到处都是这些树。

我们继续向曲阜出发，那是孔子的故乡。

(二)《山东游记》[①]

泰安府四面围墙，位于中国的圣山泰山脚下。因为是附近最高的山，泰山由此得名，其山脉绵延从济南一直延伸到泰安。在泰安城的北部是一座宏伟的寺庙，因泰山而建，占据了这座城市北部的大部分地区。这栋建筑坐落在占地25英亩的一座精美公园内。园内树木主要是由红豆杉、雪松和柏树组成。这些树年龄非常长，主要是公元960～1628年期间宋朝、元朝和明朝的皇帝种植。主殿有120英尺长，50英尺宽。殿内正大门内是一尊巨大的雕像，代表着舜帝，坐在一张巨大的椅子上。据说，在尧在位的第76年[②]，大约公元前2281年，舜第一次代替尧帝巡狩帝国时，将泰山奉献给了天帝，并在山顶祭祀，柴祭上天。舜于公元前2255年接替了尧。这座宏伟的寺庙墙壁上绘画着一幅全景画，非常精美，代表着皇帝游行。图上绘有白象、骆驼和其他动物，惟妙惟肖如同真的一样。这幅画从东侧墙开始，沿着北墙向后墙延伸，在西墙上终止。

从寺庙出发，我沿着12英里长的盘路上山。盘路是由一连串的台阶组

---

① John Markham. *Notes on A Journey Through Shantung*. Journal of the Royal Geographical Society of London, Vol. 14, No. 2 (1869～1870), pp. 138-139.

② 需要注意的是作者在本篇记录是76年，在上一篇记录是74年。同一问题是接下来提到的公元前2255年，在前一篇提到的是公元前2254年。

成，从北门外面开始，然后缓慢地一直上升，到了一个峡谷后逐渐陡峭起来，直到最后接近垂直状态，使得登山变得最费力气。前 2000 英尺的道路上布满了美丽的雪松和紫杉树，但过了这个高度，在接下来的 3000 英尺处，路两侧树木就被普通的平顶杉木取代。在路的两边都建有许多小寺庙，有许多石碑，是历代皇帝、官员和其他名士所立。其中一些年代非常古老了，字迹几乎被时间和采拓所抹平。

山顶被称为玉皇顶，这里的寺庙有 5000 英尺。自从舜将这座大山献祭给真神以来，它一直被认为是每个王朝皇帝的神圣崇拜之地。泰山的所有寺庙都是道教的，道士们穿着黄色的粗布袍子。从泰山顶上所看到的景色是最壮美的。在东北和西北方向，你可以看到山脉绵延，在东南和西南方向是一望无垠的大平原，泰安城就在脚下，远处还有一些其他城镇。在东南方还可以看到大汶河在高大茂密的树林中蜿蜒前行。

短评

从第一篇来看，作者的描述比较细致：通往泰城的官道、官兵扰民以及泰城的城墙、街道、铁塔、天书观，岱庙庙会、天贶殿及壁画，泰山的朝圣者、乞丐、元君庙及其祈祷方式等习俗、斗母宫、孙真人庙，还有泰安的丝绸等等都是前所未有的经历。

第二篇文章虽然比较简洁，但是对寺庙植物、盘道上的杉木以及山顶上的玉皇顶描述也为泰山增色不少。

这两篇文章比较之前的转述、翻译更直观，更能让读者了解真实的泰山。但是不难看出，这还是游记类描述，并未直达泰山文化的核心内容。而且对于个别古迹的历史并未深究，甚至出现解释上的错误。另外需要注意的是，作者在本篇记录上时间也有混乱。比如：第二篇说尧在位 76 年，舜是公元前 2255 年封禅泰山；但上一篇记录的是尧在位 74 年；公元前 2254 年舜封禅泰山。

总之，从这一阶段开始，越来越多的外国人开始慕名而来，也有更多的外文游记资料开始呈现。

二、韦廉臣[①]《华北、满洲里、东蒙之旅；一部分关于朝鲜》[②]（摘译）

韦廉臣的作品是对泰山研究最早、最详细的外文作品之一。作者游岱庙逛庙会，登上泰山感知泰山因而对泰山的历史地位和钟灵毓秀的现状记忆深刻，为泰山文化（信仰）的传播起了重要的作用。这部作品分为两卷。

（一）第一卷

这里景色绝佳，山脉连绵，层峦叠嶂，只是高度还未被测量：这就是泰山，闻名中国四千多年了，直到今天还是每年朝圣的地方。

（第85页）

第二天（1870年3月30日），我们参加了东岳大庙会，卖了不少书。我们在此待了四天，并有机会观察香客和这个地方的特点。农历新年就有香客们到达了这里，一直持续到农历四月十八日[③]。农历二月份是香客最多的月份，四面八方的香客云涌至此。他们并不都属于同一类人：各个不同阶层，上层的和下层的，官方的和非官方的，男的和女的，然而大部分是老年妇人。有趣的是，这些老妇人都坐在山轿里，后面跟着她们的丈夫或是儿子，或者两者兼有。在早期传教当中，这里是一个巨大的传教点；如果一个教派不能足够影响这里的话，几个教派可以联合，常常是两个就可以了。

作为一个府来讲，泰安府并不大，也似乎没有上香之外的过多生意。泰安城墙建造结实，城门坚固，修缮完好，城里寺庙林立。最主要的庙宇称为岱庙，占地几十公顷，坐落在泰城西北角，被坚固城墙守护，有数个大门。岱庙内部分成三大部分，每个部分都有数量众多、巨大无比、引人侧目的石碑

---

① 韦廉臣（Alexander Williamson，1829～1890），韦廉臣出生在苏格兰，1855年来华，后因健康问题回国休养。1863年，韦廉臣代表苏格兰圣经会来到芝罘（烟台），后来游历华北直到中朝边境。1869年韦廉臣回国，并于1871年获得博士学位。同年又回到烟台，并于1874年加入苏格兰长老会，之后接手了李提摩太在芝罘的教区，成立传教中心。1877年，韦廉臣成立益智书会（School and Text-book Committee），后来1890年改成中华教育会（Educational Association of China）。1883年，他又成立出版机构同文书会（Book and Tract Society for China），1887年改名为广学会（Christian Literature Society for China）并邀请李提摩太共同负责编译出版大量的宗教、政治、文化类书籍，也出版中国的历史和文化研究类的作品。1870年，韦廉臣回国期间出版了游历华北的作品 *Journeys in North China, Manchuria, and Eastern Mongolia; With Some Account of Korea*. 这部作品分为两卷，每卷均有关于泰山的研究。第一卷主要介绍泰山的地理位置、历史地位、朝圣和五岳之间的联系。第二卷详细介绍了泰山的信仰、神灵、文化，以及作者登泰山的见闻。这部作品属于对泰山研究的较早资料，在传播泰山文化、吸引更多传教士、旅行者的到来起着非常关键的作用。后来在上海的《字林西报》等报纸上也经常刊登泰山的相关研究。

② Alexander Williamson. *Journeys in North China, Manchuria, and Eastern Mongolia; With Some Account of Korea*. London: Smith, Elder & Co., 15, Waterloo Place. 1870.

③ 官方碧霞元君诞辰。

和古老的参天柏树。主体建筑坐落在最中央，这是一座精美、典雅的两层亭台建筑，里面供奉着巨大神像。墙上壁画记载着皇帝[①]带着各个等级的官员、用人、骑兵、白象和骆驼出巡的盛大场面。皇帝坐在华丽的轿子里，骑兵们却在这样的场合飞奔着，有的匆忙，有的疯狂，有的甚至狂怒。

岱庙南部区域被一排排帐篷占据了。帐篷里出售各种饰品，小商贩们尽最大力气吸引顾客去购买他们的东西，好填满自己的口袋。这里也有像木偶戏《潘趣和朱迪》[②]和"旋转木马"一样的玩具。这个城市有像中国大部分城市一样大的郊区；西部和南部非常广阔，尤其是西部以商业为主。往西走有很多小的寺庙和两座宝塔。城外南郊据说有两个祭坛[③]，分别建于宋代和唐代，用来祭祀泰山。

但城市和郊区以及所有的周围环境都从属于泰山——这座被认为是世界上最古老的历史山脉。泰山位于城市的北部，高大地耸立在群山中，俯视周围，仿佛在独自守望着整个国家，就像一些古代的士兵坚守岗位守护着国家一样。它是《书经》[④]上所提及的第一座被舜帝造访并祭祀上天的山，上天就是神的同义词。原文如下："岁二月，东巡狩，至于岱宗，柴。望秩于山川。"[⑤]这件事发生在公元前2254年左右，从那时起，这座山被记录到了中国历史上，并且成了络绎不绝的香客们参拜的圣山。

我们决定登顶泰山，并且雇用了香客们使用的登山轿子。我们很早就出发了，预计这一天可以休息和享受一下，但我们失望了。这条路穿过泰城一直延伸到北门，而出了北门，登山就几乎开始了。我们发现这条上山的路铺设得很好，虽然有些狭窄，但是比我们预期的更加令人敬佩。路越来越陡峭，但是也会有宽阔并精心修缮的台阶，这使得登山更加便利。台阶变得越来越多，山路也更加陡峭。登山路中可以看到路两侧大部分地方都是柏树。起初我们对轿夫把我们带到这样的地方有一些顾忌，但慢慢便打消了疑虑，因为后来发现这些轿夫非常有经验，我们便满意地坐着：他们带着我们以一种有节奏的速度行走，轿子两侧各有一个轿夫。

这条路上最大的困扰是随处可见的各个年龄段的男女乞丐，如果不把那些不幸的人向旁边挪开，我们就没法行进。

走了几英里，天开始下雨了，我们在路边的一家茶馆里避雨。旁边有座

---

① 即泰山神，又称"东岳大帝"。壁画为天贶殿内泰山神启跸回銮图。

② 英国传统木偶戏。

③ 此处提及的应该是社首山，禅地的山丘。

④ 指的是《尚书》。

⑤ 这句话的意思是：这一年的二月，舜到东方巡视，到了泰山，举行了柴祭，并按等级依次祭祀了其他山川。

尼姑院，尼姑们出来邀请我们：当然我们没有进去。再次出发，遇到的乞丐就没有那么多了，尽管每100码（约91米）左右也会有一群。其中一些乞丐从山上凿了一些洞，住在里面；还有一些垒起大石头来当房子，这些石房子虽然小但很方正；还有一些将石拱桥下面砌上墙住在里面，我从未见过如此可怜的场景。春天正在给这座山带来自然与美；山谷和路边开满了杏花和桃花；河水流淌过我们身边的岩石，一切都看起来令人心旷神怡，但那些人却是这座山抹不去的伤痛。

雨已经停了，我们再次登山：石阶越来越陡峭，我们对周围的风景也越来越感兴趣；但雨突然又开始下大了，我们又一次求助于一家茶馆。在那里，我们等了两个小时，雨并没有要停的意思，我们整理了一下雨衣，决定尝试继续上山。我们登得越来越高，此时乞丐们都回到了他们的窝点和洞里，但是有些可怜人有时会冲到雨里，在我们面前鞠躬祈求施舍。岩石变得更加崎岖，石头上刻着一些游客的名字，有的刻字特别大。我们越攀登，景色和岩石就越壮丽，但是风也吹得更强劲，而且雨也倾盆而泻，最后我们终于爬上了一些近乎垂直的石阶，风几乎都要把我们吹倒了。毫无疑问，继续攀登是很危险的，我们只好掉头下山。尽管如此，我们对已经完成了2/3的攀登很满意了，这远远超出了历史告诉我们的孔子到过的地方。我们看到了山上壮美的风景、山路、石阶、桥梁和寺庙，这些好像都在诉说着这个伟大民族古老的权力、财富和智慧。我们下山途中有些地方走得很快。这些轿夫跟牛仔们一样很懂得保持衣服干燥的办法。

（第431～436页）

（二）第二卷

昨天和今天（3月18日）我们遇见了从泰山回来的朝圣者。年老的和年轻的妇女们挤在一起：很多这样的马车是名副其实的大篷车或移动房屋，车顶上盖着草席，六个或八个骡子拉着。我们第二天早上抵达泰安府。我们在那里住进了一个很好的旅馆，人们不像上次那样反对我们的逗留，在许多细节上更友善了，但他们完全不愿意购买我们的书。我们发现店主们劝阻欲买书的朝圣者，无疑他们感知到了自己的利益受到威胁。因此我们尽全力宣讲道义，并让当地的牧师驻守在这座圣山的山脚下，给真正的朝圣者送圣经。

第二天下午，我们都爬上了山顶。马安先生走完了全部的距离——这可不是小小的壮举。威尔逊先生坐登山轿子只用了很短的时间。我的腿虽然很长，但爬山还不够坚韧。我们在日落之前到达了山顶，看到了美妙的景色。我们晚上住在了山顶上，度过了一个寒冷、可怕的夜晚，第二天下山。第一次拜访泰山时，我已经描述过并且提到了乞丐。现在是一年中的头几个月，乞丐比较少，也更加安静些。我也谈到过这条登山的美好道路和登山需要付出的代价。但是越往上走越陡峭，也就越有趣，等到靠近峰顶时，道路几乎是垂直的，但是还是能上去。这里的石阶是用切下来的岩石建在裂缝里的，当你登山的时候，就会感受到好像直入蓝天一样；路上有一些朝圣者可以歇脚的地方，但非常狭窄，尽管如此，你一定要继续上、继续上。上去之后，就会看到一个大门在迎接你，透过大门你会洞入天空；它的名字很好听——“天门”或“天堂之门”。穿过这个门还未到达山顶，沿着道路继续向前，路北是供茶点、饮料和售卖香火的房子。再往东走，还要攀登一段，上面就到达主庙了。那里还有一段台阶，到达顶部就会发现前面是个高峰，东面也有一座山峰，都是最高耸的。站在峰顶上就是山东的最高峰，景色很美；城市就在你的脚下，显得非常小；时不时映入你眼帘的是被杉树、槐树遮掩着弯弯曲曲的山谷，有种风景如画的感觉。

泰山在中国地图中是这样被描述的：“泰山是五岳之首：被周围群山环抱，泉水遍布，瀑布从悬崖倾泻而下；它聚集祥云，降下雨水。它的功绩等同上天，被天帝任命、称作天齐仁圣帝[①]。它是这个世界的主人；主宰生与死；幸与厄；荣与辱；贵与贱。天下众山，唯有它最值得参拜。”

接下来，我将列举沿途重要地点的名称。这些名字本身就能说明问题，无需评论。

1. 山顶主庙碧霞祠。庙中心是个亭子，内部供奉“泰山老母”，因此这里也被俗称为“老母殿”。这尊神所享受的崇拜遍布全省。无论是生病的人、不幸的人，还是无子女的女性，都去那里烧香，并在她的神像前祷告。这个亭子非常雅致。在我们参观时，神像前正燃着蜡烛，香炉也在冒着烟。亭子后面的房子是主要建筑。它全年关闭，只有一个门洞，朝圣者往里面投入银币、铜板和其他东西。无子女的妇女通常会投入旧鞋子作为供奉，然而奇怪的是她们的愿望随后总能实现。因此，“Goody Two Shoes”[②]的故事在中国也是非常流行。来这座庙宇进行盛大的登山游行活动是在阴历四月十八日，由皇帝派遣的官员打开久闭的大门，拿走所有的钱币和其他物品，之前这些都是送给寺庙里的道士的。在这里我要顺便提一下山东的“会”或宗教游行，他们春天最盛行的活动就是祭祀这尊神。亭子两侧各有一座 14 英尺高的铜碑和一座香炉，基座上装饰着龙。石刻上记载：乾隆皇帝曾下旨修葺过这座寺庙。铜和铁的瓦片对于椽木来讲太重了，现在这座寺庙早已年久失修了。

---

① 宋代泰山神的封号。

② 寓言故事，寓意好人总能遇到好运。当代的用法已经大相径庭，喻伪君子。

2. 东岳庙。泰山之神又称东岳大帝，意思是等同于全能的上帝。庙后是著名的摩崖石刻[①]，从巨石上切下来的大石头，高20英尺，宽6英尺。摸一摸，道士们通常会收20两银子。

3. 玉帝观。玉皇上帝是道教最高的神，众生统治者，受三清管辖。这是整座山的最高处。

4. 青帝庙。

5. 仰止亭。

6. 孔子庙。

7. 北斗台。

8. 望吴圣迹。

9. 乾坤亭。

10. 驻跸亭。

11. 观星台。

12. 观景亭。

13. 神憩宫。

14. 南天门。

15. 五大夫松[②]，秦始皇（前246～前209）避雨的松树。

16-1. 天门，即南天门。

16-2. 摩崖石刻。

16-3. 快活三里。

17-1. 东岳庙。这是另一座

17-2. 回马岭。

18-1. 斗母官。据说是一位女神，掌管着大熊星座。

18-2. 万仙楼。

19. 云塔。

20. 孔子登临处。

21. 玉皇阁。在这个寺庙里有一位孙真人坐在桌子前，他大约在120年前隐居泰山羽化，这被认为是非常神圣的。在他升仙之前，就坐在这张桌子旁边并慢慢饿死自己。食物越来越少，他每天都渐渐变得消瘦，他的呼吸停止了，在那里盘腿坐着：他的腿和手臂只剩下光秃秃的骨头；然而，皮肤和指

---

① 即唐摩崖，也叫作“大观峰”。东岳庙在民国时期已毁，修缮记载见清代咸丰七年即公元1857年重修时的所作的《东岳庙碑记》。

② 原文 The five famous pine-trees，显然是误解，秦朝爵位官制，五大夫是第五级大夫，并非五棵松树，秦始皇册封松树官职以此表达对松树的庇护之恩。

甲依然都在，虽然都干了。一张遮住脸部的面具保持着他生前的样子。这被认作是一件奇事。

22.1 斗母宫。

22.2 老母庙。

23. 丰都殿。

24. 岱庙。岱庙是东岳庙会举办的地方。这里香客们能买到各种千奇百怪的小玩意儿，看到各种各样玩杂耍的表演和令人生厌的西洋景。它占据了这座城市的大片地方，之前就曾描述过。这座山的主神像驻留在庙中称为天齐，意思是等于上天的神。原来这位神叫黄飞虎，是公元前1122年-1151年周武王统治时期的周朝官员，后来神化了。

25. 遥参亭。

26. 城隍庙。

27-1. 知府衙门。泰安城最大的行政长官办公的地方。

27-2. 守备衙门。

27-3. 知县衙门。

27-4. 参将衙门。泰安城最高军事长官府。

28. 贡院。

29-1. 当地监考官的住所。

29-2. 另一位当地监考官的住所。

30. 文昌阁。文昌帝是管理文运的神，被天下文人崇拜、祭祀。他是周宣王朝（前827～前781）时期的人，孝顺父母，与兄弟有手足之情，据说他曾经历过十七次轮回，每次他都以一位官员的身份出现。最后他的神灵上升至星宿，就是靠近大熊的小星星。

31. 文庙。文庙是祭祀孔子的地方。

32. 龙王庙。龙王管降雨。

33. 众多神庙。在这些神庙中有关帝庙和观音庙。关帝庙是纪念后汉时期（前221）山西的一名武将；还有观音庙，她是佛教里的一位神仙。山上有关帝庙18座，观音庙9座。

34. 马神庙。马神庙共有两座。

35. 孤儿院。这是收容孤儿和贫困儿童的地方。

36. 免费学校。

37. 蛇神庙。

38. 寿神庙。

39. 粮仓。每个府和每个县都有一个粮仓，但都已经空了多年了。

40. 魁星阁。这是另一位掌管文运的星宿，是以唐代另一个文学家为原型的。

41. 贞洁庙。为了纪念丈夫死后自杀殉葬的妇女们，皇帝在庙前立了一座牌坊，来颂扬此种行为。很多妇女会以这种方式结束自己的生命，因为这是值得称颂的行为。每个地区和每座城市都有这样一座寺庙。这是一个多么善恶并存的习俗！

42. 吕祖庙。唐朝(618～907)著名文豪，叫吕岩，是个好官，但是他的儿子行为不端，被杀后，所有的物品遭到洗劫。他逃脱后变成了神仙，现在接受祭祀供奉。人们可以通过法术用笔在桌子上写字、用细沙或面粉覆盖、用悬在屋顶的铅笔等形式召唤他。希望获得财富或想知道任何行动的结果时也经常咨询他，而且几乎没有地方找不到他。许多城市都有祭祀他的庙宇。奇怪的是，这与现代有相似之处。

43. 财神庙。

44. 火神庙。

45. 纪念一位官员而立的亭子。

46. 官员检阅军队的塔楼。

47. 祭祀山川和河流的祭坛。

48. 唐代皇帝(618～907)祭祀的地方。

49. 宋代皇帝(960～1279)祭祀的地方。

50. 畜牧之神(神农氏)的祭坛。先秦时期(前 2737～前 2697)中国的统治者之一。

51. 石碑。用于纪念阴司(阎罗)。

52. 道路之神庙。彩色的。

53. 农牧神庙。春天官吏们在这里耕种和祈祷。

54. 佛寺。佛教里的大神之庙。

55. 风伯雨师庙。

56. 驻跸亭。

57. 梳妆阁。

58. 藏经阁。保存佛教经书的地方。

59. 名泉。

60. 社稷之祭坛。

61. 牌坊。是为纪念一名官员。

62. 痘神庙。

63. 金星庙。旁边还有另一个泉。

64. 灵应宫。意思是有求必应。

65. 冥王庙。有两个。

66. 宝塔。这座宝塔是明朝万历皇帝(1573～1620)为了纪念他的母亲所立。在通过此地时,万历的母亲非常钟爱这个地方,因此让她儿子承诺待她逝世后,在这里建立一座庙宇,皇帝就照做了。之前的寺庙倒塌了,但是宝塔(传说是铁做的)保存了下来。当朝又建了一座寺庙来代替曾经那座。

67. 青帝庙。

68. 土地庙。

69. 老君庙。道教的创始人,始兴盛于周简王(前585)时期,并立刻超过孔子。

70. 药王庙。

71. 虎山。证明老虎曾经在山东出没。

72. 仙人桥。

73. 日观峰。

74. 竹林。

75. 神鬼庙。

76. 竹林寺。

77. 著名的石头。形状像一个舞剑人。

78-1. 黑龙瀑。

78-2. 仙人石。

79. 巨石。显示出周围山顶的一些柱状特征。

80. 小蓬莱。小蓬莱指的是在佛教经典中提到的东海中一个虚构的岛屿,是佛教神灵的居所,也就是现在的登州蓬莱县。

81. 道教三位神。即三官大帝庙,掌管天堂、地狱和水,并且向人类传播善恶。

我已经详细地列举了这些细节,就像每个府都有类似的常设机构一样:衙门、寺庙、粮仓、免费学校、或大或小的商业,仅此而已。山和城市给人的印象并不美,如果读者能用想象力填满思想,就会对这种令人困惑的多样性的场景有所了解:那些街道和商铺;那通往山顶的路旁都构想出一排排漂亮的树木;树木、灌木、青翠和岩石的山丘堆砌成崎岖险阻,瀑流随处可见;寺院都是俗丽的颜色;成群的香客,年老的年轻的,男的女的,一路路纵队排列前行,富人坐着山轿穿插其中;一小群人在拱门下呷着茶水。

当地的官员对我们一点都不客气。

22日,我们开始去曲阜县——孔子的故乡。……

短评

从韦廉臣的第一卷作品可以看出，由于天气原因，作者并未直达山顶。同时从对沿途所见所闻的描述来看，作者对泰山不甚了解，没有对泰山文化的内涵进行深刻探讨，更没有历史的追溯。由此看得出来，当时的泰山并未被西方人普遍认识、传播甚至颂扬，但是跟之前对泰山的外文描述相比，这次是作者亲历泰山作出的描述。即使在没有蓝本借鉴的情况下，作者对泰山也是神往的，所以作者接下来就有了第二次登山的经历。从第二卷描述可以明显看出，韦廉臣不仅有意识地去接近这些地点，了解这些文化现象、历史特点，在理解上对泰山文化（信仰）也进行了深入探讨，尤其是作者对感兴趣的历史遗迹进行了追根溯源。即便如此，有些理解也有很多欠缺，比如对五大夫松的误译，以及对泰山主神地位的理解，更需要注意的是作者列举的寺庙和名胜的称谓和来历并非历史考证，所以有些地名介绍起来让人捉摸不透，仅凭字面翻译记录。

值得一提的是，第二卷文字的经历是韦廉臣和《山东游记》的作者马安一起登山时所述。尽管同时登山，但是对比来看，马安的文字更倾向于游记和观察周围的景色，而韦廉臣的文字更注重文化溯源。引起差异的原因有很多，其中作者的身份、关注点等是重要的因素。

总体上来说，韦廉臣这两篇作品描述相对客观，在当时泰山并不完全广为人知的情况下，这两部作品无疑对泰山文化（信仰）的传播起到了重要的作用。慕名而来的李希霍芬[①]、狄考文、艾思柯夫人等就是很好的例子。至此，泰山在吸引更多外国人的目光的同时，也将自己逐渐纳入了国际视野之下。

三、卢锡安·奥德姆[②]《满语语法》[③]（摘译）

原文：

1. Tai xan alin, majige boihon seme, waliyarakô.（满语）

2. le mont Taishan ne refuse pas le moindre grain de poussière.

Taishan ne refuse pas, disant : (c'est) un grain de poussière.（法语）

---

① Robert Coventry Forsyth. *Shantung: The Sacred Province of China In Some of Its Aspects*. Shanghai Christian Literature Society, 1912. p. 79。

② 卢锡安·奥德姆（Lucien Adam，1833～1918）是一位法国语言学家，他以其关于东部乌拉尔——阿尔泰语方言的著作以及关于阿尔冈昆语族的 Cree 和 Ojibwe 方言的著作而闻名。

③ Lucien Adam. *Grammaire de la Langue Mandchou* [M]. Maisonneuve et c^{ie}., Libraires-Editeurs 15, Quai Voltaire, 15, Paris, 1873, p. 74.

译：泰山不让土壤，故能成其大。

短评

这里虽然只有一句话，而且还是翻译，并不是以泰山为主题的描述，也没有相关泰山文化的介绍，但是这句话的价值在于它是满语翻译成的法语，对泰山的称呼采用的汉语音译形式，解释简洁明了、恰如其分。

这句话无论从语言的角度还是文化的角度，都是值得引起注意的。同时这句话也能将泰山的地位用法语的形式传递给世界，增强了泰山国际传播的力度和广度。

总之，这句翻译对泰山研究来讲有非常高的价值。

四、理雅各[①]《华北之旅》[②]（摘译）

1873年理雅各离开香港，回国前他去了中国大陆，以下引自他女儿的介绍：

离开中国前，他决心向北方游历，看至少五处盛景——孔子墓、天坛、长城、明皇陵和泰山（中国的圣山）。这最后一个（指的是泰山）事实上比世界上任何山都富有历史渊源，延续了4000多年。旅行者（指的是理雅各）在给理雅各夫人的信件中以日记的形式详尽叙述了他的这次旅行，证明了他细致而生动的描述能力。[③]

（第190页）

以下内容选自理雅各的日记叙述：

我们一路到泰安遇到的灰尘和阳光都比平时遇到的要少，到达的时候已经是午后。路并不比昨天的好走，原因是这些路大多修在干涸的河床之上。曾经的河水肯定宽有1/4英里或更多。有一次我沿着高地走了几英里，路上遇到了很多人。他们在车前面走着，边走边欣赏周边景色。我们看起来就像在一个盆地中，周围是高山环绕。花儿跟家乡的花一样：勿忘我、紫罗兰、盛开的蓟花、雏菊和其他一些叫不上名字的花。这经常让我回忆起年轻时错过的时刻。我现在给不出一些植物学和其他一些科学的具体知识，就像我能很容易使用法语和德语一样。所以这是给孩子的词。

---

① 理雅各（James Legge，1815～1897），英国著名汉学家、传教士，翻译多部中文精品作品，如《礼记》等。

② 1873年，理雅各离开香港到内地游历，其间他到达了山东，游历了泰山和孔子庙。本节内容选自理雅各女儿的回忆录《詹姆斯·理雅各》（1905年）的第十三章内容《华北之旅》，因为文内引用的理雅各的书信原文，所以在此标注的是1873年，而不是1905年。

③ Helen Edith Legge. *James Legge*, London: The Religious Tract Society, 1905, p. 178.

从一个城市的区划来看，泰安城要小很多。我们住在一个很好的小旅馆内，并联系好了登山轿子，以便第二天早上四点抬我们上泰山。他们每人能得到半美元。

现在，我取得了一个非常巨大的成就，那就是安全地回到了这里。如果你看到我登山时的劳累和下山时的筋疲力尽，你就会理解我今晚将会用特别的热情感激上帝，我相信我的感激确实如此。虽然我认为我没有经历过一次危急时刻，但是登山的经历确实非同一般。你一定知道泰山是山东最高的山，它的高度并未经过科学的测量，但是中国的作家们说它有4000英尺高。我认为它没有那么高，大概多于3000英尺接近4000英尺。山顶距离泰城有13英里，但这也有点夸张——肯定不到10英里。我们上山花了6个小时，但是下山只用了2个小时。

因为泰山是中国历史上最著名的山，也是香客们照例每年都会攀爬朝圣的山，所以就有砌好的宽阔的盘道一直通往山顶——石灰石的台阶大都修缮完好，虽然陡峭，但却是登山的必经之路。这些台阶从两三级到五十级以上都有，全部数量加起来有几千级。想要在一天之内上山和下山，必须是年轻、精壮和充满活力的人才能完成。如果没有人协助，我是完不成的。但是有了登山轿子，就容易多了。轿夫一共有四个人，但是一次只能由两个人同时抬，另外两人随时替换。

我从未见过这样的轿子，但是对于登山来讲，它们确实很有帮助，这是令人佩服的。它们实际上像手推车一样，只不过前后手柄都一样长，中间的位置是弯曲的不是直的，短而细，非常轻却很结实。山轿的样子基本都是一样的。想象一下我之前学习用的扶手椅，把它去掉腿，两个支架之间铆合特别牢固，椅子的底儿是编织而成的绳索而不是木头面的，这样你就会对泰山的轿子有足够印象了。轿夫们抬的时候用的是皮带、包裹的绳索或者藤条。后面的轿夫将皮带绕在肩膀上，抬起椅子，靠在前面轴架之间撑着，你坐进轿子里，前面的轿夫会根据你的重量来看是否需要协助你坐进去。接着他抬起他的轴架，用皮带套到肩膀上。然后你就在他俩之间高高坐着，你的脚搭在轴架伸出的小木头上，感觉特别舒服。

轿夫们接着就一步步挪动脚步上台阶，不是直着上去而是侧着，带子一会儿在一个肩上，一会儿又换到另一个肩上，来回轮换休息。这样一来，你就无法从正面看到前面，只能一会儿看一侧，一会儿再看另一侧。像螃蟹走路一样，你跟着上上下下移动。这种登山的方式优点在于两个轿夫抬脚落脚时，都保持在一个水平高度，保持同样的步伐，这样他们所负荷的重量就能保持平衡了。这种方式既安全又让人敬佩，但是我不得不承认当乘坐山轿攀登在一段40或50级台阶上，望着身后已经攀登了的500台阶，前方还有500台阶，盘道又非常窄，且忽左忽右或者只有在陡峭的地方才有间断时，我多么希望登山就此结束啊，并且庆幸你不在身边！然而绳索和轴架都没出问题，轿夫们勇敢沉着地前行。回来的时候，他们几乎就是跑下来的，我感觉最好就是不去管他们。下山后付给他们工钱的时候，我在想钱也不总是那么容易赚的。

如果我试图枚举中国的旅游参考书所提到的名胜古迹景点，时间就会不够用：洞穴、石刻、孔子登临处、回马岭、碧霞祠等等，几乎有上百个这样的地点值得一提。可以追溯到中国历史早期与孔子密切相关的，或者孔子前后到访此地的数不尽的英雄豪杰和伟人。我们能够预期到这个国度的古老宗教和规约在这里都能体现，而没有别处可以与之相媲美了。

至少600年前，这座山还是道教迷信[①]的主要圣地之一。这种信仰系统地呈现在山顶上的一座宗庙上，那里供奉着道教信仰的主神之一。山顶稍微往下一点朝东的方向就是"碧霞祠"。对她最崇高的赞誉是保持自然的和谐一致，尤其是对于人类子孙后代衍生的一致性。没有孩子的妇女会上山求助碧霞元君，来实现她们内心的诉求。

在上山路上不到三分之一的位置，还有另外一座寺庙，供奉着斗母，具备实现同样诉求的神力，而且不会有任何偏差，这从周围成百上千的还愿碑上就能判断出来。这些碑被石头墙围了起来，上面还有屋顶一样的盖子。石碑都是一些妇女还愿所立，有的可能是她们的丈夫立的，全部是因为愿望实现了。在上山的路上，有很多妇女也在登山——裹着小脚的妇女们踩着脚尖，拄着一根长棍攀爬着上山。她们中大多数都是为了有个孩子而来，然而并非全部妇女都是为了这个诉求。接近山顶的时候，我遇到一位精神焕发的老年妇人下山。我和她聊了一会儿。她今年74岁了，曾经为了自己的女儿或者儿媳妇来过山顶许愿。

虽然我们觉得这仅仅是普通的迷信，但是每年阴历四月的圆月之日，皇帝就会派山东省的最高行政官员或者某个最高官员代表，在碧霞祠前进行庄严肃穆的祭祀仪式。我们登山的那天凌晨3点的时候，这个省的财政官员就进行了这样一个仪式。那天是满月，我们本可以趁着月光上山，就能赶上看那个祭祀仪式了，遗憾的是我们并没早出发。这是租赁给我们轿夫和轿子的那个人向我们建议的，但是我想到了你，决定还是小心点，不去冒天不亮就登山这个险了。

---

① 原文中用了superstition一词，需要注意的是很多英文作品里将中国传统的信仰或者宗教等同为迷信，这一点需要深究。

一些纪念碑和柱子记载着那座庙被不同朝代的皇帝修缮的情况。现在正好有一个大型的修缮，等完工后又会有一座石碑立起来，以此纪念年轻的皇帝即位第一年，就将国家掌管在自己手中的功德。

是时候下山了。这座山上有很多不同皇帝立的纪念碑：有的是黄铜的，但大多数是大理石的。上面都刻着惊人的字，在石头上存在了上千年。我买了一份拓本，就是用一张纸把石头刻字拓下来，大概有 50 英尺×30 英尺。在道勒①或者在爱丁堡能否找到地方可以展览这张拓本？孔子在泰山上的地位不大可能称为第二位的，山上有一座因他而建的小庙，现在已经破败不堪了。那是在玉帝庙和碧霞祠之下的一座庙。但是孟子曾经说过孔子曾经登泰山而"小天下"。很遗憾看到他在自己的乐土上被取代了崇高的地位。

（第 190～195 页）

短评

理雅各这篇泰山之旅的文章抓住了泰山文化（信仰）的核心和重点。

首先，作者对泰山的地位了如指掌："离开中国前，他决心向北方游历，看至少五处盛景——孔子墓、天坛、长城、明皇陵和泰山（中国的圣山）。这最后一个（指的是泰山）事实上比世界上任何山都富有历史渊源，延续了4000 多年。""我们能够预期到这个国度的古老宗教和规约在这里都能体现，而没有别处可以与之相媲美了。"简短的介绍足以证明泰山地位之崇高，影响之深远。

其次，理雅各不仅是传教士还是著名的汉学家，因此他所阅读和表达的内容和中国的传统文化是息息相关的，也总能一针见血表达出核心内容。作者认识到了泰山文化（信仰）的核心因素之一：碧霞元君和斗母最重要的司职之一是对人类子孙后代延续的贡献，这是人与自然的和谐一致。所以他对周围众多的神龛、寺庙、名胜古迹鲜有介绍或提及，而对碧霞祠和斗母宫给予了重点描述。原文中作者用"Sacred Mother"来表达碧霞元君的伟大功绩，因此对她给予了由衷的赞扬。同时提到跟她的贡献有相似之处的斗母，这些是作者有意的搭配，因为二者司职相似。

再次，作者在登山之前也是作了相应准备的，这从他对孔子庙在泰山的破败而联想到孔子在泰山并非得到重视有关。他认为泰山是孔子"小天下"的地方，而泰山自然应该是孔子享受供奉的乐土，但是孔子庙的破败让他觉得"很遗憾"，可见理雅各对孔子怀有极大尊重。

然而，作者论述还是有不足的。比如，碧霞元君的司职远不止对人类子

① 理雅各夫人此时居住在美国加州道勒（Dollar）。

孙延续的贡献，还有对国家的庇佑、对百姓夙愿的满足等。斗母不仅能保佑子孙后代的沿袭，还能保佑人们科举及第、成为国之栋梁。理雅各不仅是汉学家，还是传教士，因此很多地方也具有传教士的偏见，比如认定传统泰山文化（信仰）甚至道教是迷信（superstition）。这个词在很多泰山英文作品里出现过，可见对于宗教信仰或文化差异来讲，每个人的出发点都源于其对自身文化的自信。这不由得给我们反思的空间，我们在做泰山文化（信仰）的研究时也应坚持自己的文化自信，洞悉自己文化的内涵，传播自己本质的文化。在处理文化失语和文化的不一致问题时，也要坚持求同存异，否则同样会陷入偏见之中，产生一些误解、误区，以致不能成功地进行跨文化交流。

最后，虽然登山轿子和石碑、石刻在泰山都是常见的历史现象，但是却鲜少出现在早期英文文献里。作者对登山轿子的详细记录、对斗母宫周围石碑的介绍，使得这些具有年代感的物件、遗迹成为泰山不可或缺的特殊记忆，为当代泰山研究提供了重要的历史资料。

五、威廉·弗雷德里克·梅耶斯[①]《中文读者手册》[②]（摘译）

天孙：给五岳独尊泰山的称谓。《博物志》里说："泰山一曰天孙，言为天帝孙也。"意指泰山是天帝的孙子。

短评

这是摘译自梅尔斯的《中文读者手册》中的词条之一。首先这本书是一本百科全书，按字母顺序记载着中国历史（或神话传说中）中重要的人物、事件等词条信息和解释。就如上面的词条"天孙"，作者是参考了《博物志》里的内容进行译介的。

这句话无疑突出了泰山的神学地位，而作者捕捉到这一信息译成了外文，这也是众多关于泰山地位描述的外文文献中所没有涉及的。所以这句话在泰山文化海外传播中起着非常重要的作用。

① 威廉·弗雷德里克·梅耶斯（William Frederick Mayers，1831～1878），英国官员和汉学家。于1831年1月7日出生在塔斯马尼亚州。当时他的父亲是那里的殖民地牧师，后来被任命为马赛的领事牧师，梅耶斯在那里接受了大部分的学业，之后在纽约担任记者。1859年，作为学生翻译来到中国。在担任广州政府的联合委员会翻译后，他被任命为驻广州领事馆的翻译。1861年，他成为皇家地理学会会员，同时他也是皇家亚洲文会的成员。1878年3月，在上海因斑疹伤寒去世。

② William Frederick Mayers. *The Chinese Reader's Manual*: *A Handbook of Biographical*, *Historical*, *Mythological*, *and General Literary Reference* . American Presbiterian Mission Press, Shanghai, 1874, p. 218.

六、狄考文《泰山[①]的寺庙和祭祀》[②](摘译)

中国的著名圣山——泰山,直面泰安府的北门,在济南府东南180里处。山东大平原是从泰山脚下一直向南延伸。泰山并不是一个孤立的山峰,而是构成山东骨架的巨大山脉的一部分。泰山高出东部又连绵不断,西北部更低、更分散的山丘逐渐消失在绵延中。当穿过平原接近山顶时,泰山看上去似乎并不高。至少向东看,泰山和其他两座高山似乎一样高,虽然中国人还是认定泰山是此处的最高山。据说泰山是山东的最高点,但实际上并不比栖霞的艾山高。从远处看它很圆很宽阔,也并不陡峭或高耸。附近都是许多较小的山峰,但有一座特别大的巨峰直入西南。泰山有三座山峰几乎在同一条东西向的直线上,中间那座山峰最大、最高。

从古代就有传世之作极大地夸大了泰山的规模和高度。《风俗通义》记载它高度4000里,周长1000里。《初学记》记载它高40里。《山海经》记载它高48里。《唐六典》记载它周长60里,高40里。记载普遍给的高度是40里。然而到山顶旅行一次就足以证明它不足40里的一半。明朝一个名叫张五典[③]的人用三根线杆彼此之间固定的方式测量了它的每个垂直和水平距离。他的测量显示:这个山是2里8杆的垂直高度,12里32杆的水平距离,包括弯曲的道路。这些加在一起(一种富有争议的几何形状),并且又加上城门的距离一共是14里多一点。他的测量结果毫无疑问是正确的,从中我们看到这座山只有2/3英里(3680英尺,约1121米)高于水平面,并不是真正意义的高山。他的高度和维苏威火山相近,并不像很多卡茨基尔山脉的山峰那样高。

泰山一直被称为东岳或东部圣山。"岳"据说跟"桷"的读音相似,意思是测量,也就是说通过测量来判断美德和过失。[④] 这个"岳"字仅适用于被朝拜的山脉。在古代,泰山又叫"岱宗"。《五经通义》解释"岱"意为成长,并且

---

① 此处狄考文用本地音 san 来标注"山"字,而不是 shan,狄考文给泰山的标音是 T'ai San。

② C. W. Mateer. *T'ai San—Its Temples and Worship*. The Chinese Recorder and Missionary Journal, 1879. p. 364.

③ 张五典(1555~1626),明万历二十年(1592)进士,1605年任山东布政司参议分巡济南道。他利用政务闲暇,设计了一种测量仪用来实地勘测泰山高度。万历三十九年(1611)张五典在4300多个测量点的基础上对泰山进行了测量,成功地测出"泰山的坡距里程为14里又80余步,泰山的垂直高度为368.34丈"。明代每尺约合今0.32米,折合1182.3米。假如当时张五典从泰山门户红门宫起测量,加上此处的海拔250米,共计1482.3米,这与今天泰山海拔1524米的精确数据非常接近。

④ 作者参考了《康熙字典》的解释:桷,"又通岳。《左传·昭四年》四岳三涂。《疏》引《风俗通》云:岳桷也,桷考功德也"。

说泰山如此称谓是因为阴阳万物均产于此。[①] 另一本书说"东岳"又叫"岱宗"是因为万物始于东方。《论语》和《尔雅》上记载,"泰山"是由周朝的皇帝命名。

泰山祭祀可以追溯到中国上古时期。尧舜时期,泰山已经享有盛誉。舜在统治的第一年就来此献祭上天、朝拜山川,这发生在公元前2255年。《诗经》和大部分中国的古典书籍均会提及泰山。可以肯定的是,4000年以来,中国皇帝已经习惯于来这里祭祀。在这一段时间里,它一直是百万民众崇敬朝拜的对象。或许世上没有任何山能有同样卓越的历史。

一位古代作家说,这座山是一条龙,或者说它的外在形式使得它成为一条鲜活的龙,而其他所有的丘陵都朝这个方向虔诚地注视。还有一些古代作家说它有脉,就是影响力,脉来自东方。在这座山上建有一座纪念碑[②]来纪念当代第一位关注这座山并认为它有脉的皇帝[③]。皇帝派了一个官员花了十年用风水学说研究这座山和周围的环境,特别是参考了龙脉学说。在随后的报告中,皇帝让人编写了《泰山龙脉论》,提出这座山就是由一条龙形成的。这一龙的形象在标注寺庙和山脉的地图中凸显出来,以兜售给游客。"泰山是五岳之首。被周围群山环抱,泉水遍布,悬崖瀑布倾泻而下;它聚祥云降雨水。它的功绩等同上天,被天帝任命、称作天之齐平的、仁慈的、神圣的统治者。它是这个世界的主人,主宰生与死、幸与厄、荣与辱、贵与贱。天下众山,唯有它最值得参拜。"[④]

就像所有异教神话一样,对于这座山的主宰或主神的认识有很多混淆。最古老的说法就是它是天齐(即"等同上天")。还有的说法是元君,这种说法在书上和寺庙里最常见。最流行的说法是泰山的主神是女性,被人们称为"老母",或"泰山老母"。这种认识的混淆带来了寺庙供奉的男女神像的混乱。但是这对中国人来讲并不是问题,因为男女众神都被不同时期的皇帝赐予很多华丽的名号,安置在不同的寺庙里,所以很容易找到。

与泰山相关的有趣的寺庙主要有两座:一个是泰安府城里的大庙,供奉东岳大帝;另一座是泰山本身,从山脚到山顶的盘道上矗立着各种庙宇。我一个一个地说。

---

① 原文:"宗,长也,言为群岳之长。"

② 原文中提到有一座纪念碑的问题,无考。据推测是不是作者获得的信息有误?因为泰山上与康熙皇帝相关的石碑、石刻中并未见大型纪念碑。而"果然""云峰"均为刻字,并未标明与龙脉一说有关。

③ 这里作者指的是康熙皇帝,因其提出了"泰山山脉自长白山来"一说。

④ 此段原文英文未标注出处,经搜索查证引自韦廉臣[《华北、满洲里、东蒙之旅:一部分关于朝鲜》(1870)]一文。

城里的大庙并不是第一座为纪念泰山而建的寺庙。现在可能说不上来哪一座是最先建的,也不好说渊源是什么。但是毫无疑问,第一座寺庙肯定是一座小庙并在泰山某一侧。立于康熙十七年(1678)的一座纪念碑讲述了岱庙的历史,并且比任何我所找到的资料都更容易理解。我把它的内容翻译过来[①],作为其他19座所立修缮岱庙的石碑模板:泰山是五岳之首,自古皇帝来此巡狩、柴祭山川河流——这在《诗经》《尚书》《史记》等书里均有提及。因此,这里就是与天帝交流的平台,是举行大典的场所,也是立石碑以纪念丰功伟绩的地方,从周和秦的遗存可以证明这一切。但是对于什么时间有了开始祭祀的寺庙,并没有确切的记录。在《风俗通》中记载:一个距此地西北方向30里的地方住着一位官员,他曾经修缮过岱庙,我们据此推论岱庙在汉朝以前就已经存在了。唐朝时期,岱庙在通向泰山的南部山谷里,直到宋朝才移到现在的位置。后来金、元、明,每个朝代都对岱庙进行修缮并立石碑来纪念修缮之事。总之,自宋朝起每个后续王朝的皇帝都会远道而来遵循礼制祭祀泰山。每个来祭祀并向上天汇报功绩的皇帝都会立一块石碑、建一座亭子留作纪念。当今的皇帝并未改变这种风俗。岱庙一度非常宏伟壮观,就像皇宫一样。但是明末爆发了叛乱和灾荒,附近的人都逃去避难了,而那些远方的香客也不再来祭祀。这样一来,这座宏伟华丽的宫殿就开始惨淡破败了。风雨侵袭它们,鸟和老鼠玷污他们,寺庙的檐口腐烂了,朱红和靛蓝的色彩消失了,墙壁也倒塌成了烂泥堆——这是让神灵蒙羞的景象。地方官员希望修缮,但却没有这个能力。当朝开始到处宣扬杰出的政绩,远近的人们又开始带着香和镀金的纸来此仰望石门,焚香叩拜。一个

---

① 碑文按照英文意译。原碑文如下:岱宗长五岳,为古帝王巡封柴望处,其载在《诗》《书》《史传》者已详。登封有台,肆觐有堂,记功德有碑,周、秦诸遗址,历历可绪。至为庙以祀,莫详所始。《风俗通》所称"在县西北三十里,山虞长守之"者,疑自汉以前事。唐庙已在岳之南麓,而宋则改置今地,历金、元、明代加崇饰,各有记。盖自宋东封驻跸来,历代祝厘率于此,凡朝廷祭告册书,亦必刻石庭中,我皇朝未之有易。其规模宏丽,俨若王居,固其所也。明之季,兵饥荐臻,四方祈报,由辟之氓,不至于是,崇宫□阁,繄于榛莽。风雨之所摧,鸟鼠之所窜,榱桷浥腐,丹碧渝败,倾圮秽杂,实为神羞,守土者为所以更新之而不能也。国家声教四讫,民用大和,操香币、望石闾而来者无间远迩。天裔切念管缮之役,宜以时举,以告抚君,以诹同列,佥曰可。武举张子所存有智计,可任,进而俾之。量力程工,剂多寡,定期会,岁有所营,月有所构,以底于成。自殿、庑、斋、寝、门、熟、堂、□以至垣堞、楼观,□为更新,迨夫榜题、铭刻、庭植之属,咸厘整涤濯,俯仰瞻顾,耳目为易。天裔稽首庭下而扬言曰:"此皆神明幽赞之力也,实皆圣天子仁恩远被之所致也。守土下臣得借以释惭负,幸甚。愿伏谒游览于斯者,务自砥砺,以承神庥,以承帝德于无疆。"是役也,始于康熙戊申年春二月,告成于康熙丁巳年夏五月。其出教倡始及捐俸赞成诸公,俱刻于后。康熙十七年岁次戊午孟夏月吉日旦。施天裔熏沐拜记。

叫施天裔[1]的官员急切地筹划这件歌颂当朝功德的事情[2]，并视此为谋取功名的良机。皇帝咨询他的顾问们，所有人都赞同他的计划。有一个军事官员叫张所存，据说是一位有才能的人。皇帝将他召去让估计整个工程要花的费用和时间。从那时起，修缮岱庙开始了。时间过去了一年又一年，直到完工。主庙和旁侧的建筑，道士住的房子、院子和亭台，内外墙，门廊，都焕然一新，最后刻石碑以纪念。完工之后，施天裔累倒在了亭子里，说全靠神力相助才完成了这个工作。确实，是天子的能量发挥到了极致，当地官员获得了最伟大的功德。凡是来到岱庙的，尤其是远道而来的，无论是来祭祀还是游览，无不正衣冠接受神的庇佑，并且不会忘记这是皇帝的功德。这一工程从戊申年二月春开始，完工于丁巳年五月夏(共9年)。监督者和贡献者的名字都刻写在石碑上。康熙十七年，这座石碑由施天裔涂釉上色竖立起来。

关于这座寺庙，还有一个流传于民间并广为接受的传说。故事是这样的：宋朝第三位皇帝宋真宗在即位的第13年得了疥疮，宫廷医生束手无策。这个疥子的表面是人脸，能说话还能吃食物。那时候泰山上有位道士叫延禧，有一天泰山神托梦给他，并指引他来给皇帝治病，还告诉他如何到达京城。延禧就按照梦中指示到了京城，并且放出话说他能治疗皇帝的疥疮。皇帝听说后就召他入宫。他刚一入宫，疥疮就喊道："既然延禧已到，我的任务完成！"道士对皇帝进行了医治，疥疮就治愈了。皇帝想给道士建一座寺庙进行报答，但是道士拒绝了，"皇帝并非被我治愈，而是被泰山神的力量治愈，您应该在泰山修建东岳庙以谢泰山神"。于是，皇帝就指派一名官员，拨了大笔资金，建造了这座宏伟的庙宇，代替了之前山顶的那一座。所有的资料都表明，现在的岱庙就是在大概900年前宋朝第三位皇帝(宋真宗)在位时期所建。从那时起到现在，历代皇帝都会竖立牌匾、石碑以纪念他们来泰山封禅或进行修缮之事。大量的银两花费在这里，花费在修缮盘道和山上众多的寺庙上。上一代皇帝同治赐下3万两银子进行维修，我在那里时，岱庙和山上的寺庙都还在进行着积极修缮。

这座寺庙坐落在泰安府内西北方向，四周被高墙围着，像城墙一样高。这堵墙周长整整1英里，是一个长方形。寺庙正对的街道叫通天街。街道的南头正好是城的南门，因此穿过通天街能直接进入岱庙。进入岱庙时会发现有一个巨大的牌坊或者纪念碑一样的石拱，建在隆起的平台上，有上坡和下坡。接着就是一个精雕细琢的亭子，叫作"遥参亭"。当香客来到泰安并且没有时间登山朝圣的时候，他们就会在此参拜。后面接着又是一座华丽

① 时任山东布政使。

② 指修缮岱庙一事。

的牌坊，位于岱庙正门的前面。这里并列五扇又高又大的门，上面是一座又高又精致的楼。中间的门是供皇帝和随从走的。大部分人从东边的门进入。另外，两侧和后面还有门，但是现在已经不用了。在两边和墙平行的地方大概100英尺的地方还有一些带门的矮墙直接通往大殿、办公场所、仓库、小的寺庙、接待室等。中间的大道从正阳门开始一直延伸至后门。路两侧一边是两扇门和高耸的门廊、延伸的侧面建筑物，另一边则完全穿过地面，把整个空间分成了三个大院子。第一个门叫配天门，第二个门叫仁安门。前面的院子里是铺好的路面，但第二个院子有两英尺高的平台和砖砌的边墙。第三个院子有四英尺高并且有石刻的栏杆。院子两侧各有一棵柏树，看起来已经很古老了。

据说，这两棵柏树是汉武帝所植。但是肯定不是，因为那时候岱庙还没建成。[①] 在后院，一座小桥横跨在一个干涸的人工湖上。这样做恰恰迎合了人们的风水习俗。沿着石头铺成的路面，走到尽头，就来到了登封台，长约70英尺，宽约50英尺，高约8英尺。登封台周围被精美雕刻的石栏围着。这是个宏伟的大院子，院子里的这座大殿[②]叫天贶殿，被九排并排的圆柱支撑——共有90根。这些柱子的直径大约有3英尺，35英尺到40英尺高，都被漆成了鲜艳的红色。大殿里非常宽阔，属于重檐式结构，精雕细琢，并绘有红色和蓝色。大殿里的巨大神像镀了华丽的金色，神像前身用精美的丝绸遮住，被称为泰山老母[③]，但却是男性的样子，跟山顶上的那个元君[④]神像一样。唐朝时期，这个神就被封为天齐王。宋朝他被封为仁圣天齐王。明朝时他被封为泰山神、东岳大帝。神像之上悬挂着康熙题写的匾额“配天作镇”。大殿出口之上也悬挂着两位不同的皇帝所写的匾额：一个是“岱封锡福”，另一个是“大德曰生”。在前面隆起的台阶上每侧各有一座雅致的亭子，据说是康熙皇帝所立，里面石碑上的刻字据说是康熙亲手而写。台子前面，路的两侧各有一个宋朝时期的大铁缸，大概直径6英尺，浑然一体。铸造大铁缸的模具估计有些地方不合体，所以整个大缸一点也不光滑、不整齐。它们理论上是用来装献祭给神的，据说能装480000盎司（约13608千克）的东西，这也是它最大的容量。一次性倒入模具成型。现在用来盛香客祭祀时烧的纸钱了。

---

① 此处信息，作者一定是有所疏漏。岱庙的修建从汉朝就开始了，“秦即作畤，汉亦起宫”，唐时增建。

② 原文是temple，实际上指的是岱庙里的天贶殿，因此，此处翻译成这座建筑或者这座大殿。

③ 此处信息作者理解不准确。按照上下文，这里的神像指的是东岳大帝，并非碧霞元君。从其后的介绍也能看出，作者理解有误，将东岳大帝和碧霞元君混淆了。

④ 此处狄考文将东岳大帝和碧霞元君等同了。在后面也涉及元君的性别问题。

大殿后面是一座较小的殿，叫“后寝宫”，被认作是泰山神休息的地方，并且里面供着他的夫人的神像，虽然他经常被认作是女性形象。这座殿里的女神在宋朝被称作“东岳淑明后”。旁边的最有名的建筑：第一座是一个大的会客厅，外面是一个乾隆用过的御座①；第二座叫作“延禧殿”，据说是这个道士自己建了这座大殿；第三座是壮观的炳灵王殿。关于这位神仙，在一本唐朝的古书上有一个传说。传说泰山神有五个儿子，第三个儿子叫炳灵王，他的妻子是永泰公主，他们有个女儿叫“玉女大仙”，就是后来的碧霞元君②，负责掌管泰山的命运。这座大殿西侧被当作院子的墙，是一个200英尺长的走廊，里面是涂着火红颜色的地狱七十二司掌管者和仆人，随着时间的流逝，这些形象早已经黯淡了。外面宽敞的院子两侧满是散布的树木，其中大部分是柏树，有的看起来很古老了。有一棵离天贶殿很近的柏树长得非常奇怪，被中国人认为是神奇的树：一根枝杈直径就有5英寸（约13厘米），距离树干有4英尺，整棵树形成一个向下倾斜的角度，同时直径扩大到18英寸。在2英尺的地方，又变成了水平方向了，接着绕上去，盘根错节。石碑总共加起来有50多座，有一些非常巨大且精美，还有精致的亭子给予庇护。最大的几块大概有25英尺高，6英尺宽，2.8英尺厚，每一块石碑上面都有精雕细刻的装饰，下面是一块乌龟形象的基座。有很多这样的乌龟，每个都有10英尺高6英尺宽，它们都是从一整块石头上雕琢下来的。在西侧有一座与众不同的石头，是一整块石碑放置在一个平台上。共有三个组成部分：最下面是底座，中间部分是碑身，上面部分是碑首。石碑上面没有任何刻字，据说这块石碑跟焚书坑儒的秦始皇密切相关。但这也不可能是秦始皇立的石碑，除非是岱庙建好以后挪过来的。中间最长的那部分有道深缝，经过风吹日晒，有一种年代久远的感觉③。

庙会期间，前院配备了茶桌和摊位等，用来出售各种商品。成群结伴的人们一整天里都来来往往的。这里售卖的有玩具，金、银、黄铜、珠子、珍珠等首饰和一些装饰物品，还有说唱书、游戏书、书写用的材料及其他一些花

① 此处建筑指的是东御座，又叫“迎宾堂”，创建于元代，是达官贵人的住憩之所。清乾隆三十五（1770）拓建，改为驻跸亭，成为御用之所，是岱庙内保存最为完整的一个清代院落，由垂花门、仪门、大门、正殿和配殿组成，正殿、配殿、大门之间周以环廊相连。正殿明间是帝王召见群臣的场所；两个次间，东为书房，西为寝室；殿内陈列有“泰山三宝”（沉香狮子、温凉玉、黄蓝釉瓷葫芦瓶）及龙墩、龙椅、立柜、方桌等紫檀古木家具和各种大理石花饰挂屏。东西配殿现为乾隆皇帝与泰山陈列展室。

② 详见《泰山道里记》。狄考文很大程度上参考了上面的内容。

③ 此处作者描述的信息待查。按作者的介绍，此处石碑指的是无字碑，但其在岱顶。作者在后文中又否认了此碑与秦始皇有关。

哨的商品。此外，还有一些木偶戏和或多或少有些俗气的西洋镜。很多照片都是从外国版画和照片复制下来的。这里也有很多算卦的、表演戏法的、唱戏的、卖草药的、卖膏药的、卖护身符的，还有很多小剧场，大多数演员都是女性。整个庙宇和院子里都挤满了男人、女人、孩子们，挤在这个或那个有趣的表演前，全神贯注地欣赏。在神像前磕头需要几分钟，完成之后人们都试图得到最大的享受——这一刻几乎可以成为名副其实的名利场，生动诠释了实现不朽寓言的情景。

说完城里的寺庙，我将描述一下通往山顶的盘道和周围著名的建筑。盘道从泰安城的北门开始，接着进入一段山谷，它将泰山分成相互毗邻的小山。盘道先是往西延伸几里路，然后经过一座很高的桥就到达了另一侧，紧接着向上就延伸到了两座毗邻小山的交界处。向下蜿蜒一段距离后，又进入一段山谷，再经过几处交叉和重复的河床，就到达了南天门，这是第一处高峰。前三里路看起来就像是城里的街道，路旁布满寺庙和售卖纸钱的商铺。我数了数商铺共有28家。这条路的尽头间间隔有几级台阶，接着向上又是连续不断的石阶。这些石阶都是被浇筑而成的石板，大概有15英尺宽。所有的石阶加起来有5640级。在一些石阶之间平整的空地上有很多小的庙宇、亭子和茶水铺。路两侧还有远远近近的石头、山峰、洞穴、山谷、沟壑、池塘、水流、泉眼，它们都有各自的名字，且很多名字都如雷贯耳。还有数不清的石刻，很多是记录游历的，但是大多数是四到六个字的石刻，表达着一些适合此时此地的充满情感的词语。这是对这条盘道的基本描述。接下来让我们关注登山路上最引人注目的地方吧。

离开城北门，继续向前走，西北部一里处有一个高大的石头纪念牌坊叫“岱宗坊”，立于明朝，据说是盘道的开始。岱宗坊右侧不远处是“丰都庙”。道教的书上说丰都就是阎罗殿，是地下九重天的入口。他的两侧是冥府十大王。有人说第七大王就是泰山神。在匾额上写着“现因果法”①。台阶前面是一棵古老的松树，在其上又长出一棵柏树称为“飞来柏”。路的左侧是一个大房子，据说是供乾隆登山时休息所建。东侧是三皇庙，供奉有三座神像：伏羲、神农、黄帝，神像旁边是八蜡神。下一座庙叫升元观，内祀“东岳福神”。再向上左侧是玉皇阁，下面种植着一些灌木和花草，井井有条排列着。旁边一个房间平时大都锁着，里面是一个道士的骨骼，盘腿坐姿，120年前羽化升仙，现在他的脸上有了个面具护着，身上盖着锦缎披风遮住白骨。当我进入这个庙的时候，几位妇女正在等着祭祀他。现在看门的道士打开了这

① 原文是 The Recompense is speedy。

座房门，这几个妇女就开始磕头，扔了几个铜板，这时候道士就掀开披风，让她们看一会儿这堆白骨。这条路的左侧是白鹤泉，以前有源源不断的泉水，但现在却不知道为什么干涸了，据说下雨的时候泉下面还是会有水流声。接下来是斗母宫，修缮精致，里面都是尼姑，穿戴得像男人一样。妇人们来此为孩子祈祷。对面的庙叫人祖庙，里面供奉秦始皇。与之相连的是“痘神祠”。近处又是一座庙叫青帝观。在这里隋朝开皇①立了一座神坛在此祭天。这位神仙后来被封为“广生帝君”②。这座庙之上是“眼光泉”，众人来此掬水洗目，还有的人将水带走治疗眼疾。左侧一庙宇称为“后土殿”，再往前是“涤尘泉”。接着就是岱岳观，曾经非常宏伟，现在几乎成了废墟。唐朝时这里曾有座大庙来内祀东岳大帝，六位皇帝曾亲自来此祭天、祭泰山。庙内有一座石碑，其顶部用一块石碑将两块树立的碑相连，因此这块碑叫“鸳鸯碑”。碑上刻了字，记录了几个故事，但字迹已经模糊不清。除了泰山顶上的(大观峰)大字外，这里是仅有的唐朝石碑了。右面是“群玉庵”，还有一座药王殿和一座观澜亭。庵前有飞鸾泉。旁侧是吕公洞，据说纯阳子曾炼丹于此，内有其石像。据说③，有一次吕公题诗石壁，有虬常对诗顶礼。吕公挥笔点其额，它遂化龙飞去，因此这里又叫“飞虬岭”。近处又有一洞穴称为“水帘洞”，因水流倾泻而下，形成一面水帘而得名。接着就是玉皇阁，然后是瑶池。接着是草木茂盛的小蓬莱。对面是虎山，上有寺庙祀眼光娘娘，接着是关帝庙，右侧是座憩亭和露井。再往上就是装饰很好的牌坊：一天门。从这里开始的盘道直接连到泰山极顶。接着是明朝立的一块纪念碑，上面刻着“孔子登临处”④。这旁边是合云亭，再远点是另一座石牌坊叫“天街坊”。这里有另一座元君庙，在路边有座“且止亭”，接下来是另一座牌坊叫红门坊，额上书写“瞻岩初步”。这条路的左上方是“观音阁”，一座最为华丽、来往拜祭之人最多的大殿。里面供奉的女神像又称“子孙娘娘”。众所周知她是有求必应的。右侧是更衣室，供上山的人更换衣服登山的。佛教的僧侣改其名叫“弥勒院”。穿过这里往右走是箭竿峪，向上是垂刀山，据说宋朝的天书即藏于此。再往上是丰都峪，又名“鬼儿峪”。继续向前走是万仙楼，内祀元君。下面是隐真洞。两山之间的山谷是樱桃园，据说之前这里全是唐朝摩崖石刻，现在已经辨析不清了。接下来是斗母宫，先前也叫古龙泉观。从此处到山顶均有数不清的石刻。接下来的一座桥叫“高老桥”，旁

① 即隋文帝杨坚。

② 根据《泰山道里记》，宋祥符初重修，加封广生帝君，有御制碑。

③ 信息源自宋焘《泰山纪事》。

④ 明朝罗洪先题。

边是一座石碑，名叫“高老桥坊”，因纪念其建筑者而命名。桥上是“三官庙”。对面山上是经石峪，石头表面光滑平整，上面刻着巨大的佛教经书。据说，此处占地面积有1亩。路边石头上刻有斗大的“佛”字，大概有10平方英尺(0.9平方米)。接下来你会站在“漱玉桥”上的经石峪口，上面山侧一块大石叫“试剑石”。石头表面平滑，就好像是从中间劈开似的，据说另一半是一位神仙用剑一击而碎掉的。往下走就是一个亭子，题字“高山流水”。接着是“三官庙”，旁侧是一个石头牌坊，另一侧是“水帘洞”。这时候，路折向东部，此处一块石崖叫“歇马崖”，又叫“马棚崖”，意思是岩石巨大，可以当作屋子让马在此休息。“歇马崖”是雕刻在石头上的大字，据说这三个字风雨不毁。接下来是“圣水泉”和“壶天阁”，有一个亭子专门为此而建，并有御书阁额及御制诗歌。对面是另一座“元君殿”，接着是“玉皇庙”，匾额上书写“紫垣凝命”。继续向前有一座小山峰叫“回马岭”，意思是马不能再继续向前行走了，我并不知道马是如何走这么远的。再往上一点是一座大石碑，据说是来此处旅游的人所立，上有诗歌刻字，有些可以辨析(见图2-1)：

“Yearly I wend my way to the T'ai San brow,
My visits began in the year Mow Mow;
Of the resting places ou the steep ascent
None is so fiue as the imperial tent.

Standing, I watch the bustling crowds,
Sitting, I view the gorgeous clouds,
The fine trees shake with a murmuring sound,
The water flows down with a ceaseless resound.

Chin Szo Hwang has titled each tree,
The rocks have been honored by Han Woo Te.
The gate of Heaven will soon be found,
While clouds and caves cluster all around.

The soul is pure and the heart as if washed,
And the miud and thoughts are alike refreshed;
Of all good places this is the best,
And hither I often come to rest.”

图2-1　石碑刻英文诗歌

再接下来是“金星亭”，向上是“三大士殿”，穿过“步天桥”就是“十二连盘”，接着就看到了“中天门”。向上是“二虎庙”，两块巨石的样子看起来真像一对老虎。接下来是三段平整的登山台阶，又称“快活三里”。走到这里，登山的路程便完成了一半。离这里不远处有一泉叫“玉液泉”，一处非常漂亮的冷水泉。接着会经过“跨虹桥”，右侧是“增福庙”和另一座“元君殿”，这上面是一块巨石，叫“龙纹石”，纹理像龙一样。接着是“回龙桥”，向上是巨大的劈开的石头，下雨时，瀑流从中间倾泻而下，就像是龙在喷水一样，所以又叫“飞泉”。接着是雪花桥，走上一段平整的登山路就到了著名的“五大夫松”那里，名字由来是秦始皇在登山时遇大雨，在此松树下避雨而得。松树早就没有了，别人又在此地重植松树数棵，有个石坊上面写着“五大夫松”。这里还有茶点铺和一块著名的石头“飞来石”。万历年间，在一次暴风雨中，一块大石一夜之间从山顶上滚下来，因而得名。接下来的地方分别是朝阳洞坊、御帐坪、凌虚阁、振衣亭、望松亭和另一座元君殿，上面写着“灵府慈光”。对面的小山被称为“万松山”，山上松树密布岩石上，因雨水较少，松树只能靠云中湿气茂密生存，松树根部弯曲盘绕像虬龙一般。路旁石头上刻有康熙的咏诗：“岱岳最佳处，对松真绝奇。”

穿过“圣水桥”是一座“大悲殿”，向上是“龙门坊”“龙王庙”和“金母殿”。接着是“鸡冠峰”，石头的样子很像公鸡头上的鸡冠，因此得名。旁边的石头上有小孔，下雨时会有水流经过小孔，因此得名“龙口泉”。继续前行是“渡天桥”和“十八盘”。十八盘从“升仙坊”开始，两侧分别有“飞龙岩”和“翔凤岭”（凤是一种带来吉祥的鸟）。中国人在描述十八盘的陡峭时非常夸张，他们说登山人的脸和台阶之间只有一脚的距离，“前人相牵，后人见前人履底，前人见后人顶”，“初上此道，行十余步一休；蹀蹀据顿地，不避湿暗，前有燥地，目视而两脚不随”。提到山谷中的大石头，他们说“辽如从穴中视天”[①]。登山实际上是既不困难也不精彩。每侧石阶都有铁链，靠铁柱连接，看起来并没有用处。十八盘的尽头是“南天门”。毫无疑问，两只脚筋疲力尽，但我却很高兴到这里。从这里开始登山变得容易了。跨过路边是一座高大的“摩空”。除此以外还有石头称为“自然碑”，上面刻字“天门”。据说石头天然存在那里的，但是毫无疑问它被打磨过了。这里还有一个关帝庙，刻有“乾坤正气”。向西不远处是一座独立的山，两块石头同时高耸形成一座门，称为“西天门”。

经过了所有带刻字的石头，我将从头翻译一些石刻，它们是：拔地通天、蛟龙腾渊、登欢喜地、初步登高、蔚然深秀、曲径通宵、源清流洁、高山流水、河山元脉、霖雨苍生、月色泉声、泉响云飞、排闼送青、栏环翠秀、维天东柱、松云绝壁、至哉坤元、从此看山、举足腾云、天下第一山、暂远红尘、风涛云壑、渐入佳境。

从南天门开始，路折向东，直达山巅。这段路叫“天街”。天街两侧住着30多户人家，靠兜售纸钱和提供住宿为生。路上第一座建筑是乾隆时期建的行宫叫“云巢”，现已成废墟。接下来是“万福泉”，据说用此泉水可以治愈

① （南朝宋）范晔《后汉书·祭祀志》注引应劭《汉官马第伯〈封禅仪记〉》。

各种疾病。继续向左是一座山峰叫"锁云岩",其下是"白云洞",右侧是"百丈崖"。下面是一块平整巨石叫"振衣岗"。南部是"莲花峰"——山峰像莲花一样,岩壁据说有万仞高。从下到上,看不见山顶,但是从上往下看,蜿蜒起伏的山路上,人都像蚂蚁一样。山顶上有两块石头叫"试心石",当人站在上面时,如果不真诚不纯洁,石头就会摇晃;反之就不会摇晃。再往下走是"虎头崖",看起来像老虎的头。就近处是"避风崖",上面有很多宋朝的石刻。接着是"万寿殿"旧址、"御香殿"和"斗仙岩",继续向前是一块黑色巨石,上面刻字"天柱峰"。路边有"仰止亭",再登一段距离就是主庙"元君庙"了。传说元君是充满神话色彩的:黄帝下派来的,当时名叫"玉女",后来,他[①]来到泰山后被人们称为"泰山老母"。明朝一位文人从阴阳的角度分析,元君管地不管天,因此应该是女性形象。元君形象据说刚开始是雕刻在元君正庙往后一点距离的珍贵玉石上,但随着时间流逝已经损坏并消失了,现在的元君像是很常见的形式。元君庙前面的两扇沉重的大门常年紧闭。人们或伏在地面上,或踮起脚尖透过门缝往里看,或扔进钱两,这种祭祀的方式叫"混施钱"。据说以前大门每十二年开一次,由皇帝亲自或钦差打开。后来,变成了一年开一次,在阴历四月二十八日[②]由巡抚或泰安府指派官员去打开。那时会有大批民众登山,这也成了一年中最重要的节日了。汉武帝将庙内所祭祀的钱两称为"梨枣钱",据说这些钱供给皇后购买脂粉。乾隆皇帝又赐给寺庙一系列祭祀的玉石器皿和一个篆刻"天仙照鉴"的玉印。元君庙两侧是眼光娘娘庙和子孙娘娘庙。明朝万历皇帝曾为寺庙建了双层的金阙,并且为了纪念,又立了一块铜碑。铜碑底座之上也是铜质,高8英尺(约2.4米),宽4英尺(约1.2米),厚1英尺(约0.3米)。在院子的另一侧也有一块石碑,是另一位皇帝立的。石碑上的字迹已经模糊不清了,原因是人们都在石碑上磨硬币,磨一两枚硬币带回去系在孩子的脖子上,据说可以祛病驱邪。当朝顺治皇帝又在门口增加了歌舞楼,东西两侧又增建了石阁。下一段阶梯是一个香炉,供人们焚烧纸钱。寺庙东部有一个精致的亭子,里面立有万历年间石碑。石碑玉质淡雅莹丽、半透明。据说皇帝寿辰[③],大臣和王子们要求到泰山祭祀祈福。皇帝同意后,就立了一座石碑以示纪念,对

---

① 这里原文用的是 he,全文将元君当作男性形象,后来狄考文也提及元君性别问题。这一问题值得进一步探讨。

② 此处信息原文是 twenty eighth of the fourth month。这一信息有误,因官方祭祀的时间是阴历四月十八日。

③ 此处信息有误,此碑应是乾隆三十六年(1771)重修。根据清人聂钦所撰《泰山道里记》记载,明万历间王锡爵撰《东岳碧霞宫碑》云:"庚寅岁,近侍诸臣吕进朝等进曰:'两宫太后圣寿,愿往礼岳祝厘。'"

面一个相似的亭子里有一块普通的石碑。主庙的瓦片都是铜质的，侧庙都是铁质的。从前门进去，往上一段台阶是一个宽大、装饰精致的门廊，穿过院子，两边是八个神像，尺寸是成年人的两倍，其中四个人是铜铸的。在康熙皇帝统治时期，一场可怕的洪水摧毁了这座寺庙，同时山上其他一些寺庙也未能幸免。后来寺庙于雍正时期重建，但是又毁于乾隆时期的一场大火，直到30年后才得到重建。重建后的寺庙虽然没有城里的岱庙这么大，但是更古典、更引人注目、更受香客们的欢迎。登顶泰山的人首先会来到这座寺庙祈祷祭拜，然后才去别处。在这座寺庙的门外，远处有一个梳妆的亭子[①]。庙外这条路迂回绕向北侧，就到达一片平地，建有东岳庙——古代泰山的主庙。这里过去曾是一片废墟，但如今正在得到修缮。一个御赐的匾额上书写"资始惟元"[②]四字。东岳庙后面是一片巨大山崖，表面都磨得很平整，像一面墙一样，这里叫"大观峰"。大约1400年前，唐玄宗曾令人削壁刻字，字有6英寸宽，整体有30英尺高，18英尺宽，头几个字有4英尺宽。这些字被广为赞颂，就连拓写的字卖的价钱都很高。这里被称为摩崖石刻，大概是中国最有名的石刻了。我买了一张拓纸，想翻译一下，但是文字太长了，放在这篇文章里不合适。摩崖石刻的作者(即唐玄宗)首先感谢上天给他机会当皇帝，接着汇报了整个王朝的国泰民安，又谈到他遵循古代礼制来泰山封禅。接着他又讲述了山下禅地、山上封天的祭祀过程，然后又表达了自己道德上的虔诚——最后他又呼唤祖先一起向神灵祈祷庇佑。最后是史诗记录和赞颂前朝皇帝的名字和细节——表扬一些，鞭挞一些，最后对泰山正式献祭。

就在这个摩崖石刻下面有一个石洞叫"桃花洞"，旁边又有两个大字的石刻"云峰"，每个字有5英尺高，是康熙皇帝亲笔书写。东岳庙内，有一块巨石叫"一拳石"，另一侧刻字"聪明正直"。继续向上走，高处又有一座非常宏伟的庙宇叫"青帝庙"。西侧主庙后面有一座保存完好的庙宇叫"后寝宫"，里面祀元君(通常称"老母")，元君躺在精心用帘子遮住的床榻上休息。这座庙西面是一座矮点的山峰叫"孔子岩"，明朝时上面建有一座亭子，随后，这里又建了座庙，现在也已经非常破旧了。上面有一个匾额，写到"望吴胜迹"。这上面有一平台叫"登仙台"，据说是因为一个叫"吕"[③]的人，经常来此

① 指驻跸亭。

② 乾隆御赐匾额。此处作者解释为"Yen Kuin, the sole originator of Nature"，但"资始惟元"意为万物从最根本的地方生长发展，其中"元"是根本、最初的意思。狄考文理解成元君是万物之始显然是错误的。

③ 指吕洞宾。聂钦《泰山道里记》记录：登仙台，《岱史》以纯阳尝登此云。纯阳指的就是吕洞宾。

打坐修仙。继续向上，几级台阶之后就到了泰山极顶了，这里也建了一座庙叫"玉帝观"。院子中间是原石，标志着泰山的至高处，我们终于到达了圣山的最高峰。

寺庙前面立着一块巨石石碑，没有任何刻字——连个笔画也没有。高16英尺，宽6英尺10英寸，厚2.5英寸，碑上端稍细。这叫"石表"或叫"神主石"，显而易见模仿的是祭祀神仙的石碑。有人说这是秦始皇立的，还有人说这碑立于汉朝，其下埋有玉函，里面装有皇帝封禅泰山的记录。当然这是一座非常古老的纪念碑，颜色暗黄，跟泰山上其他的石头都不一样，很难判断当时的人们是如何将石头搬上山的。从山顶下山到东侧平地，又是一些石碑——有人说这里可以到达天堂，将太阳拉下来，还有人说这里可以穿越蓝天。继续向前走是"平顶峰"。东北处有一块拱起的石头叫"探海石"。其下是"乾坤亭"，旁边立有石碑，上面刻"孔子小天下处"指的是典籍[①]上的一段故事。亭子上面有一匾额，写到"普照乾坤"。再往东走是更高一点的山峰，叫"日观峰"。上面也有一座亭子，亭子两旁的石头上刻着乾隆写的对联。中国人都说，公鸡一打鸣，这里就能看到太阳。我们晚上就住在这里，为了第二天一早在这个著名的地方看日出。日出景色确实很美，如果天气更晴朗一些，会更美丽。东北侧的山峰下面是一块可怕的悬崖山涧叫"鹰愁涧"。下山有段沟壑叫"东天门"，其上是另一个山峰几乎跟岱顶一样高。南侧是这座山最陡峭的悬崖，称为"舍身崖"。以前当父母生病时，子女们会经常来此舍身，献于神灵以祈佑父母康复。相当多的人会在此舍身，从可怕的悬崖纵身跃入深渊，粉身碎骨。明朝时，这里就禁止舍身这种行为了，并且在旁边建了围栏。这座峰顶上有一块方柱一样的裸石，有10英尺高，叫"幡杆石"，上面刻字"海日奇观"。下面有一块大石叫"可止台"。山峰东侧是幽深的山崖叫"九龙峪"。往西走，东天门下面是又条一深沟，两侧悬崖之间有三块叠起的石头相连像一座拱门，又像是一座天然的桥，称为"仙人桥"。西部不远处朝南的方向有座小石峰叫"丈人峰"。据说看起来像是一位弯腰驼背的老人，人们常常把古老的泰山比作是老岳父。这些都是泰山上的著名的古迹。很多小的，尤其是与各个地点和寺庙相关的充满故事、传说的地方都因为篇幅和不想引起额外注意的缘故省略了。除了从盘道到岱顶和岱顶之上各大类值得一提的地点外，还有泰山的其他部分，山下村庄均有与泰山相关的数不清的庙宇、亭台、石碑和石坊。同时，泰山周边每一个洞穴、小山、泉水和悬崖都有一个名字，也都有各自的神话传说。

---

① 这里典籍指的是《孟子·尽心上》。原文："孔子登东山而小鲁，登泰山而小天下。"

泰山顶上景色极其优美。北部，虽然几乎没有什么，但是群山层峦叠嶂。毫无疑问，山峦之间有数不清的山谷，但是放眼望去，都是连绵不断的山脉。西南和东南向外延伸出去的是广阔的山东平原。远处20英里处是汶河，也是中国最古老的河流之一，蜿蜒流淌在这个大平原上。有数不尽的支流汇入，肉眼能看清的大概有8条。泰山脚下是泰安城，看起来就像一长方形的草地。从山谷向上望，香客们来来往往，川流不息。男人几乎都是徒步而行，少数女人也是如此。步行登山，爬上5640个台阶并不是件容易的事。很多年迈的老人由儿子或孙子左右搀扶着，费尽力气爬上山顶。女人、官员和有钱人坐着登山轿子由专业轿夫抬上山顶。游客、香客来自四面八方，有的还是从最遥远的边境而来。我们看到很多叫“会”的组织，为首的拿着一个小旗子。有些人来自六七百里的地方。他们基本上是来祈求某种程度的幸福。在城里时，我们看到每天都有手推车来回穿梭，上面坐着妇女，大部分是老年妇人。她们带着包裹和行李，坐在那用双手推行的独轮车上。很多人来自500里以外甚至更远的地方。这些朝圣的人们被统称为“香客”。一年的前四个月，香客们络绎不绝。我们得知，正月的时候，每天登山的香客有3000到5000之多，正月十五这一天，人数可达1万。3月份，当我们到达的时候，每天登山的香客就有500到1000人。一些特地来上香的人基本上是赶着季节来的，另外一些来上香赶庙会并且还夹杂着商业目的的人会来得迟一些。登山途中遇到的一个显著的现象是乞丐：路边每一个拐角处都有乞丐等着，不停地围住你，跟着你，直到你到了下一个拐角。他们来自各地，有男人、女人和孩子。下山的时候我们的随从数了数乞丐的人数大概有250人，据说在正月的时候，人数是现在的5倍。除了这里，进城的大路上也都挤满了乞丐，有一些还是从远处奔着庙会来行乞的。我注意到一个特殊的乞丐，他在一群乞丐上面的一个台阶上放了10个小篮子，而他坐在对面几乎触不到的小石头房子里敲梆子，用这种方式吸引行人的注意力来获取施舍。

注意到人们是如何将祭祀神灵和山脉联系起来，如何在陡峭的山崖上建寺庙是一件令人好奇、兴奋的事情。在圣经时代，以色列人会去高处祷告。在古希腊时期，上帝会在奥林匹斯山上建设居所。这里的中国人将最远古的神灵与昆仑山和泰山联系起来。当问及为什么会在山上建寺庙祭祀的时候，中国人的回答经常是山顶安静，空气清新怡人。让我满意的是这并非全部答案，所有的人都认为神无处不在，他们的居所就在天堂；因此耸入云霄的高山恰恰能最接近神灵，而且山顶是最能将天堂和凡人联系起来的地方。比如上帝曾指示亚伯拉罕在摩利亚山[1]筑坛祭祀，在西奈山授摩西十诫，在山顶显圣等。在大多数情况下，人们已经将上帝和山脉或其他自然物混淆起来，这样也就不能区别谁才是真正掌管天堂的上帝。只有神圣的启示才能将地下和天上、物质和非物质、自然和精神、人和神区别开来，这样才能最终使人从盲目信从中清醒过来，无论从精神上还是从事实上，带领他去祈祷真正的神。

短评

在早期关注泰山的外文文献里，狄考文1879年的这篇文章属于研究比较深刻、专业的了，正如费丹尼(1911)在《狄考文传》[2]中所说，那个时候泰山还不为人们所熟知。但是狄考文花了22页文字对岱庙和泰山进行了论述，这在当时的历史条件下确实属于深刻的研究了。

从文章论述的过程来看，作者参考了《泰山道里记》的大部分内容，有些地方作者也加入了自己的所见所感。虽然存在一些并不完全符合原文的情况，有些细节还存在一些出入(误解)，但是这篇文章在一定程度上将叙述、感想和评论相结合，属于英文文献里对泰山文化研究比较深刻的一篇了。文中涉及石碑石刻的典故、渊源，探索了碧霞元君和东岳大帝的一致性等问题。另外，这篇文章花费了大量的笔墨用在描述泰山名胜古迹的历史渊源和信仰上，其出发点除跟作者本身是传教士相关之外，还与作者的汉学家身份有关，他对中国文化、信仰充满了极大兴趣。文中作者对诸如建筑等名胜古迹的翻译基本上采用的是直译方式，突出了作者忠于泰山文化本来面貌的思想。另外，作者通过加入自己的感想，也在试图理解泰山文化，通过文字来表达他的个人见解。

不难看出，作者在理解上还是存在众多偏差的地方，比如把碧霞元君和东岳大帝等同的问题。究其原因有三：其一，作者在游历泰山时，所参考的资料，所接收到的信息受当时各种客观条件的限制，比如翻译的有限性，并非是完全得到证实的，有时候可能只是讹传。其二从描写顺序来看，作者大量参照了《泰山道里记》信息，但是又加入自己理解的时候，相应信息未加证实，因此在理解上并不完整甚至错误，比如岱庙里的无字碑等信息均属错误理解。其三，作者在进行英语表达时也尽量遵从汉语意思，因此有的表达直接到位，有的却含混不清，再加上英汉两种文化产生的语境和文化内涵不

---

① 指的是圣殿山。

② Daniel W. Fisher, *Calvin Wilson Mateer. Forty-five Years A Missionary in Shantung, China A Biography*. Philadelphia, The Westminster Press, 1911.

同，因此会有文化理解时的失语、不对等现象，所以在表达上产生问题（误解）是必然的。

最后，不得不重点提及的是文章的最后一段文字。作者画龙点睛，将泰山祭祀与西方圣经时代、古希腊时期的信仰状态进行比较，足见作者对泰山文化（信仰）影响力的认同。将泰山上的祭祀与山脉崇拜、人与自然、中方与西方联系起来，将泰山放眼世界的角度来看待，提出“只有神圣的启示才能将地下和天上、物质和非物质、自然和精神、人和神区别开来，这样才能最终使人从盲目信从中清醒过来”，这样的泰山文化（信仰）是具有世界格局的。泰山的影响力也因为这样的文章获得很好的传承和传播，所以此篇文章堪称对泰山文化传播的一大贡献。

七、金思密[①]《舜帝的故事》[②]（摘译）

向山川祭祀！
二月，向东方巡狩到岱宗，
柴祭山川、河流，
向东岳泰山表示敬意。

短评

这段文字虽然比较简短，但是内涵丰富。文中既有山川祭祀，又有舜帝东巡及在东岳泰山柴祭天下。所以本段文字的记录将4000年前的舜帝与泰山紧密联系在一起，在泰山文化的传播中起着重要的作用。

八、卫三畏[③]《中国总论》[④]（摘译）

泰山或大山，坐落在这个省的泰安府。这座山曾在《书经》里提到，舜曾经柴祭天下（前2254），因此泰山因其历史地位和宗教信仰而闻名。泰山是附近的最高山，就好像在守卫、保护着周边的疆土。泰山也是最著名的信众汇聚的地方。每个信仰都有信奉的寺庙、神像，他们大大小小、上上下下遍

① 金思密（Thos. W. Kingsmill，1837～1910），英国建筑师、土木工程师，曾在长江流域收集动植物标本。

② 节选自《皇家亚洲文会北华支会会刊》第13～15卷，1878～1880年，第126～127页。

③ 卫三畏（Samuel Wells Williams，1812～1884），最早来华的美国汉学家、传教士、外交家之一。

④ Samuel Wells Williams，*The Middle Kingdom*. New York：Chailes Scribner's Sons，1883，pp. 90-91. 卫三畏在书里比较全面地介绍了中国的政治、经济、文化和社会状况。全书分上、下两卷，关于泰山的一段信息是作者描述山东的时候一并介绍的，这段文字取名“泰山，大山”（TAI SHANM，THE GREAT MOUNT）。

布在泰山上。道士们向他们的信众吟诵着诗文,施展着一些进行了上千年的迷信的仪式来吸引朝圣的人群到他们的庙宇里去。春天里,通往泰山的路上挤满了长长的载满朝圣者的大篷车。人们来此许愿,向他们信奉的神灵祈求健康和财富,或者祈求天堂的快乐取代人间的悲哀。一个法国传教士[①]曾提到其遇到朝圣的人群中有很多年纪大的妇人,她们从300英里(约482千米)外的河南而来,看起来十分疲惫、不适。尽管如此,她们还是要来提醒所信仰的神,她们已经禁食肉类、鱼类,不杀生很久很久了,以此来换取灵魂的幸福转换。这一群妇人中,年纪最小的也78岁了,年纪最大的已经90岁了。另一位旅行者讲述了朝圣的人们在春天来此可以赶庙会。高的矮的、当官的和老百姓、男人女人、老人小孩,形形色色的人会蜂拥在路上,齐聚在山上。城外有座大庙,地上铺满帐篷,以便人们在此游乐。大概5英里之外,就有为朝圣的人们铺就的很好的路面以及配置齐全的小旅馆、茶室和走道,两旁的柏树还可以遮阴。当然路上也挤满了乞丐:留着伤疤、生着疾病的男人女人,瘸腿的受伤的。他们不停地围着朝圣的人们,哭着喊着自己的遭遇,不时地躺在地上挡着别人的路。大多数的乞丐们都靠别人的施舍,穴居在路边的洞里过活。乞丐的数量暗示着有大量的香客们会施舍这些可怜的人群。

短评

这一段文字显示出卫三畏文章的落脚点并非在泰山文化(信仰)这一话题上,甚至没有提及信仰里的众神和主神,也并未深刻探讨在源远流长的历史长河中,泰山是如何一步一步成为信仰中心的。作者仅仅通过引用、现象描述的方式将泰山的地位表现了出来。在《中国总论》这样一部早期的百科全书一般的书中,这样一段描述足以说明泰山的地位。

卫三畏在《中国总论》这样一部综合性全书里提到泰山的朝圣、朝圣的人群和典型的乞丐话题,已经说明他对当时的泰山状况了如指掌。这与他在中国已经生活了十多年、经历过鸦片战争前后中国发生的深刻变化有关系。他具备丰富的感性和理性认识,所以描述起来并不拖沓。此外,他还研读了汉语和中国社会文化,积累了越来越多的知识,因此写出的这段介绍性文字简洁有力。此段现状描述也可以跟韦廉臣和狄考文的泰山文化介绍相互印证,均属于早期对泰山突出特点进行介绍的外文作品。这使得即使今天的读者也能对当时的泰山状况有一个简洁而又深刻的认识。

① 指罗类思,又名罗伯济。

九、伊莎贝拉《华夏的古老路线》[①](摘译)

韦廉臣的夫人伊莎贝拉，于1884年出版了《华夏的古老路线》一书，第十七章介绍了泰山。这样一本书因为作者而显得与众不同。内容如下：

傍晚时分，我们就依稀辨认出了山东特殊的朝圣地——泰山，这一带山脉的最高峰。远远地我们能看到山顶的寺庙，耀眼的红墙，跟青绿色的山脉形成强烈的对比。我们好像围着山转了一圈，但是山上的寺庙一直没有离开我们的视线，虽然没有越来越近的感觉，但是突然，我们就到达了泰安府。时值朝圣季，这座城市特别的活跃有趣，到处都是香客：年老的年轻的，男人女人甚至小孩。当我们到小旅馆的时候，周围非常安静：一个宽敞的大院子周围布满了房间。店主是个很有礼貌的人，但是似乎很反对我们要求任何食物都做熟，最后我们不得不从饭店要了晚餐。那是最美味的饭菜了，但是花费跟英国的一流饭店也一样多。

晚上非常愉快，因此我们决定去城里的大庙看看。这座庙是为五岳独尊的泰山而建。祭祀的历史可以追溯到遥远的年代，据说是公元前2255年。有真实的历史可以证明从4000年之前起，一代又一代的人们来此朝圣。无论是寻常百姓还是达官显贵，都对这座山充满了敬意。看起来每个年代都有特定的神灵，有时候是男神，有时候是女神，就像某个时期有什么样的情感能感动他们一样。除了民众世世代代来此朝圣以外，历代皇帝也曾到此并留下记录。香客们年复一年来此，但是他们对自己未来能得到什么益处其实是很模糊的。

穿过庙门有个匾额，上面写着"岱封锡福"。同样的诉求，东西方在追求幸福上是一样的。人们所追求的幸福是一件多么有意义的事情！人们心之向往，认为幸福是被创造的。什么时候世界才能遵循这样一句优雅的话语呢，"凡劳苦、担重担的人到我这里来，我就给你们安息"呢？

寺庙的大门是朝南的，门前东西向大街[②]被称为"通天街"。入口处有个中国特色的大石坊，称为"牌坊"，也就是说石坊上面是方形的。因为牌坊上面铺砌的是斜的陡坡，使它看起来比实际尺寸更高大。牌坊正前方是一个漂亮的亭子，据说这里是如果皇帝因为时间仓促来不及登山祭祀而参拜泰山的地方，因此叫作"遥参亭"！又走过一座漂亮的牌坊，就到了进入寺庙的主道。一排五个大门，中间那个是皇帝走的，其次两个是大臣们走的，最边

① Isabelle Williamson, *Old Highways in China*. The Religious Tract Society, 56 Paterxoster Row, and 65 St Paul's Churchyard, 1884.

② 通天街是南北向大街，原文说是东西向大街，与实际不符。

上两个是平民走的，但是只有一个门开着。庙里面的空间特别大，周边的墙有3.5里长，大概1英里多。

寺庙本身高大华丽，屋顶由90根柱子支撑，有40英尺高，都闪着朱砂漆的光泽。整个地方充满了传统中国的气息，大约需要花一天时间来欣赏这里的门廊、殿堂和精心制作的庄严的石碑。大自然也带给了这座寺庙生机，历史久远的柏树和庭院里、走道里的小草都非常漂亮。在一些地方还有卖茶的小铺子，有文化的人会在呷水的空隙，举止文雅地交谈着。

朝圣季的时候，各种各样的庙会、剧场、售卖活动都在这个寺庙的院子里举行。

第二天天亮之前，两台登山轿子已经备好，轿夫们准备了大量的硬馒头，我们朝着圣山山顶进发。这座山是货真价实的石头上的朝圣路：寺庙、亭台楼阁、石刻、碑文、游历记录，有时候还有桥梁、石窟和纪念碑。有一个尤其吸引我：一座巨大的石头方尖碑，上面竟然没有一个字！后来得知这座石碑是焚书坑儒的皇帝所立，为了惩罚自己的无知，上面一个字也没写。真正的讽刺啊！

在这里，中国历史被很好地诠释着：因为每一个著名的皇帝和圣人都曾提到泰山——这个非常有荣耀的地方。我们一步步向上攀登，踩在5640级石阶上。越接近山顶，我越不敢往下看。经过了“步天桥”后，不久就到达“天门”。我们在此休息，然后看到最险峻的一处地方，下面都是恐怖的悬崖峭壁。一堵大墙堵住了通往悬崖的路。很多朝圣的人们形成了一种习惯，为了解救病重的父亲或母亲，他们会从此处悬崖纵身跃下，粉身碎骨，为的是向神献祭，以示孝顺。这种事情发生得太频繁，因此官府不得不加以阻止，所以一个皇帝就要求建了这堵墙。

美丽的景色让我们的长途登山变得有意义。一片湛蓝的天空，没有一丝云彩。北边全是连绵的山脉，庄严而深远；南边和东南、西南是山东大平原，谷物的海洋。

我们只能看到汶河闪着波纹蜿蜒，很多小的支流像银色的条纹一样汇入主流。泰安府就在山脚下，看起来很小，那座大庙宇的墙依稀可见。朝圣季的圆月之际，有大概一万人登山朝圣。

我们快速下山，中间也遇到了危险：一个轿夫差点滑倒，要不是他同伴时刻警惕，抓住了护墙上的绳索，我们就会被摔下三四十级台阶。从他们惊恐的脸上和令人窒息的感叹中，我们看得出他们意识到了危险。

我们随着激流而下，最后轿夫们把我放在一座华丽的庙门口。出来三四个人，都抽着长烟袋，行了令我同伴为之一惊的礼后，他们陪我走进去。

这座庙非常简洁：一座尼姑庵，里面都是女尼，穿着像道士，并且有长长的大脚。这座庙的名字叫“斗母宫”。

她们将我带入一个大厅，从后面的窗户往外看，能看见一个可爱的小瀑布，非常浪漫。在这里女尼们都有舒适的家，她们都是智慧的女人，给了我一份泰安府里岱庙的草图。山上的一座座寺庙都坍塌了，然后又花重金重建。朝廷的财务部门总能准备好这部分资金，最近这里刚刚被维修过。

这些聪明活泼的女尼说跟我是同类，因为我们不仅有一样的大脚，还因为我们都是为帮助我们的同胞而存在。年纪最大的，曾经是位学者，很喜欢我使用中国的引言，她说我应该搬来和她们一起住，这样就能给朝圣的人们教授课程了。她们告诉我，她们会得到大笔的钱用来美化寺庙，富有的太太们会在朝圣季和她们待在一起。

与女尼们分开后，我们又参观了“孙真人”的住处。他已经去世 130 年了，盘腿坐在神龛里，那是他不吃不喝羽化升仙的地方。这远不及马耳他的圣约翰教堂的修士们可怕，因为他的脸上戴着一张面具，身上围着一个披风。我们出去后，进来一些人朝他叩拜，我相信这对旁边的道士们来讲也是不错的收入。

从这座庙向外看，泰山展现出了一幅极为壮观的景象，因为很难找到任何一处山上有如此多的人类痕迹。从宗教的角度来看，这是一座伟大的纪念碑，见证了人们朝圣历程中内心的呐喊。据说舜帝在统治的第一年就来此祭“天”。他所指的“天”就是当浪子回头时和我们所拥有的“天”一样的概念。他说“我曾逆天犯了罪过”，这里的“天”是最崇高的神。从此后，就有了对山川的朝拜。在这座山的所有寺庙里和纪念碑上，并没有任何感性的东西。所有的都是纯洁的，讲述着符合中国人精神和情感的故事。

在一个昏暗的早上，我们告别了泰安府，出发去往中国最伟大的圣人——孔子的故乡。

短评

伊莎贝拉曾四次游历中国，其所见所闻大都以中西对比的方式和女性的角度展现出来，从这段摘译就看得出来。关于泰山的这一章节是伊莎贝拉第一次游历泰山时的记述。她不仅游历了岱庙、登上了泰山，还对所到之处感兴趣的地方进行了认真的叙述。比如晚饭后就游览岱庙，而且对岱庙的描述，是从整体上进行的构架。虽然作者也深知岱庙历史久远，但是并没有面面俱到，而是围绕自己感兴趣的物件如匾额、牌坊、大殿等进行了客观描述。

值得注意的是，伊莎贝拉虽然登顶泰山，描述了作为朝圣者圣地的泰山历史地位，但是对一些名胜并未追本溯源。譬如“无字碑”：虽然无字碑的名字未被提及，但是作者却将此称之为方尖碑[①]，且将其与“焚书坑儒”的皇帝联系起来，也没有明确提出这位皇帝就是秦始皇；“舍身崖”：作者甚至没有提及舍身崖这个名字，更没提及后来改称为爱身崖的说法。笔者推论一方面可能是作者时间仓促，另一方面可能是作者并不感兴趣。在下山的途中对斗母宫和孙真人庙的游览恰恰说明了作者的兴趣点所在。对斗母宫内尼姑的描写更突出了作者女性的思考角度。更难得的是，作者无论是对斗母宫还是对尼姑的描述，展现的都是正面、积极的形象，给人一种积极明朗的感觉。接着将孙真人和马耳他圣约翰大教堂的修士们进行的比较也让中西文化有了一定的交流，不会显得太过突兀，让读者捉摸不透。所以本段文字明显跟同期一些作者的论述有所差别，这是本段文字的突出特点。

作者也试图对“天”的概念进行阐释，甚至提到了舜帝的柴祭天下、崇拜山川，但是作者对泰山文化(信仰)的知识储备并非了如指掌，因此在描述的时候，只是泛泛而谈，点到为止。而试图将中西的“天”进行对等的时候也未能深入探讨，仅仅是认同中西认知里对这一文化现象的认识是远远不够的。

十、郭显德《山东》[②]（摘译）

郭显德的这段文字虽然不长，但包含的信息却是对泰山文化(信仰)传播及其影响的一个很重要的诠释。内容如下：

这个省有53768平方英里(约139258平方千米)。山东这个名字就代表其是多山的省份。这里有圣山——泰山，又叫大山，山上全是庙宇、神龛。每年有数不清的朝圣者来此许愿、朝圣。历代皇帝和圣人也不间断来此，留下石刻，记录他们的拜祭。这祭祀可以上溯到亚伯拉罕时期，没人知道更久远到什么时候。很多地方都是连绵的山脉，但大部分是平原，种植着小麦、小米、高粱、豆类、玉米、番薯、桃、杏、李子、樱桃、葡萄、核桃、栗子等大量谷物、水果和坚果。还有丰富的煤炭、铁矿、金矿、银矿、石灰岩矿等未被开采。到处是数不尽的大理石和建筑石材。

---

① 方尖碑：obelisk，是古埃及崇拜太阳的纪念碑，外形呈尖顶方柱状，由下而上逐渐缩小，顶端形似金字塔尖，塔尖常以金、铜或金银合金包裹，当旭日东升照到碑尖时，它像耀眼的太阳一样闪闪发光。碑高度不等，用整块花岗岩制成。碑身刻有象形文字的阴刻图案。古埃及的方尖碑后被大量搬运到西方国家。比如在英国和美国均有方尖碑。作者此处将无字碑和方尖碑对等起来也是中西文化交流的一种方式。

② 郭显德(Hunter Corbett，1835～1920)，详见 Daniel W. Fisher，Calvin Wilson Mateer. *Forty-Five Years A Missionary In Shantung，China A Biography*. Philadelphia，The Westminster Press. 1911. p. 9.

冬天很冷，夏天相对凉爽。空气除了七八月的雨季以外都很干燥。可能没有一个地方比这里更适宜长寿和辛苦劳作的了。

这个省有惊人的历史遗迹，这里是孔子的故乡……

没有地方或临近省份比这里更充满希望、更有前途、更适合我们的事业了。

短评

郭显德用短短几句话将泰山的历史和现实地位介绍得很贴切。除此之外，他对泰山的各种作物、矿产资源也都作了记载。作为山东省的代表地域，泰山地区成了来华外国人的倾慕之地，而泰山固有的文化（信仰）丝毫不会影响他们进行自己事业的决心。这似乎能够预见泰山文化（信仰）将会受到外来文化的影响。

十一、柏尔根《一次泰山之旅》[1]（摘译）

柏尔根的泰山旅行也充满了神圣的气息，摘译如下：

中国有句俗话，叫作"五岳归来不看山"，也就是说旅行者只要到达过中国的五岳，再去别的山脉的时候就不会找到更多的乐趣了。五岳当中，泰山居首位。大量的朝圣者每年都会聚居于此。他们成群结队，从六七个人到五十甚至上百人。有时候甚至全家出动，女人和体弱者坐着驴子或手推车。旗帜和帷幔在队伍上空飘着，整个队伍充满了欢乐和幽默的气氛。晚上他们投宿在小旅馆里，一早又随着锣和鞭炮声出发了。如果有人问这些"香客"[2]要去做什么？他们的回答五花八门："因为别人去""看风景""许愿求好运""渡厄运""赎罪"，等等。泰山似乎从人类之始就受到崇拜。先前，泰山又叫"岱宗"，后来叫"东岳"。《史记》记载：每年农历二月，舜帝会到此巡狩。《诗经》这样形容泰山："泰山岩岩，鲁邦所瞻。"《周礼》这样说："河东曰兖州，其山镇曰岱山。"《泰安府志》的作者这样评述：泰山面朝东南，方圆 160 里，有 48 里，300 步高。这些度量衡，竟然将这一炫目的数字计算到了 4000 英尺以上。

大概是今年的 6 月中旬，一个中国朋友和我来到泰安城，决定登山。我们晚上 11 点开始爬山，希望早上能看到日出。当夜月光皎洁，越往上走，身

---

① Pall D. Bergen, *The Chinese Recorder and Missionary Journal*, Vol. XIX, 1888, pp. 541-546.

② 这里提到的"香客"，原文用的词是"Incense Pilgrims"。这在所有搜集到的外文作品中是第一次使用这个意译接近于汉语文化里的"香客"的词语，其他大多数文章都用香客（pilgrim）来代替。很明显，这是两个拥有不同文化内涵的词语。

后留下的影子越长，再加上周围高高凸显的感觉，像浮雕似的建筑，相映成趣。上山的路非常平整，弯曲蜿蜒从峡谷口直通山顶。山路有10英尺宽，全是大块大块的石头削平砌成。山路逐渐上升，在几处转角处有一些矮的石阶。一座矮墙从外侧边缘绵延，没人知道是什么时候建的，因为那些古老的纪念碑只记录了什么时候修缮的。建的时候肯定花费了大量的人力和物力。就像有规定一样，路和墙都完好无损。

盘道上遍布着寺庙、神龛、碑刻、有名的洞穴、泉眼和巨石。一团模糊的云雾笼罩着这座山，充满了神秘和传奇的色彩，就像早上的云层掩映着山顶一样。几乎每一个石阶都有历史的记忆，现在被久久地尘封在寓言的外衣里，错综复杂、古典优雅而又有美丽的勾画。这里充满传奇——传说中的神灵、人类和鬼魂。神奇的人类祖先曾经在这里游荡，无数昏暗和躁动不安的鬼魂在这里聚集，神仙们据说也在此欢快地宴会或严肃地磋商。

登山大概要从“岱宗坊”开始。岱宗坊是一个经过点缀修饰的大石拱，横跨在上山的路上。从此向上几步有座玉皇庙，但是最让人捉摸不透的是在众多景点之中，一个乾隆时期(1736～1796)的老道士的遗骨成了众人争相敬畏、朝拜的对象。这是一尊坐在骨架上的神像，盘腿而坐，手放在一起。头上被石膏面具遮住，面具被涂成了中国人非常喜欢的深红色和部分煞白的颜色，镶嵌着玻璃眼球，黄色的丝绸披风从肩部往下盖着全身，只露出胳膊和腿。一个更可怕、更恐怖、更难以置信的是他被称为“干尸道士”，但是后来确认他被人们尊敬地称为神仙。我进一步询问掌管寺庙的道士，他去世多久了？道士回答：他在乾隆时期化的。当他打坐的时候，他的灵魂离他而去，既没有疼也没有痛，因此人们认为他并未死去而是坐化升仙了。

匆匆走过“金龙四大王庙”和“老君堂”，我们到达了“王母泉”或叫“瑶池”。据说此泉曾因被玉石围起来而得名。但是没必要评价，因为没有任何事实证明如此。这里的王母娘娘据说是天老爷①的妹妹，曾邀请众神仙参加蟠桃会，这些桃子3000年才能结果成熟。

“关帝庙”和“眼光殿”之上是第二座牌坊，叫“一天门”。这附近有座纪念碑，上面刻着“孔子登临处”。旁边有座寺庙叫“飞云阁”。

这里有“白骡冢”，埋着唐明皇曾经骑的一头骡子。当唐明皇完成封禅的时候，封他的骡子为“白骡将军”，我猜测可以翻译为“Captain-General White Mule”，或者“The White Mule, most excellent of his kind”，或者类似有意义的词语。

---

① 此处原文使用的汉字“天老爷”，若这里指的是玉皇大帝的话，明显与中国信仰不一致。

不远处是“投书涧”，得名源于宋朝一个叫胡瑗的名人收到家书后看到“平安”二字后，将信投之山涧。历史并未告知他这样做的动机是什么。

经过了很多地方，诸如“万仙楼”“龙泉”“痘神庙”“水帘洞”“经石峪”“歇马崖”“回马岭”，我们就到达了“中天门”和“二虎庙”。这意味着我们已经爬了一半的山路了。再往上就是“快活三里”，因为这三里的路比较平缓，对香客来讲能缓解上下登山的腿疼。路边有块大石头叫“飞来石”，据说是万历年间(1573～1620)被风吹到此处。但是人们并不能解释为什么会有这样一块飞来石，就像为什么路边堆积着数以万计的大石头一样，解释不透。这里还有“御帐坪”，是宋真宗(988～1023)在此过夜休息的地方。这附近有五棵老松树叫“秦松”，是为了纪念秦始皇(前221)到达泰山封禅并且非常愉快地提升了几位官员。然而按照民众的传说，“有人因为晋升感到非常高兴，因此种了松树来纪念”①。在“小龙口”附近的山谷是“对松山”，从这里可以看山对面全是松树覆盖的山坡。

《泰安府志》评价说“这些松树都非常古老，值得尊敬，景色从此处看最佳。”但是我和我的同伴都不觉得事实如此。我们现在非常接近山顶，并且已经到了“十八盘”附近，最难的登山之路就要到了，因为十八盘包括很多又长又陡峭的台阶，这是对体力的很大挑战。但是那些香客们却将眼睛盯住“南天门”，有条不紊坚定不移地向上攀爬。当我们到达的时候，听到鸟儿在树丛里的啾啾声，我们知道黎明就要到来了，想看日出的希望似乎非常渺茫了。因此，我们加快脚步，以最快的速度到达山顶。然后从峰顶拥挤的寺庙里转过身来，享受上帝在我们面前平静而无限地展开那雄伟壮丽的杰作。

我们脚下一大片云彩散开向四周延伸，直到目光所及，望不到边际，虽然天空湛蓝湛蓝的就像身边的石碑上的刻字所说“惟天在上”。多么壮观的景色啊！

一大团云层蒸汽像宁静的海一样，其美丽的光线被早晨的太阳照耀成温暖的火苗，越来越强烈，最后变成生动的深红色，然后又消失，变成贝壳一样的柔和的彩色光束：寂静、一动不动但又无边无际。当我们站在那里时，我们想起使徒约翰沉浸在《启示录》的狂喜中，说“透明的大海与火交融在一起”。我们坐在山顶。4000年以来，这条路被人们反复踏遍。自大舜在这座山上柴祭上天起，150代②的人们就来来往往于此。希腊诗人吟游着他的史

① 关于五大夫松的来历各有千秋，但是像这种说法还是很少见的。根据“五棵松树”推断，作者并非是看了史书才作此解释，因此根据翻译的理解或者民众的解释自己误解的成分比较多。

② 原文用的“generation”(代)，大概是30年左右为一代，所以4000年左右就约数150代。

诗[1]之前的1500年，摩西站在毗斯迦山上，凝视希望之乡[2]之前的大约1000年，再将时间往前推，世界还年轻，人类尚处在摇篮中，人类的子孙有没有登上同一座崎岖不平的山脉，沿着同一条路来朝圣呢？我们能否说这是信仰真正的上帝之始呢？可能是真的，我希望如此。传教士认为异教徒不一定是异教徒，这是一种安慰，但他们是从天路中走出了他们曾经信仰过的正道。这是一个忧郁的想法，因为在泰山上除了一个年久失修的祭天的圣坛以外，并看不到任何上帝被祭祀的痕迹。在华丽的泰山奶奶庙旁边，这个祭坛显得多么破旧、可怜！然而，它的纯洁朴素，即使是一片褴褛，也远比那耀眼的黄色、红色、绿色、蓝色、怪诞的雕刻和毫无价值却被镀金的纯粹偶像崇拜的寺庙更能激发人们的崇敬[3]。

对这些香客来讲，他们的兴趣和朝拜的对象是山顶的泰山奶奶像。泰山奶奶又称“泰山娘娘”或“泰山女神”，她作为至高权威住在“碧霞祠”内。

我们被允许看一眼元君的“寝宫”。元君坐在床榻一侧，形象比普通人要高大，穿着华丽的丝绸，跟其他普通的神像并不一样。她的主殿非常宽阔、建筑状况良好。屋顶上全是青铜瓦，每块重达25斤。这所有的建筑材料，除了石头以外，都是从山脚下以200元[4]一担的价格挑上来的，所以这些建筑的造价肯定很高。元君像是金色的，比普通人略高，主殿的地上全是钱、女人的鞋子、棉花卷、点心、银块、珠宝、串珠之类的东西。女神的王冠上放了几颗防水防火的珍珠。

山上最高处有座纪念碑，写着“极顶”。在古代，帝王在此祭祀上天。

近处有一块巨大、竖立的花岗岩，大约有15英尺高，3英尺宽，2英尺厚，称为“无字碑”。普遍认为这是秦始皇（前221）所立，还有一些人追溯到汉朝，大概是基督纪元的年代。

附近有“孔子庙”和“日观峰”，据说鸡打鸣的时候，能看到最美的日出。接着是“爱身崖”，以前叫“舍身崖”，得名于许许多多的人在此跳崖，粉身碎骨。我们的向导告诉我们“乌鸦会啄食他们的尸骨，因为没有人会冒险捡回跳崖者的尸首”。明朝一位慈善的官员努力阻止这些自暴自弃的不幸的人，就采取了权宜之计，把这个地方的改名为“爱身崖”，然后又在这里筑起了一堵墙。但这似乎无济于事，今年就有两起自杀事件被报道，就在这致命并且

---

① 指的是《荷马史诗》，创作于公元前11世纪到公元前9世纪。

② 指的是迦南。

③ 这里明显是传教士的偏见，他们不仅将泰山文化（信仰）斥为异教更有对泰山奶奶庙的偏见。这与作者的身份相关。

④ 指的是当时的银两。

有吸引力的地方。另一个有趣的地方是“探海石”，一块狭长的石头，大约有18英尺长，一端高出悬崖一两尺。在这里，一个晴朗的早晨，日出的时候，如果一个人站在这块岩石的最末端(在这个位置就够了，我想很少有人敢这样做)，我们就可以看到300英里远的海浪映衬在红色太阳的圆盘上。附近是一座小的纪念碑，上面刻着“孔子小天下处”；另一座刻着“望吴胜迹”，来证明圣人有惊人的眼光。附近还有一座纪念碑记录尧(前2300)习惯在此眺望欣赏景色。山边和山顶都雕刻着各种石刻，比如：“登峰造极”“天颜咫尺”“壁立万仞”“泰山，岳中之孔子”。

泰山是有趣的学习对象，并不是因其外在特点，而是它的“故事般的历史”贯穿在传统、史实中，获得了众人崇敬并誉满整个中华。每年都有大批民众来此参拜。

没有人知道这泰山的女神起初是谁，也不知道她是如何被称为泰山的主神的。中国有很多的传统，但是中国人自己也承认有些传统来源都是勉强的、混乱的，总之是不足以让人信服的。然而，在山东的农民当中，泰山奶奶激励着人们的自信，每年他们都会蜂拥而来，给她带来各种礼物并且祈求各种庇佑。

短评

首先，通过柏尔根引用“五岳归来不看山”、《史记》《诗经》《周礼》《泰安府志》，说明他在泰山的研究上费了不少功夫，因此论述起来不像其他游记类作品一样或面面俱到，或仅仅是走马观花。柏尔根的作品有其独到的观察和理解。比如对“香客”(Incense Pilgrims)一词的翻译就非常到位，这是之前甚至之后很多作品里面都没有用到过的英语翻译。以前大都用了“pilgrim”这个词语代替。两者差别不仅是词汇的不尽相同，更代表着中西文化的大相径庭。柏尔根似乎注意到了文化差异这一点，在随后的论述中，虽然也有站在自己角度的论述，但是也在尽量寻求探索中国文化的内涵。比如对碧霞元君来历的探索。作者虽然不甚赞同泰山信仰里不崇尚上天/上帝(Heaven, God)，而祭祀碧霞元君，但是从他对远近的农民来此朝圣带着各种礼物献祭给碧霞元君来看，也能看出作者对此还是比较尊重的。

其次，作者在论述中尝试对西方文化(信仰)和泰山文化(信仰)进行横向比较。比如在论述汉朝这个朝代的年限时，作者将基督纪元拿出来，对于西方不甚了解中国文化的学者来说，这样的时代比较显然更清楚明白。还有所提及的史诗年代、使徒约翰的启示录、摩西眺望希望之乡等也将西方文化与泰山文化结合起来有一种代入感，更容易让人理解泰山文化(信仰)甚至登山远眺的那种感觉。

另外,作者也有自己理解的局限性。比如"异教徒"这个词的使用就非常独断,还有作者对人们信仰的不解。作者并没有突破自己认识的局限,站在更高的层次上看待文化的差异甚至信仰的不同问题;对待差异作者也没有寻求前因后果,这样看起来就比较局限了。

文化交流需要求同尊异。在中外文化交流、碰撞的过程中,我们肯定会遇到文化的共性和差异的问题,理性、客观看待中外文化的共性和差异,寻求文化的包容性是我们作为文化交流研究者和实践者的共同任务。从外文文献视角看泰山文化(信仰)就是一个文化求同尊异的过程。

十二、汤普森[①]《自然》[②](摘译)

我之前的一个学生库寿龄先生最近登上了中国最神圣的泰山,也是最古老、最受欢迎的朝圣地之一。他认为泰山的海拔高度以前从未被测量过,并且已经将他的观察结果发送给我了。从平原到山顶的海拔高度为 4780 英尺;而一个模糊的寺庙大概高出山顶约 400 英尺,正如气压计所确定的那样,海拔高出平原 4485 英尺。

本段信息还出现在《教务杂志》[③]上:

华北浸礼会牧师库寿龄[④]牧师已经登上山东的泰山,并将他对泰山的观测报告给了汤普森(S. P. Thompson)。汤普森最后测出泰山高出地面 4780 英尺,这一结论发表在 1 月 5 日的《自然》杂志上。

短评

这段信息的重要价值在于对泰山高度的测量,是从自然地理角度对泰山的研究。泰山被认为是中国东部最高山,但是就其海拔来讲,很多人做过测量。国内最早可以追溯到 1700 多年前伟大的数学家刘徽。刘徽利用公式

---

① 西拉菲利普·汤普森(1851～1916),英格兰伦敦城市行业协会技术学院物理学教授。他于 1891 年当选为皇家学会会员,以其作为电气工程师和作家而闻名。

② S. P. Thompson, *Nature: A Weekly Illustrated Journal of Science*. Volume XXXVII, November 1887 to April 1888, London and New York. Macmillan And Co., 1888.

③ *Chinese Recorder and Missionary Journal* Volume XIX. Shanghai: Presbyterian Mission Press, 1888, p. 193.

④ 库寿龄(Samuel Couling,1859～1922),英国浸礼会传教士,甲骨学家。1884 年来华,在山东青州传教和办学。1904 年,其所办学校与美国北长老会在青州所办学校合并为广文书院(齐鲁大学前身)。库氏因反对合并,遂于 1905 年赴上海,任亚洲文会名誉干事及编辑,死于上海。库氏在山东期间,与美国传教士方法敛合伙大量收购自河南经潍县古董商人转运来的甲骨,及其他中国古代文物,然后分卖给外国各大博物院。库氏曾将自己经手的甲骨摹写编成《库方二氏藏甲骨卜辞》一书,后于 1935 年由商务印书馆出版,成为欧美著录中国甲骨文字的第一人。库氏又有《河南之卜骨》等有关中国考古学的文章。

算出泰山高7530尺,按当时的尺寸换算合1820米(见郭书春《刘徽测望过泰山之高吗?》)。《泰山道里记》还记录了明万历三十九年(1611),山东布政使司参议张五典如何测量泰山高度,“立一法量之”,由山下至绝顶,杆量泰山之高为三百六十八丈三尺四寸(见聂钦《泰山道里记》)。按当时的尺寸单位换算约1309.8米。外国人对泰山的测量,被当时气象所所长竺可桢记录在了《泰山与峨眉山之高度》上,其中就有汤普森的这段测量:“1887年,由西方学者S. P. Thomson,测得泰山之高为4780英尺,合1457米”。此外,竺可桢在同一本书中还记录了李希霍芬测量泰山高度的历史“1886年由西方学者F. Von Richthofen,测得泰山海拔高度为5000英尺,合1524米。”另外,竺可桢还记录到泰山出现在德国和英国的地图上的高度“1922年,英国地图标注泰山高度为5050英尺,合1530米;1925年,德国地图标注泰山之高为1545米。”而1891年,阿姆斯特朗(Alex. Armstrong)[①]也记录过一段魏礼森[②]丈量泰山高度的历史:“我经常听到人们谈论这座山的高度,数字各不相同。但有几个人在旅行中告诉我,一位美国的魏礼森将军在两年前非常小心地测量了它的高度是5050英尺。”[③]

由此看来,“一览众山小”的泰山海拔问题,不仅吸引着国内科学家的眼光,也着实吸引着国际兴趣。而对泰山高度的测量也促进了泰山文化(信仰)的传播,比如文中提及“……中国最神圣的泰山,也是最古老、最受欢迎的朝圣地之一。他认为泰山的海拔高度以前从未被测量过……”这着实体现出了泰山的崇高历史地位,也兼备了自然的、地理的吸引力。泰山是人文的,也是自然的。

十三、《字林西报》中的《山东泰山的祭祀》(摘译)

(一)山东泰山的祭祀

1889年6月28日的《字林西报》上介绍了以下泰山上的祭祀消息:

1889年6月16日

每年阴历四月十八日,泰山顶上都会由山东省巡抚、布政使或按察使在

① 作者不详。

② 魏礼森(James Harrison Wilson,1837~1925),毕业于美国西点军校,曾参加美国内战、美西战争。1885年来华,曾与李鸿章商议津沽铁路的修建事宜。1901年,参与镇压义和团运动。他于1888、1901年出版的《中国:游历在中国》(*China: Travels In The Middle Kingdom*)上,均提及泰山旅游事宜。该书有多个版本。

③ James Harrison Wilson, *Shantung (China): A General Outline of the Geography and History of the Province; a Sketch of its Missions and Notes of a Journey to the Tomb of Confucius*. SHANGHAI: Shanghai Mercury, 1891, p. 173.

接到北京皇宫的密令后遵旨举行祭祀仪式。巡抚接到旨意，今年的祭祀活动由布政使王毓藻在指定的日子亲自登山虔诚祭祀，代表皇帝举行大典，祈求国泰民安。

(二)山东泰山的祭祀

1890年8月1日的《字林西报》上又以此题目重新介绍了以下泰山上的祭祀消息：

作为补充纪念，山东巡抚说每年阴历四月十八日，都会在泰山顶举行祭祀仪式。这由山东巡抚或他两个下级中的一个来代为执行。祭祀用的香等用品都是从北京皇宫专门负责的机构运来。今年的仪式由专门掌管纪念仪式的封禅官提前三天到达泰安府，祭祀那天会登上圣山虔诚祭祀，代表皇帝祈求国泰民安。

短评

以上两篇文章均是对泰山封禅大典的记录。官方封禅泰山的日子是阴历四月十八日，这一天被官方认为是碧霞元君的生日。清政府专门从北京派送祭祀用香并派封禅官或由山东省巡抚、布政使或者按察使代替皇帝来泰山祭祀，祈求风调雨顺、国泰民安。这一祭祀事件发表在堪称东方《泰晤士报》的《字林西报》上，而且接连刊发，是对泰山祭祀活动的关注、重视，也是对泰山文化和泰山历史地位的认同。相比游记类信息，这样的祭祀类信息反而更能增强泰山文化国际传播的深度和力度。后来慕名而来的艾思柯(Mrs. Ayscough)[①]、恩德斯夫人(Mrs. Elizabeth Crump Enders)[②]均开始对泰山信仰展开研究，并在《字林西报》上发表了相关研究信息。1917年艾思柯在《字林西报》上发表了《历史的圣地——东岳泰山》[③]。1924年，恩德斯夫人作了"泰山和玉女"(*Taishan and the Jade Lady*)的讲座，《字林西报》对这次讲座予以报道。1925年，恩德斯夫人关于泰山的书籍《庙铃与银帆》[④]

---

① 艾思柯(Florence Wheelock Ayscough，1878～1942)，出生在上海的美国诗人、翻译家，曾任皇家亚洲文会(Royal Asiatic Society)荣誉图书馆管理员。她对中国文化了解甚深，一生致力于翻译中国诗歌、文化。上学期间，她和意象派女领袖艾米·洛厄尔(Amy Lowell)成为一生挚友，一起合作撰写代表作《松花笺》。

② 恩德斯夫人(Mrs. Elizabeth Crump Enders)，20世纪20年代来到北京学习汉语，与德龄公主是至交好友，后来转至上海接任艾思柯夫人成为皇家亚洲文会荣誉图书馆管理员。对中国文化极其热衷，踏遍中国土地，了解中国传统文化，尤其是妇女状况，著有两本书：*Swinging Lanterns* 和 *Temple Bells and Silver Sails* (*D. Appleton-Century Co.*)。

③ Florence Wheelock Ayscough, *Shrines of History*: *Peaks of the East——T'ai Shan*. Journal of the North China Branch of the Royal Asiatic Society. 1917, V. 48 pp. 57-70.

④ Elizabeth Crump Enders, *Temple Bells and Silver Sails*. D. Appleton-Century Co., 1925.

出版。

就这样，泰山文化逐渐向世界传播。

十四、艾约瑟笔下的泰山

（一）《泰山：未来道教信仰遗存中心》[①]（摘译）

顾炎武告诉我们，周朝末年是故仙和泰山的渊源之始。在汉朝末年泰山成为人死后魂魄归属之所[②]。我们不能说故仙在夏、商、周朝或者之前不存在，只是他们并未在《招魂》或《国语》中提及过。基于这个原因，我们可以确定在公元前48年[③]，并未有逝者灵魂的说法，这就是顾炎武所说的。但是事实上诗人宋玉"叫魂"是公元前3世纪的事情。那时候地府就是灵魂所在的说法在《招魂》中的著名章节被明确提及，当时从中国西北和南方传来的外来思想已经开始影响道教，并悄无声息地对中华民族原有的宗教信仰、哲学思想和科学技术产生了影响。

顾炎武继续说，泰山地处东方，亢父地处西方。亢父是以生命之地著称而梁父则是以逝后之地出名。他继而引用了诗人[④]在《博物志》的说法"泰山一曰天孙，言为天帝孙也，主召人魂"[⑤]。像这样能表现出悠久历史传说的诗

---

① Elizabeth Crump Enders, *T'ai Shan*, *The Legendary Centre of Tauist Belief in A Future State*. The China Review or Notes and Queries on the Far East. 1889 Vol. 18 No. 1, pp. 61-62.《中国评论》(*The China Review or Notes and Queries on the Far East*)是1872～1901年期间由中国邮政公司(China Mail Office)在香港出版的英文汉学期刊，这份期刊共25卷，150期，近1万页，包括论文、书评和翻译三类专文，内容为中国的语言文字、文化和历史。对中国以外地区的研究只有日本、朝鲜和东南亚等，并且数量十分有限。《中国评论》的撰稿人绝大多数是在华的西方侨民，包括传教士、外交官、海关职员和香港政府的公务员等，当然也有少数欧洲本土的汉学家，如德国的嘎伯冷兹(Georg Von Der Gabelentz)和香港的华人何启(Ho Kai)博士等参与其中。较为活跃的撰稿人包括翻译中国经书的著名英国学者理雅各(J. Legge)，在广东设立"嘉约翰精神病收容所"的美国籍传教士嘉约翰(J. G. Kerr)，南洋史研究的开拓者、英国驻华领事费笠士(G. Phillips)。上述俄国的贝勒(E. Bretschneider)，英国的庄延龄(E. H. Parker)，德国的艾德(E. J. Eitel)等，都是毕生从事中国研究的笃学之士。

② 鬼论起于汉末。

③ 原文注：元成以上无鬼论也。

④ 这里诗人指的是张华(232～300)，字茂先，范阳方城(今河北固安)人。西晋时期政治家、文学家、藏书家，西汉留侯张良的十六世孙、唐朝名相张九龄的十四世祖。他博学多才、记忆力极强，被比作子产。后拜中书令，加散骑常侍，与杜预坚决支持晋武帝司马炎伐吴，战时任度支尚书。吴国灭亡后，进封广武县侯，因声名太盛而出镇幽州，政绩卓然。后入朝任太常。晋惠帝继位后，累官开府仪同三司、侍中、中书监，被皇后贾南风委以朝政。张华尽忠辅佐，使天下仍然保持相对安宁。后封壮武郡公，又迁司空。永康元年(300)，赵王司马伦发动政变，张华惨遭杀害，年六十九。张华工于诗赋，辞藻华丽，编纂有中国第一部博物学著作《博物志》。

⑤ 原文注：主召人魂魄知生命之长短。

句是非常罕见的。除此之外还有可以附加到《博物志》上的证据。在《汉书》[①]中提到许峻到泰山上香祈求祛除得了三年的疾病。同时在一些异域书籍中也有类似记叙，据说乌桓人去世之后，逝者的灵魂会到达辽东西北方向几千里外的赤山。这种说法正如“魂归泰山”之说。

这里我们看到了波斯宗教继承者的活动，延续到了北部的阿尔泰山和东部的山东地区，就像地狱之说延续到日本的传奇故事中一样。土生土长的道教急需印度教和波斯教在很大程度上给予补充和完善。同样，中国公元前2000年到3000年的古老思想也需要辩证对待。在那个古老的年代，同样的异域元素也需要进入中国大地。

（二）《中国的建筑》[②]（摘译）

1890年艾约瑟发表了《中国的建筑》，两次提到泰山，记载了泰山的明堂和泰山神的石头有避邪保平安的作用。其记述如下：

皇帝们亲自到泰山来举行封建仪式祭祀祖先、封天、禅地。从班固的书里，我们得知汉武帝来泰山时，发现了周朝的建筑遗存——明堂。建筑时间大概是公元前120年，那时候祭坛和大殿都已经毁掉消失了。伟大的圣人周公在这座明堂里，将已故的父亲文王的牌位摆在天帝的牌位之下，来行祭祀之礼，以此来表达对文王的最崇高荣誉的称颂。在明堂，有对太阳和月亮的祭祀，也有牺牲的祭坛，坛内放置木柴，上面放置牺牲祭品，然后焚烧。当君主和封建诸侯达成誓约的时候，皇帝坐在九尺高台上。在商朝，皇帝坐在三尺高的平台上，在夏朝是一尺高的平台。皇帝盘腿坐在台子的宝座之上。我是从《周礼》上知道这些信息的，并且得知当誓约决定以后，就要向明慧众神灵宣告此事，这样这个大殿就叫明堂了。我们从中可以意会到“圣明”——智慧与聪明。这个词在现代中国被认为当祭祀仪式进行时，圣明的先人、神灵就会现身，由他们来判定、奖励或者惩罚人们的行为。

在北京，正对着街道出口处的寺庙房顶还以符合“风水”的方式进行装饰。石狮子或者刻有泰山神的石头[③]也会立在门口来吓跑那些会出现在路口的妖魔鬼怪。“风水”这一迷信一直像成长的知识一样保留在现在的住房建筑上。

---

① 这里的《汉书》指的是《后汉书》，由中国南朝宋时期的历史学家范晔编撰。其中《方术传》中提到：“许峻自云，尝笃病，三年不愈，乃谒泰山请命。”

② 节选自《皇家亚洲文会北华支会会刊》第24卷，1890年，第255～256、284页。

③ 这里的泰山神石头是汉学家对泰山石敢当的早期研究。

短评

1859年，艾约瑟在《皇家亚洲文会北华支会会刊》发表《道教神话的现代形象简介》中提到泰山："……山东的高山——泰山的主神被称为东岳大帝，就是东部高山的伟大皇帝的意思。还有其他四座高山的神，分别位于中国的北、南、西和中部。但是比起其他的四座山来，泰山更是道教崇尚之山。据说，在道教不同的年代里东岳大帝不断以不同道教尊长的形象出现。他掌管着过去和未来的惩戒。地狱两大体系都有他掌管的部门：一个是十殿阎罗之一；另一个是三十六道鬼门之一。他秉承着上天的恩德，找出那些堕落的、欺诈的灵魂并拯救之。"这是前文艾约瑟早期对泰山地位的探讨，而1889年的这篇文章是在学习了顾炎武对泰山的研究基础上又作出的自己的阐释，属于对泰山道教信仰研究比较深刻的一篇了。其中最重要的观点是对泰山掌管人去世之后的归属进行的梳理，虽然不详细，属于对泰山早期研究的阶段，但是对泰山文化传播的作用来讲这是必不可少的。1890年，艾约瑟又论述了泰山的明堂和泰山神的石头有避邪的作用。比起早期的个人探索和对顾炎武泰山研究的理解，这段文字艾约瑟用泰山明堂和泰山石的具体实例来讲述中国建筑，着实表达了泰山文化在中国传统建筑中占据的重要席地。所以，从艾约瑟的三篇文章（第一篇在1859年，是艾约瑟对泰山的早期研究阶段）总体来看，艾约瑟在对泰山文化的理解上是层层递进的，既有总体又有具体，而且他非常明确地表达了泰山文化在中国传统文化中的地位。

值得一提的是，作者还将泰山的这一信仰与乌桓人的信仰相类比，同时追溯其渊源为波斯宗教，将泰山成为道教信仰的魂归之地界定为受波斯宗教的外来影响。这种说法有待进一步考证，但似乎也给基督教在华的传播提前进行了铺垫，值得进一步探讨。

十五、《俾斯麦每周论坛》中的《神像》[①]（摘译）

一位"传教士杂志"的作家描述泰山（在山东省，是朝圣的圣地）时，提到所有的趣事之一是一位老道士的木乃伊。道士于乾隆年间（1735～1796）仙去，留下的骸骨成为人们祭祀的目标。这堆骸骨呈坐姿，跟其他神像一样，盘腿盘手。头上是石膏面具，用中国人喜欢的大红大白的颜色涂抹，眼眶里放着玻璃眼睛。黄色的丝绸大袍盖住了身体，只露出干枯的胳膊和腿。更

① 节选自《俾斯麦每周论坛》1889年7月19日第7版。《俾斯麦每周论坛》是面向美国北达科他州俾斯麦等地发行的周报，发行时间为1884～1943年。

恶心更可怕的是很难辨认出来。它被人们称为“干尸道士”，但是人们更愿意礼貌地称他为“尊敬的仙人”。作者询问照看这个庙宇的道士“他去世多久了”，他说这位道士是“乾隆年间，得道升仙的。当他打坐的时候，他的灵魂离开了。他既没有疼也没有痛，他并不是死去而是变换了存在的形式”。

短评

首先，这篇文章出自面向美国当地刊发的报纸。这样的报纸媒介承载的信息对泰山文化的国际传播有独到的优势。

其次，本文涉及的具体信息也有一定的吸引力。多数人对木乃伊有所了解，但是泰山上这尊道士遗骸却让人充满各种好奇：有人是对道士本人的故事感兴趣，有人想知道道士羽化升仙的过程，还有人不明白为什么后人对这尊道士如此敬奉……所以众多来登山的外国人经常会在此处停驻。

十六、《字林西报》中的《泰山神话》[①]（摘译）

每一个规模大点的中国城市里都有一座供奉泰山神的寺庙。如果人们好奇，仔细研究一番就会发现，这包含着对未来的奖惩。审判的殿分为三十六殿或七十二殿。穿过大钟和大鼓，人们就会看到各种巨大的塑像稳坐在大殿中间，他们就是掌管审判大权的王。如果全部安排开，就是两边各三十六殿。他们代表着七十二殿王掌管对未来的审判。人们生活的各种状态都被涂画了出来：每一种罪行都以一种适度的形式进行惩罚，并以艺术的形式进行了展现和暗示。每一种美德和善行都会得到奖赏，可以看到奈河桥，成群的朝圣客们跨过这座桥前往他们梦想的乐园。从这里恶人就会坠入黑暗的深渊，等待他们的将是痛苦折磨而不是他们期望的幸福。这七十二殿在长方形院子的东西两侧。前面是一座雄伟的建筑，里面供奉着泰山神，他掌管着人们的生死大权。他的身像前面是上供的鲜花和点心。七十二殿的文字记录都描述着各种生活的报应。泰山神就是掌管报应的神灵，门神也是。这里是他们施行权力的地方。人类和哺乳类动物、鱼类、飞禽、走兽一起出现，他们都苦恼于这样的或那样的可怕疾病，有些人特别富有，有些人则极度贫穷，他们各有十五种好的和不好的死法。那些欺骗和背信弃义的人都将被记录在案并受到惩罚，像艺术家冷酷的幽默一样都能自由发挥表演。这七十二殿接受了大众认可的愤怒形式，在这些形式中，社会沉溺于对道德邪恶的公然揭露。水粉和画漆随意涂抹着，只需要一些粗糙的工艺即可。粗略的景象描述只是代表这些看不到的审判殿庭，目的是将这幸福和悲惨

① 节选自《泰山神话》，《字林西报》1891年3月12日。

的世界展现在参观者面前。如此一来，人生是有报应的，而未来的世界就是这样的观点就会通过这样一个个生动形象的生活状态表现出来。这是一种过去的构成形式，只要我们作恶并且让那些我们看不到却又时刻在观察人类品行并进行审判的殿王看到了，每个动物的形象都可能是我们人类将要成为的样子。灶王神观察着一家人的情况，财神观察着一家店的情况。环绕的星星在这方面有特殊的责任，尤其是大熊星座上的北斗星，那六颗被称为文昌。它们并非只在闪烁，它们是在密切观察和审判。根据中国的传统神话，文昌星有神的力量，它们能让人们在现实中好运连连或悲惨不断。每个中国的城市里都会祭祀星星，因为人们相信星宿可以掌管人们能考取功名还是名落孙山。

泰山神话的起源要上溯到遥远的古代。中国人已经经历了思想和生活的好多阶段，结果就是我们看到的无论在哪儿都会有新的和旧的，本土的和外来的糅合在一起。他们为什么会把死后之所归因于山东的一座山呢？希腊人有迈诺斯①和拉达曼提斯②。埃及人有奥西里斯③。亚述人④有基伽勒⑤这一伟大王国的女神。王国内城被七层城墙包围起来，最里面是正义的王官，用来审判死者的灵魂。在印度，吠陀经⑥时代之后，我们就有了阎罗管理死去的人这一说法。当公元前7或8世纪摩奴法典⑦编成以后，印度人就相信，阎罗是死人的判官。一个民族借用另一个民族的说法，中国人同样也有例可循。公元66年，印度佛僧在中国都城讲授佛法，他们传授六道轮回，就是生命在宇宙中的存在形式可以从一个生命形式轮回到另一个生命形式，直到进入天堂或极乐世界。为了尽量一致起来，他们还讲到有阎罗审判死人，掌管一系列审判殿庭。他们使用图片、镀金塑像，将梵文翻译成汉语等

---

① 古希腊的神，克里特岛的王，死后做阴间的判官。

② 古希腊的神，相传拉达曼迪斯死后做了冥界的判官，专门惩罚罪人。

③ 古埃及的神，司阴府之神，地狱判官。

④ 亚述人是主要生活在西亚两河流域北部（今伊拉克的摩苏尔地区）的一支闪族人，或者更确切地说是与非闪族人融合了的闪族人。亚述人在西亚拥有近4000年的悠久历史。上古时代的亚述人军国主义盛行，战争频繁，地跨亚非的亚述帝国盛极一时。后来亚述人在外族的入侵下逐渐失去独立。

⑤ 在美索不达米亚神话中，埃列什基伽勒（楔形文字：DEREŠ. KI. GAL，"Ereshkigal"，"冥世女主宰"）是伊里伽尔（Irkalla，地府或阴间）的女神，别名基伽勒（Kigal）。有时，她的名字直接就叫伊里伽尔，与希腊神话中对哈得斯之名的使用一样，两者都是地下世界的统治者。埃列什基伽勒是地下王国中唯一可制定法律并作出裁决之神。她的主神庙位于库塔城（Kutha）。苏美尔赞美诗《因南娜下冥界》中涉及伊丝塔女神与她的姐姐埃列什基伽勒。伊南娜/伊丝塔的冥世之旅及返回阳世，是有关埃列什基伽勒最被人广为熟知的神话。

⑥ 印度最古的宗教文献和文学作品的总称。

⑦ 摩奴，印度神话中的人类祖先，古印度《摩奴法典》的制定者。

方式力图讲解清楚。一些经书讲述轮回，另一些经书讲述极乐世界。慢慢地就对中国人的思维产生了影响。道教是最容易受影响的宗教，因为道士们注意到他们的哲学和佛教的很相近。儒学家保留了他们本来的情形。而道教和佛教藐视世界的广大，偏向苦行僧的禁欲主义生活。它们都喜欢超自然的唯心主义思想。因此道士们就开始模仿佛教的传授方式，并开始建寺院。他们同样采用了审判死者的概念。他们认为，审判的权力应该属于泰山神。一座神圣之山，曾经有三位皇帝来此封禅祭祀。他们在建朝立代的时候，秦、西汉和东汉都在官员的建议下决定到泰山封禅，通过一种宗教的力量来实现帝国的功能以获得上天的眷顾。于是泰山就被赋予了独特的地位，确立了其神圣性，从此就拥有了掌管人死后命运的权力。在那个时代的中国人心目中，没有任何一座山能在神圣性上与泰山媲美。中国历史告诉我们，大概在同一时期，锡尼鞑靼人也认为鞑靼山是死亡的灵魂被审判的地方，想法几乎一样。这些山都被古代的民族所认同，尤其是希罗多德[①]告诉我们，波斯人也把山脉看作是神圣的。除了太阳、月亮、星星，他们还崇拜山川、河流、湖水和大海。当所有人都崇拜山脉的时候，就很容易增加其审判的功能，这就是泰山神话的由来。

短评

本段文字从泰山神的形象着手，深入描述了泰山神产生的原因。按时间顺序描述了泰山是如何一步步成为人们信奉的神圣之山的，而且这样的神圣是无与伦比的。本文最大的贡献则是将泰山与世界联系了起来。将泰山神与希腊人的迈诺斯神、古希腊的和拉达曼提斯神、埃及人的奥西里斯神、亚述人的基伽勒女神联系起来，在文化上找到了相通的地方，指出他们都是掌管人逝后的灵魂的神灵，虽然时间不同、人物不一，但是泰山文化与世界文化密切地结合了起来。这是本文最大的价值，也是区别于其他外文对泰山文化描述的不同之处。

需要指出的是，传统来讲，人们将“魂归泰山”、泰山神信仰、斗母等概念归于泰山民间信仰或民俗信仰，甚至与泰山的儒释道等思想结合起来，并不仅仅认为这是神话。民间信仰有其产生的原因、发展变化和结果，泰山文化博大精深，文中提到的泰山神，也有被广为接受的碧霞元君，还有泰山石敢当等习俗信仰。余英时在《东汉生死观》里谈到生、寿、死三种观念时也曾讨论这三种观念与其产生的渊源、表现形式和哲学阐释。

将一些传说故事认为是有一些神话因素的现象反映了作者认识的局限

---

① 希罗多德(约前485～约前425)，希腊历史学家。

性，但是作者能找出文化之间相通的地方，这篇文章还是很有价值的。

十七、阿姆斯特朗[①]《山东》[②](摘译)

(一)泰山

中国有五岳，它们都很高。最高的是中岳，在河南省的西部，离黄河不远。泰山被称为"东岳"，是五岳里第二高山，海拔5050英尺，被认作是最神圣的山。它紧邻泰安府的北部，给这座城市增加了许多神圣感。《书经》上记录这座山是舜祭祀上天的地方(前2254)，它就因历史和宗教的原因而闻名。它俯视群峰，就像是在守卫着这个国家的疆土，也是众多朝圣者聚集的地方。每一个信仰都有一座庙宇和神像，大大小小的庙宇和神像从下到上布满了整个山坡。道士们向他们的信众吟诵着祷文，施展着一些进行了上千年的迷信的仪式来吸引朝圣的人群到他们的庙宇里去。春天里，通往泰山的路上挤满了长长的装载满朝圣者的大篷车。人们来此许愿，向他们信奉的神灵祈求健康和财富，或者祈求天堂的快乐取代人间的悲哀。[③] 另一个作家[④]写道："山和城市给人的印象并不美，如果读者能用想象力填满思想，就会对这种令人困惑的多样性的场景有所了解：那些街道和商铺；那通往山顶的路旁都构想出一排排漂亮的树木；树木、灌木、青翠和岩石的山丘堆砌成崎岖险阻，瀑流随处可见；寺院都是俗丽的颜色；成群的香客，年老的年轻的，男的女的，一路路纵队排列前行，富人坐着山轿穿插其中；一小群人在拱门下呷着茶水；有的小乞丐尾随着香客们乞讨。"

让我们从泰山的最高峰开始，在这里"一览众山小"：我们可以转向西部肥城周围的那些小山；再望向南部、东南部，远处四十里外是徂徕山，一直向东绵延，末端就和通往北京的官道交错在一起；再往下看山脉又开始变得高大，那里叫峄山。从我们站的地方能看到大汶河，一条链带一样从宁阳县延伸至沂州地区，主要的山峰有：西部的九顶山，东部的陪尾山，中间的石门山。从我们所站立的正南方来看，有两座相对独立的山——峄山和尼山。

---

① ALEX. ARMSTRONG, F. E. I. S. 名字为音译，作者具体信息不详。

② Alex, Armitrong. *Shantung(China): A Genernl Outline of the Geography and History of the Province; a Sketch of its Missions and Notes of a Journey to the Tomb of Confucious*. [M]. SHANGHAI: Shanghai Mercury, 1891, p. 173.

③ 此处信息同韦廉臣所著泰山简介类似，和卫三畏泰山介绍内容相同，足以看出早期关于泰山的文献作品还是比较注重泰山的历史和宗教地位，同时也能看出韦廉臣、卫三畏等所著泰山作品对泰山文化(信仰)的传播作用。

④ 通过内容可以看出，这里另一个作家指的是韦廉臣。前面部分是参考并引用了卫三畏的泰山作品内容。

前一座因奇形怪状的石头出名，像铜钟、锣鼓等等。后一座山是孔子的母亲曾去祈祷的地方，据说伟大的师者孔子就诞生在那里。那个孔子看到第一缕阳光的洞穴已经为人所熟知，然而也有一些最权威的人士完全否认这一点。尼山之上我们可以看到一条伸向南部、东南部的山脉一直到达盛产贵重金属的沂州。这里非常明显凸出的山脉是：草山、中亭山和牛山。往南不远处偏东一点，就能看到一座大的山脉带叫蒙山，那里有三座平顶的山峰。

从泰山顶上向东和东南望去，那里是莱芜城。那里有三座锥形的山：大松山、龙砀山和大扁山；在沂河和沭河之上是交错的平原，我们还能隐约看到七宝山，因此山富有煤、铁、锡、铅、铜、银和金七种金属而得名。七宝山以北是上掖山的西边起点。

把望远镜从我们站立的位置挪向正东方向，龙砀山之上是太平山，虽然不高但是值得一提的是，这里是山东省最多的水流区域，在其附近流淌着沂河、弥河、潍河和沭河。再向东穿过大平原向潍县以南的位置，我们仔细看的话能看到崂山，海拔3565英尺，像哨兵一样驻守在山东半岛上，挥舞着最好的竹竿[①]，将贵重宝石和金属都隐藏了起来。

我们把目光投向西北部和北部。泰山后面是小泰山，向后延伸到西北部，是一座独特而又参差不齐的尖峰，一个从中间分开的轮廓，叫傲来山。馒头山在通往北京的官道旁边非常醒目。无论我们是否把望远镜望向山脉以外的济南，它都能帮助我们看清楚，实际上它有时候会挡住我们的视线。四面八方都是蜿蜒的、扭曲的轮廓；这里有或深或浅的溪流；那里有肥沃的平原。透过这些，我们向西看到了龙山，向东一点是长山，再向东是摩诃山，大概有2000英尺高，西南是邹平县。

（第16～120页）

（二）泰安府

泰安府占地4244平方英里，人口200万，西部是平原，中部是山区，东部地域多样化。这块地带最显著的特点，毫无疑问是泰山：事实上，如果说泰安府的重要性，这些重要性都归因于这座神圣的山脉，前面“山脉”一章有描述。这个“府”的人们性格简朴、真诚；某些地方特别有宗教性。在物产方面，出产桃、梨、丝绸、阿胶、煤炭、花岗岩和一种玉石。小的石像都被成千上万来朝圣泰山的香客们带走了。

泰安府在省首府济南府东南120里处，离北京1080里。它坐落在泰山脚下，每年从朝圣泰山的香客们那里获得丰厚的收入。将商业和宗教结合

① 崂山上因雨水充足，植被茂盛，盛产毛竹等常绿植物，掩盖了山上的贵重宝石和金属矿藏。

起来,回家时,很少有穷人阶层的香客不带回城里到处售卖的有名的扁担和大木杈。在当地也有出了名的"三美":豆腐、白菜和水。即使是小孩,当被问及泰安因什么出名,他们也会唱着回答:豆腐、白菜、水。这回答都像谚语一样回荡在空中了。泰安县也是泰安府所在地,坐落在最中心的地带。

东平州在泰安府的西边,在通往北京的官道上,是一个破落的城市,人口有3.5万人。东平西北40里外是东阿县,离黄河不远,因阿胶出名,阿胶输送到全国各地。东阿县东北,黄河的右侧是平阴,因盛产梨而出名。肥城县在泰安府西部90里处,盛产桃子,全省闻名。这个县很大一部分国库税收都来自桃子。新泰县在泰安府的东南140里外,在蒙阴西北50里处。作为一个城镇,新泰并没有多大重要性,但是作为一个县,它却因煤炭的质量好而出名。莱芜县也是因煤炭出名。这个城镇在泰安府的正东方100里处,处在一片重要的桑树区中心附近。黄白相间的莱芜丝因其光泽闪亮而出名。

大汶口在泰安城南60里处,北边大汶河岸是一个广阔的村庄[①],周边是一圈砌得完好的墙壁,村子里生意兴隆。河床上有一座坚固的石桥[②],有200码长。

(第59～60页)

短评

《山东》这本著作是阿姆斯特朗在阅读了很多诸如韦廉臣等关于山东的作品之后,又亲自游历山东并记录下来的见闻。作者、他的中文老师和一个仆人一行三人于1890年12月5日出发,1891年1月20日返回烟台,共游历山东36天,对山东的历史地理描述、州府和各个教会在山东传教的情况都作了言简意赅的记述,重点突出了对孔子故乡的描述。由于时值冬季,作者听从安立甘泰安传教中心伯夏里的建议,没有登山。但是从他的记叙中看得出作者之前阅读了韦廉臣和卫三畏的作品,又听了伯夏里对泰山的介绍,描述还是比较贴切的。

值得一提的是,作者注意到了泰安府的民众生活,提到泰安的"三美",这在其他外文作品里是没有出现过的。"即使是小孩,当被问及泰安因什么出名,他们也会唱着回答:豆腐、白菜、水。这回答都像谚语一样回荡在空中了。"

---

① 村庄是大汶口镇南很大的村子,生意很红火。

② 这座桥极可能就是明石桥,修建于明隆庆年间(1567～1572),是古驿道上连接汶河两岸唯一的石桥。那时候是商贾贸易交流要道,十分繁华,著名的山西会馆就在这座桥北的入口处。明石桥是南北交通的必经之地,当时商贾遍地,非常红火。

十八、乔治·托马斯·贝塔尼[1]《原始宗教:宗教学入门》[2](摘译)

作为中国宗教的另一面,我们将描述一下中国的五岳之首——泰山。地处山东的内陆,泰山在地图上被称为"天齐"。人们相信它决定人的生死、福祸、荣辱。它周围有许多连绵的山峰,据说是天下所有地方中最值得一去的。在山顶主要的寺庙里,供奉的一位"泰山老姆"是一位老母亲的形象,她受到了极大的崇敬,特别是有生病和不幸的人以及没有孩子的妇女等会来向她祈祷。山顶上最重要的建筑全年都是关闭的,只有一个门洞,朝圣者通过它向里面投钱和其他祭品。每年一次,一支庞大的游行队伍会来到这座寺庙,由皇帝任命钦差打开这扇门,带走里面所有的东西。在这附近有一座庙供奉泰山神,他被称为全能之神。山顶上另一座寺庙是道教神灵玉皇大帝的庙宇,他是道教里地位最高的神。

还有一些寺庙是为孔夫子、青帝、天地之神以及其他许多属于道教体系的神灵所建的寺庙。一个是掌管天下文运的文昌帝君的庙宇,另一个是战神关帝的庙宇,还有一个是建给丈夫死后而自杀的女性灵魂的庙宇。火神、财神、农神、路神、地神等都以建一座庙宇为荣。韦廉臣先生谈到整个圣城泰安时说:"山和城市给人的印象并不美,如果读者能用想象力填满思想,就会对这种令人困惑的多样性的场景有所了解:那些街道和商铺;那通往山顶的路旁都构想出一排排漂亮的树木;树木、灌木、青翠和岩石的山丘堆砌成崎岖险阻,瀑流随处可见;寺院都是俗丽的颜色;成群的香客,年老的年轻的,男的女的,一路路纵队排列前行,富人坐着山轿穿插其中;一小群人在拱门下呷着茶水;有的小乞丐尾随着香客们乞讨。"

短评

本篇文章节选自作者1891年《原始宗教》(*Primitive Religions*)的中国部分介绍。对泰山的描述是在对天坛祭祀之后,用"圣山泰山"(The Sacred Mountain of Tai-shan)来描述泰山的祭祀情况,具体包括泰山上的神灵和庙宇。作者提到民众最尊敬的泰山老姆,万能的泰山神和道教最高的神灵玉皇大帝,尤其是对碧霞元君受到人们崇敬的原因、碧霞祠里民众祈祷的方式以及如何收集这些祭祀物品的。值得一提的是,作者最后还引用了韦廉臣对泰安、泰山的感悟。

---

① 作者不详。

② G. T. Bettany. *Primitive Religions*, Ward, Lock, Bowden & Co., London, New York, and Melbourne. 1891, pp. 208-210.

必须看到的是，泰山在涉及中华民族信仰的问题上历来都是举足轻重的。从4000年前舜帝柴祭天下起，泰山就已经是人们朝圣的圣地，数千年来数不尽的香客、游人、百姓、文人、皇帝、贵族等等来此祭拜。孔子曾经在此"小天下"，秦始皇曾经在此立下无字碑，杜甫曾经在此"一览众山小"……泰山是人们的精神寄托、神圣之地，拥有国泰民安的寓意，具备五岳独尊的气概。泰山不拒微尘，庙宇、神灵、人和自然，无论以何种形式呈现，都是和谐一致的，泰山本身就是一种信仰。

十九　骆任廷[①]、庄士敦[②]与泰山

(一)骆任廷《成语考》[③]

当宋真宗准备东封泰山的时候，他下令访天下隐者，得到一个会作诗的杨璞，希望带他一起去但是最后却没有带着。因为当召见杨璞时，他回答说他妻子赠了他一首诗："且休落魄耽杯酒，更莫猖狂爱作诗。今日捉将官里去，这回断送老头皮。"

(第 165 页，1893)

短评

虽然这是一首关于杨璞的诗，泰山仅以"东封"出现，但是泰山的地位可窥一斑。同时，作者的朋友，时任溥仪外籍教师的庄士敦于1903年游历泰山并以传记记载着这段历史，文字中也透露出对泰山的赞美。

(二)艾丽[④]《苏格兰裔满大人》[⑤]

第二天早上他离开曲阜，快乐继续。在返回济南的途中，他和罗仲明(音)改变了路线，以便参观中国的一座圣山泰山。也许是因为它与清政府所在地的相对位置，以及对皇帝崇拜的钟爱，泰山通常被认为是中国最著名

---

① 骆任廷(James Haldane Stewart Lockhart，1858～1937)，英国殖民地官员，就读于国王威廉学院和爱丁堡大学，曾派驻香港及中国超过40年，担任过注册总署处长、辅政司和威海卫专员。

② 庄士敦(Reginald Fleming Johnston，1874～1938)，英国苏格兰人，清朝末代皇帝爱新觉罗·溥仪的外籍老师。庄士敦毕业于爱丁堡大学和牛津大学，1898年赴中国，先后在香港、威海卫的英殖民政府任职，是一位地道的"中国通"。1919年，庄士敦应邀至紫禁城担任溥仪的英语、数学、地理等西方学说老师，备受溥仪的敬重，师生情谊深厚。1930年返回英国，在伦敦大学任教，著有《儒家与近代中国》《佛教中国》《紫禁城的黄昏》等书。

③ James H. Stewart Lockhart. *A Manual of Chinese Quotations, Being a Translation of the Ch'êng Yü K'ao*. Hong Kong: Kelly & Walsh.

④ 艾丽(Shiona Airlie)，一位热爱中国文化的英国作家，出生年月不详。

⑤ Shiona Airlie. *Scottish Mandarin: The Life and Times of Sir Reginald Johnston*, Hong Kong: Hong Kong University Press, 2012.

的圣山，庄士敦决定去参观一下。济南的行程中增加了一天左右的泰山之行，而罗仲明似乎很乐意绕道而行。

圣山从山脚到山顶都有铺设完好的盘道，一路上遍布寺庙建筑群、神龛和石碑。泰山海拔5500英尺，可以沿着这一系列宽阔的石阶盘道拾级而上。本来对庄士敦来说这不是一次特别艰苦的攀登，但因为那天他已经骑了35英里的马，所以他决定坐山轿上山。

盘道两边是中国古典的写照，都是咏赞山清水秀的碑刻。庄士敦特别感兴趣的是富有的香客会雇用人在人迹罕至的地方雕刻碑文作为他们财富和奉献的象征。山顶上留有一座庙宇是专门为庄士敦和罗仲明准备过夜的，以便他们能在第二天早晨体验到山上的特别的美景——日出。这是这次游历的一大亮点：景色壮丽。我脚下1000英尺的地方，白云紧紧贴着山边，穿过它们的黑色山顶，就像暴风雨席卷而来的寂静的大海中的小岛。当太阳从地平线上升起时，一片片白云在红色的圆盘中变成了黑色，一座座山峰站在那里就像一座座破败城堡的奇异塔楼。随着太阳升起，它们开始迅速融入灰蓝的天空，当白云从底面开始渐渐融化时，黑色的小岛开始变成大陆。

九月的天空，空旷湛蓝，烈日熊熊。一小时后我们下山：足以让我们信服的是人们普遍认同泰山是“天下名山第一”。

即使是在这样一个光辉灿烂的环境中，庄士敦也忍不住用自己的幽默调侃这神圣之山。在他的官方报告中，他在描述这座山供奉的主神时写道：“这位女神就像一种阔克(Quork)神一样，坐在泰山的山顶之上。”毫无疑问，庄士敦的描述永远不会被伦敦那些官员们疑惑但是却会得到骆任廷的赏识。

旅途中最愉快的部分已经结束了，庄士敦回到了济南。在那里他收到骆任廷的指示，要求他寻求与省长再次会面的机会。

短评

时代沧桑变化，泰山的地位从未动摇，无论从本人叙述还是第三方转述，泰山的形象都是岿然不动的。《苏格兰裔满大人》一文虽然是当代的作品，但是不难看出作者从庄士敦的生活历程描述中透露出了当时庄士敦、骆任廷与泰山的关系，语言中也不乏对泰山的溢美之词。

对于庄士敦、骆任廷与泰山的渊源，从《苏格兰裔满大人》第74页所说“现在他提议去中国佛教的其他重要景点五台山、普陀山、九华山，并且要回访泰山，写一本关于泰山的书。主题的选择似乎是偶然的，而不是深思熟虑的。”看得出，二人与泰山的关系还有待进一步发掘。

二十、伊维廉[①]《一位中国的女神——泰山奶奶》[②](摘译)

中国的山东省中部附近有一座山,不仅是全省最高的山,而且也是五岳里面最神圣和最著名的山。自古以来,这座山就是被崇敬的对象。人们会取泰山上的石头或砖块放在街道的末端来驱赶邪恶的鬼魂,以防它们利用街道当作通道,这就看得出泰山多么神圣。很多时候能够看到冲着街道的屋墙上会镶着一块石头或砖头上面刻着“泰山石敢当”。中国历史记载,古代的皇帝尧和舜就是在这座山上祭祀,他们生活在亚伯拉罕时期。寺庙和神祇里都挤满了虔诚的香客们。一些人甚至来自成百上千英里之外。

阴历前四个月,这座山上只有“泰山奶奶”的神庙是人们争相献祭的地方。(见图 2-2)

图 2-2　伊维廉《一位中国的女神——泰山奶奶》插图

对这尊泰山女神崇拜的起源已经含混不清了。有一个传说是,很多年前一位女士在这座山的山洞里居住修炼。这位女士死后升仙,就成了被祭祀的女神而受到供奉,并且人们给她一个泰山奶奶的头衔。

中国大多数的神灵起源可能都是这样的——神化的男人和女人都会过上高尚的生活。

这种修炼生活对中国女人来讲是优越的方式,其目的是为了帮她们除

---

① 伊维廉(Rev. W. O. Elterich),美国长老会驻沂州传教士,1889 年到华。

② Rev. W. O. Elterich, *A Chinese Goddess-Tai shan Nai Nai or the Mother of Mt. Tai.* The Church at Home and Abroad Published Monthly by Order of The General Assembly of The Presbyterian Church in The United States of America. Volume XV Presbyterian Board of Publication and Sabbath-School Work, No. 1334 Chestnut Street, Philadelphia, PA. 1894. p. 422.

去烦恼而获得良心的满足，以便获得生命的价值。信仰福音的女人们也是通过这样的方式为自己所具有的宗教意识发现并找到更合适的入口①。

有三种主要的方式供人们获得功德，大概都出自佛教——不吃肉，不杀生，施舍物品，以便灵魂的超度。

这位女神就是这样生存并且获得功德的。当一些人来此祈祷并寻觅到减轻病患者痛苦的方法时，她能帮助人们实现愿望，因此她的声誉就广为传播了。在乾隆时期，她的名声得到更加广泛传播。当时，乾隆从北京到南京巡视，中途停下来到泰山就是为了祭拜这位女神。

泰山奶奶庙到处都是。她被如此广泛祭拜主要是因为她能给女人们带来儿子和能给遭受疾病困扰的人祛除病痛。后面的作用事实上是她主要的司职。

中国人非常喜欢孩子，并且害怕没有孩子尤其是儿子的话，将来他们去世后就没有人供奉他们。因此，许许多多的没有孩子的中国女人都会来到这样一座蒙恩②的寺庙祈求泰山奶奶慈悲为怀，保佑她们有子嗣延绵。

但是人们祭祀这位女神最主要的原因是她能听到代替病人来此祈祷的求助者的诉求。奇怪的是，这种祭祀里面有迷信的思想，这一点从摩西的律法中详尽地描述了出来。一位亲戚到寺庙里拿着泥土样子的塑像展现在女神神像面前，接着开始祈祷她接受这一泥塑，饶恕那个患病的人。因此寺庙里经常都充满这样的泥塑。

如果看到中国人是如何产生迷信思想的，就能立刻明白我们告诉他们的耶稣是如何救助病患的，上帝是如何接受献祭的，这样我们就不会消失并且得到永生③。

短评

通过摘译看得出来，伊维廉对泰山奶奶信仰叙述比较中肯，是比较难得的直接以泰山主流信仰为中心的文章。文章对泰山奶奶的主要司职也讲解透彻，属于比较高质量的泰山信仰研究的文章。

另外，作者对泰山石敢当的论述也比较突出，一语中的。这也是其他泰山信仰的外文相关研究中鲜有涉及的。文章主要围绕泰山奶奶信仰展开，并且与基督教里的相关女神对照，也比较明了清晰，这使得英文读者尤其是

---

① 这种中西宗教的比较方式是第一次出现，也是非常具有意义的。毕竟本文没有厚此薄彼，仅仅是通过对比的方式来探索宗教的含义。

② 原文用词为“Hannah of old”，意指蒙恩的女性，最伟大的女性之一。这里毫无疑问是将基督教信仰里的伟大女性 Hannah 和道教信仰的泰山奶奶进行类比，突出她们的功德和贡献。

③ 这里两种观点的对比切中肯綮，将两种信仰里面的核心观点拿出来进行比较。

传教士更能立即产生相对应的思考空间，这是非常突出的特点。

作者的认识也是有局限的。跟很多作品的描述相似，他认为泰山文化（信仰）是迷信的，但是作者又描述了泰山奶奶的司职之一是帮助有疾病困扰的人减轻病痛，这里作者并未深究原因，似乎自己也很矛盾，也无法深入探究，所以匆匆结尾。

除此之外，作者所提到的泰山奶奶面前把泥塑是其第二个司职功能所在，并且配图显示确实有一定道理。但这个和普通民众在碧霞元君面前把泥塑拿回家的“拴娃娃”有出入，还需进一步考证。

总而言之，本篇文章确实有新意，也提供了不一样的史料，但是并未涉及泰山奶奶、泰山娘娘、碧霞元君等称呼的来龙去脉，更没有相应充实的史料来证明；此外，对佛教超度灵魂的看法和道教思想有何差异等缺乏考证。这篇文章也属于泰山研究的早期英文文献作品之一，作者并未完全理解泰山文化（信仰）。

二十一、丁韪良[①]《花甲记忆》[②]（摘译）

丁韪良在其《花甲记忆》里有两句描写泰山的话，语言虽短，但是意义不凡。如下：

山东的泰山是国家宗教的崇高地方。

（第 49 页）

李斯说：“泰山不让土壤，故能成其大；黄河[③]不择细流，故能就其深。”

（第 256 页）

短评

丁韪良是著名的汉学家、中国通，这两句话选自他的回忆录《花甲记忆》。第一句话是作者对泰山地位的理解，泰山是国家宗教之崇高圣地。第二句话，是作者翻译李斯的《谏逐客书》，稍有差别，原文是“河海”不是“黄河”，但是作者将泰山与黄河对应也着实突出了泰山的地位。总之，从这两

---

① 丁韪良（William Alexander Parsons Martin，1827～1916），字冠西，美北长老会派至中国的传教士，著名汉学家、中国通。在中国生活了 62 年（1850～1916，其间有 4 年时间不在中国），曾长期担任中国著名教育机构北京同文馆的负责人。1898 年起任被清朝皇帝任命为京师大学堂首任总教习，也就是北京大学第一任校长。

② William Alexander Parsons Martin, *A Cycle of Cathay or China, South and North with Personal Reminiscences*, Fleming H. Revell Company, New York Chicago Toronto, 1896.

③ 此处英文原文是“Hoang-ho”。译为“黄河”。李斯原文是：“泰山不让土壤，故能成其大；河海不择细流，故能就其深。”为忠于原文意思，此处未作修改，仅作注释。

句话可以看出泰山的地位是国之圣山。这样直接的表达还是非常少见的。在论述泰山的地位时，有人会从历史的角度，比如舜帝的巡狩和柴祭天下讲述；有人会从朝圣的香客讲起，比如记叙每年农历新年一过就有陆续来泰山朝圣的香客，到农历三月份达到最盛，每天近万人；还有人讲述林林总总的石碑，来显示泰山的吸引力和护卫国泰民安的民众心理诉求等等。

所以，这两句话着实一语中的，值得推介。

二十二、本章小结

这一时期的泰山文献较之第一阶段的懵懂认识，已经显得深刻许多，更加接近泰山，学习泰山文化、传播泰山文化。总结有以下几个特点：

1. 绝大多数文章作者均有游览泰山的经历。有的作者因泰山文化影响至深而来，有的是看到外文文献记载而来，总之亲登泰山给作者带来了不一般的体验。作者依据自己的身份特点、所见所闻等会形成自己的独特论述。

2. 对泰山了解更加深刻。如果说第一阶段外文对泰山的理解和介绍停留在初始阶段，这一阶段外文文献开始探索和研究泰山文化。比如艾约瑟对泰山的理解就是层层递进、不断加深的过程。

3. 对泰山的关注开始出现专题研究。个别作品尤其是 19 世纪末这一阶段，外文作品对泰山的关注点更加深入，并进行专题研究。比如对朝山进香、泰山老奶奶信仰的关注。

第三章 泰山文化外文文献深入熟知

本章收录的外文文献时间段是从20世纪初到20世纪20年代，为海外泰山文化文献的深入熟知阶段。这一时期的外文文献对泰山开始了更加深刻的研究，对泰山文化的介绍和渊源考证多了起来。这些文献大多以游记形式呈现，每一小节内容都节选自不同文献史料中关于泰山的部分。本章主要是对这一时期的海外文献进行整理、译介并进行总结评述。

一、《每日山间报》中的《中国的圣地》[①]（摘译）

自从德国占领了胶州湾，欧洲人尤其是德国人进入山东省就更容易了。海司(Ernest von Hesse-Waregg)[②]毫不费力就能雇到车和仆人。他为*October Century*贡献了一篇文章，名为《中国的圣地》，有很多他自己亲自拍的照片。他是这样描述中国的麦加的：

从济南到中国的麦加泰安府花了两天的行程。到达这最古老的城门前几小时，我还看不到这光秃秃的花岗岩石的山脉。夜晚，穿过黑暗的城门，我的期望也进入了这世界上最古老的城市，这个曾经在公元前2254年被中国的历史学家提到的地方。那一年，为了获得这一地区王公贵族的友好支持，伟大的舜帝拜访了泰安府，并在这里住了几个月。就在这次逗留期间，舜帝登上泰山，在山顶向天、地之神灵献祭。从这次起，泰山就成了中国的圣山，成百上千的朝圣客们也来此献祭，他们还去城里的大庙内祭祀朝拜。

① 美国《每日山间报》(*Daily Inter Mountain*)1900年11月21日，第10版。

② 海司(Ernest von Hesse-Waregg)，奥地利裔美国旅行家、外交家，曾游历山东，并写下《山东——德国在中国属地》(1898)。

我希望在这座最古老的地方找到辉煌历史的遗迹——老城堡、皇宫、塔和寺庙。与年轻的城市比起来，这些更能形成一个城市的古老特征。耶路撒冷、大马士革、君士坦丁堡、开罗，这些城市都多次遭到过损毁和破坏，但是它们依然还保留着古老的纪念碑供游人瞻仰欣赏。但是，在我看来并非都如此，这座古老省份的城市遭受到了损害，一些遗迹已经失去了昔日的光辉。

我对这里感到很遗憾甚至失望。狭窄、肮脏的街道上立着一排排破破烂烂的房子，像在其他城市一样，甚至比那些还更加破烂，但是像朝圣客——韦廉臣拜访泰安府时所见，他在城里遇到了大约有 7 万人。

短评

海司的游记于 1898 年出版。他对泰安、泰山的地位倍加推崇，认为泰安是如圣加一样的中国的圣地，泰山是中国的圣山。这一认识是对泰安及其泰山地位的绝对认可。这篇文章从描述上来看，当时的圣地是受到很大程度的损毁的，而且房屋比较破旧，然而作者所见就如韦廉臣所见，城里约有 7 万人。所以足见当时的泰山吸引力不减，朝圣盛况犹在。这就是数千年来积累下来的传统文化、信仰的力量。

本篇报道虽短，发表时间在 20 世纪初，但是所承载的信息并不轻，而且面向其国内发表，足以将泰山的神圣形象传递。

二、《埃文斯和莫里斯观察者》[①]报中的《一些中国人的观点》[②]（摘译）

这个国家为数不多的懂英语的中国人中，均会说自己最讨厌的欧洲国家是德国。“正是德国夺走了我们的圣省——山东。这里是孔子和许多伟人的出生地。是那些人从我们这里夺走我们神圣的泰山。几个世纪以来，皇帝都在泰山上献祭。”

“听起来很奇怪，我相信中国的革命党。只有采纳外国人的思想和发明，我们才能最终把他们从我国赶走。这可能看起来很难，但有什么理由要感谢那些不请自来的蜂拥而至的外国人？他们努力将他们奇怪的信条和习俗强加给我们，还占领了我们的土地，煽动暴乱和叛乱。”

“但是，我们依靠的主要就是我们庞大的人口，这是永远无法征服的，即使没有武装。一个侵略成性的种族将被我们上百万的人口所吸收和消灭，中国将是中华民族的中国，将一直坚持到最后。”

---

① 在澳大利亚维多利亚州（Wictoria）东北部比曲尔斯（Beechworth），发行时间为 1855～1918 年。

② 节选自《埃文斯和莫里斯观察者》1900 年 12 月 8 日，第 2 版。

短评

这一篇文章选自面向澳大利亚国内发表的地域性报纸《埃文斯和莫里斯观察者》。作者引用了说英语的华人观点，一方面表达了20世纪初德国强占山东引起的上层知识分子阶层的愤怒，表达了他们对中华民族的热爱并寄予厚望；另一方面也侧面反映了泰山是中国神圣之山，几个世纪以来皇帝会在山上献祭的历史。

同样，这样的文章总能正面传递泰山是中国神圣之山的信息，是中华民族精神集结之地，任何盗取者都会引起众怒。

三、《阿耳戈斯》报中的《中国轮廓》①(摘译)

在该省的东南部，有一个被称为泰山的山脉。在这座山上有一座叫白山的山，里面有孔子的墓，是所有具备真正信仰的中国人的麦加圣地。事实上，它离麦加很远，因为这是一座4000年前穆罕默德踏上汨谷之前就存在的圣殿。从那遥远的时代到现代，每年都有成千上万的朝圣者来到这里，在他们逝去的统治者的神殿里祈祷和瞻仰。

短评

本篇文章也选自面向澳大利亚当地发表的报刊上。从文章描述来看，泰山山脉为群山，其中有“白山”。“白山”之上有孔子墓是不符合事实的。而泰山被认为是如麦加一样的中国的信仰圣地，除了与孔子相关以外，还有历史渊源和道教、佛教等信仰息息相关。泰山是兼收并蓄的，也是和谐统一的，因此，看得出本篇文章对泰山文化的理解尚浅。

然而，不得不说，文中认识到“泰山是中国的圣地，并且追溯到4000年前，每年都有成千上万的朝圣者来泰山祈祷和瞻仰”，这无疑是对泰山地位的肯定，也是对具有历史渊源的泰山文化的赞同。

四、《字林西报》②中的《山东：泰安府》(摘译)

7月17日

自从青岛作为通商口岸开放之后，泰山就开始迎接众多的游客。我们几乎每周都听说有游客来，毫无疑问这是因为泰山作为朝圣圣地的名气和

---

① 节选自《阿耳戈斯》1900年12月8日，第5版。墨尔本《阿耳戈斯》(Argus)是位于东萨塞克斯郡布莱顿-霍夫的当地报纸，其版本服务于布莱顿-霍夫市以及东萨塞克斯郡和西萨塞克斯郡的其他地区。

② 节选自《字林西报》1903年8月11日，第5版。

皇家给予的一次又一次的关注。否则，这座山就没什么特殊的了。除了一些上山的小路会有一些树荫，别的地方都是光秃秃的。登山也很无聊，一个8到10岁的男孩一个下午就能轻松上去。从山顶向远处看周围的村庄并不太令人满意，但是比起从这个省的其他山上看还是好点。总而言之，山上并没有与众不同的特殊的美或华丽，所有的魅力都来自泰山的历史内涵。这里甚至都不能称之为夏天的避暑胜地，因为到处都是光秃秃的，严重缺水，根本达不到卫生要求，没有太多人会冒险尝试。更有甚者，在最热的季节，有很多云在上空盘旋，就好像天空越高空气越好，但想呼吸到高空的空气又是那么不切实际。衣服是湿漉漉的，墙是潮乎乎的，家具是黏糊糊的，木头中的水分几乎能渗透任何东西。游客们尽量不停留。事实上，现在根本没有招待他们的地方。寺庙现在几乎都不能住了，那些城里的小客栈破烂不堪，也吸引不了享乐的游客。最有可能的情况是，游客们在那凹凸不平的山路上走累了看一眼有名的历史遗迹，虽然不会对这内在的魅力着迷，但是也足够让游客满意了。市场上也没什么新鲜玩意儿，很贫乏。到昨天为止，一直都没有下雨，山上也几乎没有云。但是有一天雨水倾盆而下，河水穿过河道流入了田地浇灌着饥渴的庄稼。雨水缓解了一度非常严重的干旱现象。因为干旱，正在成长的庄稼都达到了极限。事实上，很多小米和高粱等夏季作物都干枯了，被拔掉了，产量肯定会减少。幸运的是还有足够的小麦。

很多名人在当地官员和士兵的陪伴下经过磨坊和孔子墓都会引起当地群众的好奇，无论我们走到哪里都会引起骚动，很显然引起的不仅仅是一点。

短评

这段文字选自《字林西报》，该报刊的影响力不再赘述。从这篇游记中可以看出，虽然当时的社会、自然条件相当艰苦，干旱影响了农作物的生长，人们封闭保守，但是这些丝毫没有影响具有悠久历史的泰山魅力，就像作者所说"所有的魅力都来自泰山的历史内涵"。对于众多慕名而来的游客来讲，泰山的魅力是无穷的，无论作者以何种身份前来，都会有各种收获。即使自然条件并不便利，他们要目睹的是圣山的面貌。这就是为什么大量的泰山游记均会从不同的侧面描述泰山。

五、安兹[①]《山东和苏北的冬季之旅》[②]（摘译）

从杨柳田这样一个大集出发，沿着一条路走，穿过高原般的山脊。这座

---

① Von Walter Anz，具体信息不详。

② Von Walter Anz. *Eine Winterreise durch Schantung und das nordliche Kiang-su IN Petennanna Geogr*. Mitteilungen. 1904, Heft VI. pp. 139-140.

山脊将莲花山与1100米高的徂徕山连接起来。这条路沿西北方转向泰山，其骄傲的身姿几乎是从平原拔地而起堆积到最高峰。

再过三个小时，你就会穿过平原，通往泰山山顶的盘道清晰可辨；几乎垂直的阶梯，就像一条狭窄的飘带挂在陡峭的墙壁上。著名的泰安府非常安静，就像兖州府一样，只是在泰山朝圣时，人们才会蜂拥在街道和寺庙里。在泰城的西北部，有一个巨大的寺庙，高大的围墙将寺庙与城市的其他部分隔开。寺庙的前院里有很多人和景物。在其中一只乌龟的头上坐着一个讲故事的人，听众围了一圈，旁边是一些卖家和他们兜售的商品。大殿周围却特别安静，只有鸟儿在那里飞来飞去，在破旧的寺庙屋顶上筑巢；入口处有华丽的青铜狮子，守护着这座建筑。在另一个庭院里，有一棵古老的红豆杉，一棵神圣的树，它的形象仿佛长在石头上，闪闪发光。

一张张拓品、风景画的复制品出售给朝圣者。红色或黑色纸上印着古老的谚语、画像、泰山地图等，代表了朝圣之城的典型活动。顺便说一句，泰山的中国地图虽然简洁，但却给人一种非常生动的印象，就像著名的圣殿山。非常清晰的是城市的位置、主要山谷、高原式山峰和东西两侧的陡坡等。还有清晰标记出来的城墙内的寺庙，拥有厚重的三重门。横贯城市街道的是著名的老河道。泰山已经被描述过很多次了，但是仅凭简单的词语描述登山过程，缺少了任何惊叹之词是不够的。泰山没有像日本那样令人惊叹的树木掩映的寺庙群，也没有像童话般的魔力福州府附近的修道院，被周围鹰巢环绕着。泰山能独一无二的存在是因为整座山成了神的圣殿。没有更好的形象可以表达人类对未来的渴望。未知的幸福超越这个看似无穷无尽的阶梯，蜿蜒穿过黑暗、狂野的岩石山谷，变得越来越陡峭，直到最后一段最陡直的阶梯，这也是旅行者最向往的。穆斯林轿夫们抬着一个独特的扶手椅，看到的不是自己的脚而是象征着生活的道路。回顾展望一下，也无法逃脱这条道路带来的无穷美丽。

14号早上7点35分，我离开了这个城市开始登山。一条小路穿过众多的大门和宁静的寺庙庭院，一开始并不陡峭，只是不时地会有石阶。通过奇怪的分叉路向后倾斜，远远超出了平原，然后再次惊讶地转向高耸的山峰。在朝圣季节，如果你单独徒步上山就会受到乞丐的干扰。我们通过几座桥上，穿过咆哮的小溪，然后是一个茶馆，提供歇脚的地方，这里可以欣赏到壮丽的景色。休息片刻后，我们继续登山，先是下坡，然后是攀登最后一段陡峭的台阶。从平原上可以看到一条狭窄的白色飘带，大量的积雪覆盖了裂缝，一些地方有几米厚。盘道的石阶越来越高，越来越短，直到最后我站在南天门的拱门下(10点钟)才松了一口气。在大门后，轿夫们喝了一口水，然后在几分钟内到达山顶。寺庙本身没有特别的趣味,但山谷和峡谷的景色非常美丽。但远方是阴霾,我几乎无法辨识平原上的黄河。东侧是垒起的一堵墙,据说是当朝为防止自杀而建造的,因为过去,虔诚的中国人经常从那里纵身跃下,他们相信可以通过牺牲自己的生命来换取生病的家庭成员的康复和幸福。

第二天早上,我们穿过西门沿着粗糙的路面,走向通往济南府的官道上。壮丽的山峰映衬着深谷的美景,繁忙的交通使这里充满了生机,尤其从泰安府到官道这段路程。这条路线能直通到高密县,还能到达齐河和黄河。路上有很多因洪水泛滥而来的乞丐,还有很多朝圣客,有些人的家都被洪水冲垮,深深陷入了泥水里。

短评

这段文字是作者的游记,介绍了泰安府、岱庙和登泰山的情况。泰安府的安静,岱庙前院的热闹、后院的安静,登山路途的陡峭,舍身崖的来源都在作者笔下闪过,但是从描述中也看得出来,泰山的地位是不可撼动的,也是无以比拟的,是独一无二的。作者随后提到的乞丐和蜂拥而至的朝圣客也是当时社会、生活的真实写照,让人们了解到20世纪初的民众状况。值得注意的是作者对山谷、路边的自然风景给予了浓重笔墨。

这类游记在外文泰山文献中属于多数,游客大多慕名而来,但是对泰山历史文化并不甚了解,所以走马观花之余也会对周边的自然、风土人情进行描述,也一定程度上反映了泰山的独特魅力。

最后,值得注意的是本篇文章发表在面向德国境内刊发的《通信》上。作为重要载体,这本期刊对泰山文化的海外传播起到了积极作用。尤其是同年(1904)法国汉学家沙畹[①]在《通报》[②]上介绍并评价了安兹的这次旅行:

> 除了地理学家指出这次旅行的价值外,地图校正者还指出了关于最近几幅山东地图的几处重要错误,人类学家还能注意到一些现象之间的联系。在徐州府(江苏)南面的一座山丘顶上,安兹指出一座寺庙的大殿里供奉着一座巨大的镀金雕像,是由山里一整块巨型岩石雕塑

---

① 沙畹(Emmanuel-èdouard Chavannes,1865～1918),学术界公认的19世纪末20世纪初世界上最有成就的中国学大师,公认的"欧洲汉学泰斗",同时他也是世界上最早整理研究敦煌与新疆文物的学者之一,被视为法国敦煌学研究的先驱者。继他之后成为法国中国学与敦煌学大师的伯希和与马伯乐都出自他的门下,被弟子伯希和推许为"第一位全才的汉学家"。1910年出版《泰山》一书,被誉为西方汉学经典。

② Henri Cordier. *Tung pao*, Leiden, E. J. Brill [etc.] 1904, pp. 502-503.

而成。他还参观了邹县的孟庙和曲阜的孔庙。有一天，在最后一个城镇东面的一个叫泉林子的地方，他注意到了一个宫殿的废墟，还发现几个被废弃的石碑。最后他登上著名的东方圣山——泰山。在山顶他拍下了这座圣地的全景。

六、贝麦[①]《泰山》[②]（摘译）

全省最著名的就是神圣的泰山。海拔1550米，是该省最高的山峰，由花岗岩组成。你可以通过以下方式到达：通过铁路到济南府。在那里，您必须及时订购骡车。一辆两匹骡子的大篷车每天花费2500分钱（鹰洋，当时流通的墨西哥币，下同）。这条路虽然很陡，但还是可以通过，它一直延伸到泰安府（安就是和平之意）。在这两三天的旅行中，沿途的主要住宿地点是：济南府、张夏（75里）、夏张（60里）。

图 3-1　泰山盘道（《泰山》插图）

泰安府里有寺庙、非常有趣的赤土山墙、邮局、传教场所，晚上就在这里过夜。第二天早上雇山轿上泰山，每张轿椅300分。上山和下山只需要一天。但是，我建议您入住山上的其中一座寺庙，这样就能欣赏到美丽的景色。特别值得一看的是泰安府西南6里外是大汶口，那里有精致的寺庙，拥有华丽的青铜雕像。从泰安府到曲阜（曲阜是孔子诞生的地方）需要2～3天，但是更方便的路线是从夏张（40里）向西，

---

① 弗里德里希·贝麦（Friedrich Behme，1870～1962），1898年到达青岛，任胶澳帝国法院法官，负责欧洲人在青岛的民事案件。贝麦在青岛期间拍摄了大量照片，其中也包括青岛周边的一些区域，如即墨、高密、潍县、济南、芝罘、青州等地。1904年，出版《青岛及周边地区指南》（*Führer zu Tsingtau und Umgebung*）一书，全书139页，配照片69幅，其中关于泰山的照片5幅。

② Von Fr. Behme, M. Krieger. *Fuührer durch Tsingtau und Umgebung*. Wolfenbuüttel: Heckners Verlag, 1904, pp. 206-211.

然后向南穿过陈家店(55 里)到宁阳(40 里)然后到曲阜(60 里)。所有这些地方都有适合过夜住宿的旅馆。位于曲阜以西 30 里处是兖州府,是德国驻山东的教区所在地(1903 年安治泰主教居住);从泰安府到东北部的博山有两天的行程,这条路非常糟糕,无法坐骡车,必须骑马或坐手推车(见图3-1)。

短评

本篇短文是作者的游记,文中有很多标记地理位置和距离的字眼,这与其他泰山外文文献有所不同。作为文化的传播者,作者的律师身份也足以引起重视,这对泰山文化的传递有着举足轻重的作用。另外,作为重要的传播媒介,这篇短文的出处《青岛及周边地区指南》也是重要的文化载体。这本书里共有 69 幅图片,关于泰山部分,作者贡献了 5 幅泰山原貌图片,这是非常有价值的,也能帮我们一睹当时的泰山自然景观。

关于泰山的外文游记文献不在少数,很多慕名而来的汉学家、旅行家、地理学家、社会学家等留下了大量作品,但是律师身份的还是少见。

七、夏之时[①]《法文坤舆略志》[②](摘译)

泰山海拔 1545 米。这些山脉主要由片麻岩和花岗岩组成,有比大庾岭更便捷的盘道。此外,我们还将进一步研究这些山脉,它们的结构和分支,研究它们经过的省份。

五岳是指中国神圣的五座山脉:山东泰山,山西恒山,河南嵩山,陕西华山,湖南衡山。

山东——山之东。这个省的大部分都在泰山的东侧。泰山是一座圣地,吸引着众多的朝圣客。

山东省的中央部分是大平原,有几条河流贯穿流向各个方向。

短评

这几处选自《法文坤舆略志》,均对泰山的细节进行了简短介绍,涉及泰山的地质组成、五岳独尊、海拔等问题。值得注意的是,20 世纪初泰山的高度就被认定为海拔 1545 米,这是一个重要的信息。就泰山高度的测量问题,

---

① 夏之时(Louis Richard, 1868～?),法籍耶稣会士、震旦大学图书馆馆长,为低年级学生学习法文编著《法文坤舆略志》(*Géographie de l' Empire de Chine: Cours Inférieur*),为高年级学生编著《法文坤舆祥志》(*Géographie de l'Empire de Chine: Cours Supérieur*)。两本书都是由上海天主教徐家汇孤儿院印书房于 1905 年出版。

② Louis Richard, *Géographie de l' Empire de Chine* (*Cours Inférieur*), Chang-Hai: Imprimerie de la Mission Catholique à l'Orphelinat de T'ou-Sè-Wè, 1905, pp. 8、58-59.

竺可桢已有详细介绍，此处不再赘述。

另外，法文版的泰山信息对泰山文化的传播也起到了重要的作用，值得深入探讨。

八、斯坦利[①]《泰山和孔子墓》（摘译）

我们4月7日离开山东西北部，赶着骡车朝东南方向行进。4月份和5月份乘坐骡车到全国各地转转是很惬意的；此时大自然是最有生机的时刻，白天特别温暖，夜晚凉爽舒适，很容易入睡。

旅程的第二阶段，我们进入了一个比北方更肥沃的地域。茌平县并未受到严重的水淹，土壤肥沃，并且明显没有盐碱的污染。盐碱的污染在北方大平原非常常见，这对农业发展非常不利。通常能看到地面白色的覆盖物。在一些地方，农民发现每年都有必要揭开表面有覆盖物的土地，以提高作物的产量。这样一个过程使盐碱地这儿一块，那儿一块，看起来像是小范围的小山丘，积累多年的表面土壤由于碱性沉积物不得不被抛到一边，可以想象这样的过程肯定会造成劳动力和土壤的浪费。

我们从茌平往泰安进发，越过黄河在山路上耗费了三天。通过了山东所有的山脉，旅行者注意到山上偶尔出现的山峰由石墙、方形或圆形覆盖，就像堡垒一样的墙壁，而之后证明它们恰恰是堡垒。这些堡垒是村民们在动乱中避难的地方，用来抵御动乱分子、反动分子或强盗的骚扰。这些手无寸铁的村民逃到这些山寨，寻求保护。我们有罗马天主教的记录：在义和团时期，他们与义和团发生过激烈的冲突战斗。义和团把他们驱赶到了其中一个堡垒，并在那里围困他们两天，直到他们被一些来自邻村的有共同宗教信仰的信徒赶到解救。如果我没有弄错的话，这里有一座建在山顶上的石头教堂，记录着那场血腥冲突的场面。（见图3-2）

接着经过被封锁住的肥城。这座著名的城市因为恶劣的环境失去了东门和西门。大多数中国的大门都是被墙包围起来，墙上留出四个门——更大的城市门更多——每个门代表一个方向。没有其他路线进入城市，人们就会想他们会小心翼翼地保持这四座门开放，然而事实并非总是如此。由于某种原因，其中一个门经常关闭，但值得注意的是，这个地方它没有东西方向；东门是围起来，西边是封闭的，安全地锁住和禁止通行。我们听说这

---

① 斯坦利（Charles Alfred Stanley Jr），1879年生于中国，是山嘉立（Charles Alfred Stanley，1835～1910）的儿子。山嘉立生于美国俄亥俄州，1862年携妻子厄苏拉·约翰逊（Ursula Johnson）到达上海，1863年到达天津，并定居天津。1879年斯坦利出生，后去美国接受教育，1904年从福州转到山东德州的庞庄传教，1941年回国。

图 3-2 《泰山和孔子墓》中的泰山插图

样做的独特原因是：环境风水不好。在东边有蝎子山，害怕蝎子入侵城市，就像青蛙袭击埃及一样，所以肥城的东门必须围起来。在西边有桃花山，虽然我们看不到桃花的伤害，但西门必须紧紧锁住以阻碍桃花进入产生恶劣影响。因此，城市得到这样的保护，也不至于很快受到破坏。然而，与此同时商业也被瞬间堵塞了。

我们第六天到达泰安府，觉得她①非常"充满宗教"气息。这个地区的主要商业是迎合满足数以千计的聚集在泰城街道上的朝圣者千奇百怪的想法和需求——从一只小黄泥虎到泰山娘娘的肖像。在一个文明的世界会称之为"晚礼服"，由精美的黄铜作品和丝绸制成。泰安位于据说是世界上最古老历史的山脚下，来此朝圣的群体来自全国各地的18个省及以上。

泰山出名是因其与古老的历史相联系。泰山作为圣地吸引着朝圣者们，而这些香客们也希望为补偿未来而奠定功德。该山的海拔约为4500英尺，顶部布满了供奉泰山老奶奶的寺庙。登山或多或少会受到一些台阶的

① 原文用的"she"来代替泰安府，看来作者进行了比拟。作者觉得泰安城非常"religious"，这一认识跟许多人的认识一样，他们把泰城的民间宗教信仰当作宗教来看待。

影响：单脚走，双脚走，快步走。路边的石碑记录着上山有7000级石阶——我相信，仔细数的话有6500级，因此石碑记录并不准确。这是一个漫长而乏味的攀登过程，而山顶的寺庙则是人们渴望的目标。许多朝圣者一定对沿途较小的寺庙感到满足，因为他们可以表达足够的敬意，对于那些裹着小脚攀登而饱受折磨的女性来说尤其如此。主殿的内门由重重的木门组成，通过此门，人们从更远或更近处抛入祭祀的物品供奉给安放泰山奶奶灵魂的寺庙。如果你没扔进去，唯一要做的事就是再扔一次，这样你就能及时收获好运，帮你实现诉求。礼物主要是铜钱、布或纸做的小鞋子，有时是银子，或大约和飞碟一样大小的烤饼。在我们登山那一天，主寺庙的地上散落着大约10英寸厚的礼物，大都代表着不同的诉求。中国人说透过这道门扔进去的礼物的厚度能将一个站立的人埋到肩膀上。在特别吉祥的日子里，如正月十五，据估计曾经一次有2万多人蜂拥到这条朝圣的山路上。

（第301～304页）

短评

本文作者的论述抓住了城墙、城门和泰山顶上透过木门扔进去礼物这样的细节来描述，虽然着墨不多，但是这样的描述着实能让读者对某一问题的认识深刻明了。这些所扔进去的礼物诸如银子、布等物件也给泰山研究提供了素材。在当时的情境中，全国各地虔诚的人们带着祭品来泰山朝拜这样的习俗保留了下来，确实让泰山文化（信仰）在清末的历史潮流中经久不衰。另外，本篇文章第一次提到人们对没有扔成功的物件再扔一次，这在其他涉及相应话题的记载中是没有的。

中国文化具有自己的独特性和传承性，但是并非所有文化都能兼容其他文化，他们大都是从自己的角度出发去理解，因此必定有些不足甚至偏见。即便努力进行文化的等同研究，但结果也大相径庭。比如斯坦利提到中国的城都是被墙围起来的，每一面墙上都有门，大的城市门更多，但是像肥城这样碍于风水将城门关闭，与埃及惧怕青蛙袭城异曲同工。其实，青蛙袭击埃及的典故选自《圣经》的《出埃及记》，埃及所受蛙灾是与宗教信仰息息相关的。但是肥城东部的蝎子山只是形状相似，西部的桃花山也只是桃花的寓意深刻，这些是与中国传统文化的概念相关，但并非受了宗教的影响才会如此。两相比较，西方的宗教和中国的文化截然不同，因此简单的文化等同或类比并不能解决文化的深层理解问题。

九、翟理斯[①]《中国古代的宗教》[②]（摘译）

中国早期统治者对天和地的宏大祭祀是和泰山相关的。泰山在山东省，是中国五大圣山之一。因此，在公元前219年，自封为“始皇帝”的秦始皇渴望恢复已经堕落的旧习俗，来到泰山山顶举行盛大的祭祀仪式，据说泰山已经实现了他的目的，尽管实际发生的事情一直被深深地掩盖起来，成了一个秘密。然而，一些因为追寻孔子思想被焚书甚至迫害的儒生们揭露说，秦始皇被一场狂风暴雨阻止了献祭，并声称他完全是因为缺乏举行这种仪式所必要的美德。

还可以补充一点。公元前110年，当时的皇帝登上泰山山顶，举行盛大的仪式向上天献祭，随后在山脚下的一座小山上向大地献祭。在仪式上，他身着黄色的长袍，礼乐齐鸣。夜晚时分，有亮光闪耀，一朵白色祥云笼罩着祭坛。皇帝亲自宣布，他看到一个耀眼的荣光，并听到一个声音对他说话。当时的史学家，中国的“希罗多德”，如实记录了这件事。他陪同皇帝完成了仪式，也参与了在仪式结束之前的献祭，并且留下了记录说，他自己确实听到了神灵的声音。

短评

这两段文字是早期明确记录泰山封禅的文字，是作者对中国传统信仰的研究。从记录中看得出，作者对秦始皇封禅泰山、儒生议论、公元前泰山祭祀的情况均有所了解，并且能明确封和禅的形式和意义。

从作者的介绍中也看得出，泰山的地位是在历史演进中形成的，独一无二，在中国传统信仰中起着重要的作用，这也是众多香客来泰山朝圣的原因。另外需要进一步注意的是，翟理斯通晓中国文化，是著名的汉学家、中国通，但他对泰山文化的研究还有待进一步深入。

---

① 翟理斯（Herbert A. Giles，1845～1935），汉学家，前英国驻华外交官。曾在查特豪斯公学就读，在剑桥大学中文教授达35年之久。他修改了威妥玛建立的汉语罗马化体系，形成了广为人知的威妥玛拼音。一生翻译了许多孔子、老子、庄子等中国古代思想家著作。1892年，出版《汉英词典》。

② Herbert A. Giles. *The Religions of Ancient China*. Archibald Constable & Co. Ltd., 1905, pp. 44-45.

十、古格[①]《环游世界四千英里》[②](摘译)

在一艘从温哥华到日本的轮船上,我们很幸运地有了15个传教士为伴。他们中有的是第一次出国,有的是刚回国休假后就返回原来的岗位。这种回国休假七年才有一次,有的是"回家"把孩子留在国内接受教育。大多数人是要返回中国,因为两年前的义和团运动把他们都赶出去了。其中最有趣的是玛莎·福斯特·克劳福德夫人[③]。她72岁了,在中国传教51年。她要回来把剩下的时间花在她认定的工作上。我只能通过提问和交谈来讲述这位老圣人的故事,以便阐述她在这一领域所遇到的困难和他们所做的工作。玛莎·福斯特,1830年1月28日出生于乔治亚州贾斯珀县。她是10个孩子中的一个,她们家有6个男孩,4个女孩。当他们还是个孩子的时候,他们全家搬到了阿拉巴马州的塔斯卡卢萨。她在阿拉巴马州博图市的普通学校上学,后来到波塔米亚女子神学院接受教育,她为当教师作好了准备。15岁时她皈依了宗教,她们一家都是虔诚的浸信会教徒,这些影响使她成为一名传教士。她的故事读起来像一部浪漫小说,不管是不是那样,都显示出有一种神性在决定着男人和女人的命运。福斯特小姐在19岁时表达了到国外传教的强烈愿望。大约在这个时候,一个叫塔尔顿·P.克劳福德[④]的人去了弗吉尼亚州的里士满,接受检查并得到涉外传教士委员会的任命。

他表示想找一个想当传教士的女人结婚。第二天,秘书收到一封信,要求委员会任命福斯特小姐为中国传教士。当时并不常任命单身妇女,这次只是一个试验。福斯特小姐通过她的牧师被指示随时待命以备需要。秘书把信给克劳福德先生看,他立刻动身去找那位年轻女士。他发现她在邻村教书,寄宿在一家由村里的浸礼会教徒开的旅馆里。他们互相介绍,三星期后,他们结婚了。"一生都在追求中",克劳福德太太说。在前往中国之前,他们参观了浸信会的50个教堂,并依靠这些教堂来获得支持。1851年11月17日,他们乘坐帆船从纽约出发,途经好望角。经过一段非常艰难的路程,他们在102天后到达香港,17天后,他们乘帆船前往中国海岸城市上海。他们遇到了海盗,这对于年轻夫妇来说,是一次非常艰难的经历。涉外传教

① 古格(Helen Gougar ,1843～1907),美国律师,妇女选举权论者,因其努力和致力于争取妇女投票权而被公认为法律领域的先驱。

② Helen Mar Jackson Gougar. *Forty Thousand Miles of World Wandering*, Monarch Book Company, 1905.

③ 即高第丕夫人,人称高夫人,《造洋饭书》(1885年,1909年两个版本)的作者。

④ 即高第丕(1821～1902),美国传教士,在华福音会创始人。他主张租住在中国人家里,穿中国人的衣服,像中国人一样生活,只传布福音,不进行其他社会活动。

委员会负担所有费用，并且每年给他们二位750美元。

他们在上海受到热烈欢迎，但一开始并不敢让人们知道他们是基督教传教士。中国此前与英国签订了一项条约，开放其中五个港口为通商口岸，包括商业和居住，上海是最北部的港口。年轻的传教士到达时是1843年，有法律规定任何外国人不得离开这座城市超过24小时。不过这条法律很快就成了一纸空文，他们尽管常常冒着极大的生命危险，但还是随意行事。不久之后，就有30个男女传教士到来，现在在上海大约有100个。他们的第一个入教者是一个受过教育的人，这是一次不同寻常的经历。上海对教会很善意，这是中国其他各省所不能比拟的，各省有着不同的要求。湖南湖北是传教士最难以接近的地方，直到大约四年前才允许外国人进入。12年后，克劳福德夫妇进入山东省，住在离开放的通商口岸芝罘有50英里的一个地方。他们和另外两个传教士在那里工作了30年。他们开垦荒地，散播下了第一粒种子。他们建造了一座教堂，有150人入教，后来这些入教者都成了教堂的成员；现在那一带约有400名教徒。1893年，他们去了中国五大圣山之一的泰山，在泰山脚下的泰安府住下来。来自中国各地的老百姓都来祭拜山上的老奶奶（令人尊敬的老奶奶）。经过一条15英里长的盘道可以到达山顶的寺庙。那里就供奉着这位女神，比真人形象稍大一点，用檀香木雕刻而成，脸上镀金。每年冬天和夏天，要给她换衣服，而且款式都是跟随时尚的潮流。衣服是由粉红色或玫瑰色的最昂贵的丝绸或缎子制成，并且要专门从北京做好运过来。朝圣的香客们在她的塑像前跪下，把头磕在地上，连磕三下。他们把香交给道士，由道士点燃供奉，这样香火不断。道士们会把多余的香卖了，从中赚一大笔钱。来忏悔的人会把钱币投在女神身上，那些节俭的道士们又会把钱拢在一起。

这座有4.5万人口的城市里有100座寺庙，山脚到山顶的路上都是寺庙，每座寺庙都有或多或少的僧、尼。这片土地就属于这些寺庙，并由道士和尼姑们管理，他们拿走了所有的收益。1898年，皇帝颁布了一项法令，把所有的寺庙都变成了学校，但同年皇后废黜了皇帝，并恢复了寺庙。女人们被蒙蔽在愚昧无知中，每200个女人中只有一个会读书写字。而只有1/10的男人能读会写。这些男人是一夫多妻主义者，通常有两个妻子。尽管中国人通常对他们的家庭很好，但是如果一个男人承认他只爱他的妻子和孩子，他就会成为笑柄，一个名副其实的“南希小姐”[①]。女儿的出生更被认为是家里的一大不幸。一个男人可以殴打、出售或迫害他的妻子，在法律上没

---

① 时人称“南希小姐”来调侃男人具有女人气。

有任何赔偿措施。克劳福德太太对她的工作方法叙述非常有趣。女传教士在50岁以前不得与男子交谈，所以她的工作对象都是妇女和儿童，通过挨家挨户拜访来完成。传教士们穿上中国服装，走上街头，等待被邀请入户，一旦他们认识了，他们就会随时拜访。

…………

香客们在朝圣日聚集在圣山上，通常停留三到五天。他们白天停留在城里的各个寺庙里进行敬拜，午夜开始攀登圣山，以便在太阳升起时到达山顶的寺庙。接着他们就会下山到城里的一座大寺庙[①]，庙的面积占城市的1/5，周围被古树、柏树、雪松和乔木环绕，还有许多大小不同、设计各异的石碑。人们在寺庙的院子里四散开来，有的开始游乐，有的开始做生意。

由于朝圣季节会持续大约三个半月，数千人在寺庙前休息，这为接触民众提供了一个很好的机会。克劳福德太太穿着中式礼服，大约在早上8点拿着她的坐垫，坐在寺庙的石阶上，在那里有60到100个女人围着她。她们会问很多问题，反而能激起对她们的同情。如果丈夫们同意的话，就会邀请去她们的村庄，这样，虔诚的传教工作就可以在中国展开了。与日本不同的是，由于反对妇女受教育，在中国的一些偏僻的村庄建立学校并不是最好的做法，传教士的工作主要是读圣经和交谈。

克劳福德夫妇出版了许多中文书籍，其中包括《圣经》译本和一本美国烹饪书[②]。这本烹调书非常畅销。通过售书，克劳福德夫人的工作经费除了能自给自足外，还能向其他传教士提供经济援助，她非常慷慨。这项工作肯定没那么一本正经，因为她讲到许多有趣的经历。一个由中国女人抚养长大的德国人皈依了基督教，并向克劳福德先生申请举办基督教的婚姻仪式，他想让妻子也接受基督教。他妻子向克劳福德太太寻求指导。她的理由是："德洛不让我进香。我认识英国人的上帝。我想我死了会去哪里？上不去，下不去，我一定是基督徒。"经过51年的忠诚服务，有一天克劳福德夫妇正坐在饭桌旁，被告知义和团已经接近他们了，于是他们急急忙忙地奔向芝罘，幸亏英国领事把船准备好了，载走了500个传教士。如果没有及时的保护，他们早就死了。克劳福德夫人把她死去的丈夫和能干的同事的遗骸留在了阿拉巴马州，她正在返回中国的船上，只要她的生命还活着，就要向人们讲述古老的故事。很遗憾，我在中国期间没能接受她的盛情邀请去看望她。那需要坐在手推车上行进80英里，晚上睡在中国的客栈里，那些路边的

① 这里是指岱庙。

② 指的是《造洋饭书》，中国最早的西餐烹饪书，有1885和1909年两个版本，后一版由上海美华书馆出版。

小木屋倒是允许旅行者在那里过夜的。

（第 264～269 页）

短评

这部分文字记叙的是作者与高第丕夫人的交谈，但却能让人身临其境。这段文字一方面记叙了高第丕夫妇在华的历史，另一方面又能看出泰山信仰在香客、民众中间的影响力。

值得注意的是，泰山外文文献里提到碧霞元君经常用泰山女神（Goddess）来指代，很少用“泰山老奶奶”字眼，而且作者又解释了一下是“令人尊敬的”老奶奶形象。作者描述给老奶奶每年两次的换衣活动也充满深意，足以表达泰山信仰之深，影响之远，重要性之无与伦比。另外，这段文字还提到香客们登山前、后的活动。香客们为上香会头一天晚上登山，第二天到达山顶上香，下山后会到城里的岱庙赶庙会：娱乐和做生意，这些描述都给读者提供了一个生动的朝圣场面。

作者对农村妇女的描写着实突出了对她们的同情和怜悯，而她们邀请高第丕夫人去各自的乡村也能看得出中国传统妇女的善良和朴实。这样的描述在众多关于泰山的外文文献中也是少见的，这与作者的律师身份密切相关。作者关注、描述和表达这些现象足以引起人们对妇女朝圣活动的深层次思考。韩丕瑞夫人甚至对韩村妇女进香过程进行过全面描述。她们从进香前的准备、每位妇女进香的原因和如何去进香都有详细的描述[①]。

十一、庄士敦与泰山

本部分文字包括庄士敦在《山东评论》[②]《从北京到曼德勒》[③]《华北的狮和龙》[④]《佛教中国》[⑤]《儒学与现代中国》[⑥]中对泰山的论述。以下部分均为各文献摘译：

---

① 详见第五章。

② Reginald Fleming Johnston. *Remarks on the Province of Shantung*. Cornell University Library, 1905, p. 16.

③ Reginald Fleming Johnston. *From Peking to Mandalay: A Journey from North China to Burma Through Tibetan Ssuch'uan and Yunnan*. Soul Care Publishing, 1908, pp. 6-7.

④ Reginald Fleming Johnston. *Lion and Dragon in Northern China*. Nabu Press, 1910, p. 392.

⑤ Reginald Fleming Johnston. *Buddhist China*. Soul Care Publishing, 1913, pp. 148、166、268.

⑥ Reginald Fleming Johnston. *Confucianism and Modern China*, Cambridge University Press, 2014, p. 245.

（一）《山东评论》

铁路线从济南府向南延伸到大约50英里的地方再向东稍微迂回一点就进入了泰安。这是铁路线绕过山脉的最短距离，那里坐落着被称为圣山的泰山。然后，铁路将向西南方向转向汶河。这条河在旱季是一条微不足道的河流，但在5月和10月之间又宽阔而湍流不息。河床大约有1英里宽，大部分是由软泥和沙粒组成，稍有不慎就会陷进去发生危险。所以，桥梁在某种程度上讲是一项充满智慧的工程。

（二）《从北京到曼德勒》

我在中国居住期间有机会在远东其他地区进行旅游，无论是与公务相关还是休假。在中国，我去过广东、广西、江西和山东省的内地。1904年，我途经胶州和山东省的省会济南府，前往小镇曲阜，瞻仰孔子墓，受到孔公的款待。据说孔公是大圣人的第七十六代直系传人；同时，我还登上了著名的圣地泰山。据说公元前3000年，舜帝曾在那里祭天。

（三）《华北的狮子和龙》

崇拜上天的原始崇拜者们自然地认为，他们爬得越高，就越接近他们的上帝，献祭就越能被接受。随着时间的推移，人们一开始挑选出四座山后来又增加到五座山来实现自己的信仰，也是为了帝国的神圣祭祀。而这五座山（五岳[①]）每年都有无数朝圣者去崇拜和祭祀，从古至今，一直如此。

（四）《佛教中国》

在中国佛教史上占有突出地位的圣山和寺庙中，值得一提的有江苏的焦山、金山、宝华山，广东的罗浮山，江西的庐山，浙江的禹王山、天目山，福建的鼓山，陕西的终南山，湖南的南岳，直隶西的妙峰山、上房山等山峰，河南的少林寺、少室山，浙江的国清寺和杭州西湖上的寺庙；山东泰山西北部的灵岩寺。

（第148页）

尽管朝圣活动在中国很受欢迎，但佛教徒和道教人士都承认，一个人既可以待在家里，也可以跋山涉水去敬拜神灵。许多不出名的小道观，会在门户上方写这样的铭文：何必舍近求远寻找神灵？在这里，靠近你自己门口的就是泰山！这和许多类似的说法（佛教和道教）一样，每个寺庙或寺院都是

① 五岳是指山东的泰山、山西的恒山、河南的嵩山、陕西的华山和湖南的南岳衡山，山上的神灵被称为大帝。就文学和传统而言，最著名的是泰山，最受欢迎的是南岳（从我自己观察到的在朝圣季节崇拜者的数量来看）；最美丽的也是最陡峭是华山——当从河南府到西安府修好铁路后，华山将成为欧洲游客的麦加。

或等同于圣山。

（第166页）

北方的寺庙会把天后供奉在入口的神龛内，在福泉神庙则是供奉在前面的大殿内。后者靠近陆地，靠近它的位置还有一座寺庙（广福寺），里面供奉着另一位道教神灵关帝，也就是人们熟悉的“战神”关公，被中国佛教徒视为精神上的护法，或者信仰的保护神。还有的说，盛行的道教还有其他的女神，她们在功能上几乎等同天后；而且，她们确实可以被视为当地的象征，比如被熟知的女神碧霞元君或称为娘娘，对其崇拜的中心是山东的圣山泰山。

（第268页）

（五）《儒学与现代中国》

1913年，他（狄更生）和他的朋友叶慈[①]博士一起从北京到山东。叶慈现在是伦敦大学中国文化与考古学专业的教授。我恰好在泰山北麓遇到他们，并得以在那段朝圣的盘道上和他们一起待了一天。泰山作为中国圣山中最神圣的一座，历久弥新，被奉为宗教的、艺术的和诗意的传统圣地。我们在山谷里一条小溪边的一个小亭子里度过了下午，这里数百年来深受中国诗人、艺术家、隐士和圣贤的喜爱。狄更生的传记告诉我们，“在泰山，他的感觉肯定是宗教的”，这次泰山之旅是“他的灵魂在中国旅行”[②]。他自己对这次访问的描述发表在他的书《观感》[③]上，最后结尾处是这样写的：“西方总谈论着去文明中国，难道不是中国能够文明西方吗！”

（第245页）

短评

庄士敦在华32年，是一位汉学功底深厚的学者。从1898年踏上中国土地起，他广泛涉猎中国传统文化，阅读经史子集、诗词歌赋，跋山涉水行走在中华大地上，探索和发现中国传统文化的遗存遗迹，体会各地的风俗民情，对中国的儒家文化和佛教哲学极其推崇。通过其作品对泰山文化的描述可窥一斑。

1905年《山东评论》中在描述胶济铁路时仅提到泰山圣山之名，更多介绍了汶河。1908年《从北京到曼德勒》中作者亲自登山，介绍了泰山地位的

---

① 叶慈（Walter Perceval Yetts，1878～1957），英国著名医生、建筑史学家、艺术史学家、汉学家，对中国建筑艺术影响深远。详见王敏颖：《从叶慈到中国近代建筑史学方法——19、20世纪之交到1930》，2006年中国近代建筑史国际研讨会论文，广西北海，2006年。

② E. M. Forster's Goldsworthy Lowes Dickinson, London: I934, pp. 149-50.

③ G. Lowes Dickinson. Appearances: Being Notes of Travel, East and West. London & Toronto J. M. Dent & Sons Limited; New York: Doubleday, Page & Co. , 1914. pp. 87-93.

渊源。1910年《华北的狮和龙》中更多地从历史的角度论述山脉崇拜的渊源以及五岳被尊奉的根本原因。1913年《佛教中国》中更多地在论述佛教在中国的存在现状、历史原因和著名的佛教山脉。这些地方庄士敦信手拈来，足见其对这些著名山脉、寺庙的钟爱。作者说"每个寺庙和寺院都是或等同于泰山"，足见泰山的影响力一直都是独一无二的。然后又提到碧霞元君与天后的关系，甚至其作用等同天后，是泰山的主要信仰中心。看得出庄士敦对于泰山与泰山信仰已经完全了然。《儒学与现代中国》一段记载取材自他1913年随狄更生、叶慈游历泰山的见闻和感悟。不难看出，他们对泰山的推崇到了极点，"泰山作为中国圣山中最神圣的一座，历久弥新，被奉为宗教的、艺术的和诗意的传统圣地。……这里数百年来深受中国诗人、艺术家，隐士和圣贤的喜爱"。同时也能看出，庄士敦与狄更生在认识上有共鸣：泰山是灵魂去处，中国有深厚的文明，足以屹立东方。狄更生后续发表的《观感》更是对泰山和中国传统文化给予极大程度称赞和推崇。

庄士敦对中国传统文化的热爱和专注也为泰山文化的传播铺就了一条中西文化交流的大道。近代对庄士敦的研究中也会出现泰山的身影，比如艾丽(Shiona Airlie)在2012年出版的书籍《苏格兰裔满大人》，就有对庄士敦的全面介绍，其中就包括庄士敦登泰山的所见所感，以及其后来希望重登泰山的愿望。

十二、彭安多[①]《泰山及国家祭祀》[②]

彭安多1901年和1903年两次游历泰山。1903年携鲁南地区主教诺因(P. Noyen)同游泰山后，于1906年出版德语著作《泰山及国家祭祀》。这部著作共5章，有35幅图片，图片大多来自诺因的拍摄。每一章节都配有图片说明和文字描述：先是将山东、泰山和碧霞元君的总体概念印象逐一介绍，然后记录泰安府、岱庙，接着是登泰山，将山上的每一个知名的环节都进行讲述，并且还引用经典史书追根溯源。这部作品是最早研究泰山且比较细致、全面的专著了，值得反复研读。篇幅所限此处不再赘列了。

① 彭安多(Albert Tschepe，1844～1912)，清末至民国初期在江苏无锡、泰州布道的德国天主教神父。《泰山与国家祭祀》一书于1906年出版第一版，这是关于泰山研究的第一部专著。

② Albert Tschepe, *Der T'ai schan und seine Kultstätten*, Jentschou Fu Druck Und Verlag Der Katholischen Mission, 1906.

十三、《中国研究》[①]上的泰山

1907年美国地质学家维理士[②]和布莱克韦尔德[③]编著的《中国研究》(*Research in China*)是基于二人1903年考察中国地理地质后的著作，在李希霍芬研究中国地质的基础上又提出了新的观点和研究成果，比如“泰山杂岩”(Taishan Complex)的说法。《中国研究》共分为三卷，第一卷第一部分是由维理士等共同完成；第二、三章是由布莱克韦尔德完成；第四章由维理士完成；第一卷第二部分第十六章由布莱克韦尔德完。这些章节均含有“泰山杂岩”的详细信息。布莱克韦尔德第二章简介中提到，在山东旅行途中我们看到一些区别性明显的地层，从前寒武纪到现在。前寒武纪是一个大系统，我们称之为“泰山杂岩”。这一术语首次被提出并在山东乃至中国的地质构造中占据重要的地位。维理士一行研究丰富，比如他在第一卷第四章(第77页)提出泰山的“山顶像一个巨大的新月形，顶点指向南方，北方是陡峭的山崖，山脊上有深深的裂缝。新月形的南面是一条纵深峡谷，头部深深地陷进山的中心，峡谷之间有一个又尖又窄的起伏。新月形冠本身被深深地划伤了，整个山体都被缩成了一堵墙，墙顶有一座座尖塔，像一座被毁坏的城堡的塔楼”。这一说法还被贝克尔在谈到泰山大龙口时[④]引用：“维理士认为这里曾是亚洲最早的地质年代寒武纪前的地质。现在留下的是山的骨架，曾经跟阿勒山和西奈山一样受到大批信众在某个未知年份的佑护。他的山顶像一个巨大的新月形，顶点指向南方，北方是陡峭的山崖，山脊上有深深的裂缝。整座山体曾经只剩下一面墙的样子，突起的小山峰像是废弃城堡的一个个小尖塔。然而随着风蚀的作用，现在人们只能想象当时的样子了。”

---

① Bailey Willis, Eliot Blackwelder, and R, H. Sargent. *Research in China*, Washington D.C.: Published by the Carnegie Institute of Washington, April, 1907. Vol. 1 Part I chapter II. and III., by Eliot Blackwelder. pp. 19-74; Chapter IV. —Physiography of Shan-tung, By Bailey Willis, pp. 75-83; Vol. 1 Part II Chapter XVI. Rocks from Northern and Central China by Eliot Blackwelder.

② 维理士(Bailey Willis, 1857～1949)，美国地质学家，1903年和布莱克韦尔德受美国卡耐基研究所委托，在鲁中南山地进行地层古生物调查研究，认为泰山一带变质岩以火成岩为主，遂命名为“泰山杂岩”(Taishan Complex)，属太古界。他们还对张夏崮山页岩与炒米店灰岩在内的馒头页岩(馒头山为山名，其山岩被称为馒头页岩)等地层进行划分，称山东中南部奥陶系灰岩为“济南石灰岩”。1907年，他们发表《泰山杂岩》论文，为地质学界所认同。

③ 布莱克韦尔德(Eliot Blackwelder, 1880～1969)，美国地质学家，1922～1945年担任斯坦福大学地质系主任。他于1940年担任美国地质学会主席，1947年至1949年担任美国地震学会主席。

④ Dwight Condo Baker. *T'ai Shan: An Account Of The Sacred Eastern Peak Of China*. The Commercial Press, Limited (Shanghai), 1925, p. 39.

以下摘译自第一卷第二部分第十六章[①]，通过分享这部分内容从而管窥泰山的自然状态。

(一)山东以西

粗略地说，这个地区包括这个省的西部以圣山泰山为中心的周围山区。这里向西，向北延伸至黄河平原。与山东东部区域分开的是一条低洼地带，表层岩石以形成年代较晚的石炭纪松软地层为主。在这一区域内，岩层的构造从最古的前寒武纪岩层到近代的中生代地层遍布，包括火成岩，变质岩和沉积岩。

(第 365 页)

(二)泰山杂岩

以下描述介绍了大多数显著产生于基底前寒武纪系统的火成岩和变质岩差异。[②] 泰山的山坡本身提供了一个绝佳的机会来收集新鲜材料和研究此地岩石之间的相互关系。这周围几乎所有远古岩石暴露的地方都能找到有价值的研究。

(第 365 页)

海拔在 4000 到 5000 英尺之间，即 1200 到 1500 米之间泰山盘道沿线能看到很好的裸露。标本 30 号是在海拔 4200 英尺，即 1260 米处采集的。

(第 366 页)

暗角闪石片麻岩，28 号。——比 29 号或 30 号古老的片麻岩更早期的一个阶段。岩石经常是片状的并逐渐变为角闪石片岩，如 27 号，这个在海拔 4300 英尺即 1300 米，靠近泰山花岗岩盘道的地方采集的样品。这是一块暗绿灰色、隐约呈带状的岩石，其中最突出的成分是一块黑色角闪石，不仅在薄层中，而且在平行于带状的小透镜状结中分布。

黑云母角闪石片岩，27 号。——很明显，刚才描述的角闪石片麻岩的早期基础阶段。30 号标本附近，从位于海拔 4200 英尺，即 1260 米的泰山南坡采集。

(第 368 页)

(三)火成岩花岗岩

泰山杂岩包括多种花岗岩。在张夏地区遍布一种红色岩石，但在泰山

---

① Eliot Blackwelder. *Research in China*, Washington D. C.: Published by the Carnegie Institute of Washington, June, 1907. Vol. 1 Part II Chapter XVI. Rocks from Northern and Central China.

② 李希霍芬提到并简要描述了泰山系统中较为突出的组成成员(*China*, Vol. II, pp. 195-220)。

山体,会伴生几种不同的花岗岩。其中一些被发现侵入片麻岩和角闪石片岩,很可能它们都比那些变质程度更严重的岩石年轻。

红色片麻岩类花岗岩,20号。——红色花岗岩侵入于泰山杂岩较古老的灰色片麻岩和角闪石片岩中。它们在体积上构成了前寒武纪系统的很大一部分,在许多地方广泛暴露。第20号标本,是在距离张夏村正西约2英里,即3公里的峡谷入口附近采集。

一种浅的红棕色花岗岩,片麻岩条带几乎看不见。岩体的结构相当精细。

(第371页)

红色片麻岩类花岗岩,32号。——这是花岗岩中较暗的一种花岗岩,侵入了泰山杂岩中较老的片麻岩和片岩,是在海拔4600英尺,即1400米的泰山盘道附近采集的标本。这块岩石与上一块相似,但细节值得特别注意。

钾长石和钠长石都形成了微斜长石孪晶,这种特征通常只出现在晶体的一部分,而其余部分则保持了原来的特征。

(第372页)

淡黑云母花岗岩,33号——这是泰山花岗岩中较年轻的岩石之一。虽然被认为比片麻岩要年轻,但我们没有关于它与杂岩中其他花岗岩的关系的信息。采集的样本位置大约在32号被采集的峡谷下面400英尺即120米处。

浅绿帘石花岗岩,26号。——这种浅色花岗岩只是泰山杂岩中另一种年轻的岩石。它和其他岩石的关系没有得到令人满意的观察。标本采集于泰山山顶,在孔子庙以西约200英尺即60米处。

(第374页)

黑云母花岗岩,31号——是泰山斜坡上最具特征的岩石之一,但在该省其他地方没有发现。它似乎侵入了古老的片岩和片麻岩,但它是否比红色花岗岩更古老或更年轻尚未确定。它广泛用于唐王朝建造的大楼梯的建造。在海拔4000英尺,海拔1200米,约40英尺,楼梯以西120米处采集的标本。

这是一种中等粒度的新鲜花岗岩,没有带状结构。几种矿物的不同颜色使它具有不寻常并与众不同的外观。在玻璃质石英和长石的背景下,镶嵌着大量闪着光芒的黑云母晶体。

(第375~376页)

绿黑云母花岗岩,25号。——这是最后一个(第三个)代表黑色花岗岩的另一个阶段的岩石。它暴露在泰山山顶的孔庙后面。

总的来说,它与31号非常相似,显然属于同一个岩体。然而,如标本所示,岩石质地较细,不同矿物的对比度较低,长石和黑云母明显腐蚀,整个岩石呈暗绿色。

李希霍芬称之为“震旦系”的深厚的黑色灰岩和页岩系列广泛分布于中国北方。它们的年龄从下寒武纪到中奥陶世不等。在山东，深色石灰岩构成了整个系统的大部分，总厚度约为 4500 英尺，即 1350 米。上层为块状致密灰岩，颜色为棕色或灰色，但下部为鲕粒、砾岩和其他不寻常特征的结构。这些下部石灰岩在某些层位上有灰色和绿色的页岩夹层，下面是一系列红色的页岩和泥土状的石灰岩(馒头山构造)。

(第 377 页)

(四)泰山杂岩(太古代)

片麻岩、片岩、花岗岩、斑岩和其他一些岩石组成了中国东部太古代的岩体。大部分岩体已经腐蚀，我们用过去的认知和目前的方法都无法确定许多岩石的起源。然而，很大一部分显然是由火成岩侵入体组成的，其中一些是中度变质的。在一个例子中，我们只在太古代观察到确确实实的沉积岩，但有一些证据表明，现在分类的各种片麻岩和片岩相似的起源却值得质疑。目前，中国的这些地质现象特别令人感兴趣，因为太古宙直到最近才被认为完全由变质的火成岩构成。

(第 413 页)

短评

1903 年，美国地质学家维理士和布莱克韦尔德受美国卡耐基研究所委托进行地理地质和地层古生物调查研究。他们发现泰山一带变质岩属太古纪以火成岩为主，因此命名为“泰山杂岩”。他们还对张夏崮山页岩与炒米店灰岩在内之馒头页岩(馒头山为长清山名，其山岩被称为馒头页岩)等地层进行划分，称山东中南部奥陶系灰岩为“济南石灰岩”。1907 年，他们发表《泰山杂岩》等论文，并出版两卷《中国研究》，为地质学界所认同。

维理士和布莱克韦尔德对泰山地质的研究，首先得益于李希霍芬前期的地理地质探索，正如维理士在这部书的前言中所述：“李希霍芬男爵通过他的广泛探索和深入研究，为在中国今后的所有地质工作奠定了基础。在从南到北、从东到西的旅程中，他观察了这一广大地区所呈现的地理和地质现象的各个阶段，并深刻而有力地把握了这些问题。他的早期观点，即 1878 年和 1882 年的出版材料，直到 19 世纪最后十年才被质疑，但就像他们现在站在‘中国’一样，并不是所有人都能正确地对待他所取得的进步，跟上科学的步伐。他怀着极大的热情欢迎每一个新的事实，接受每一个得到相当认可的新观点。虽然他可能不采纳，但他会礼貌地调侃一番。我们把 1903～1904 年远征的计划给他看时，得到了他的建议并加以完善。1905 年 3 月，在柏林重聚并与他讨论。我们可以荣幸地说，他热切地期待着这些书的出版，因为他的名字经常出现在这些书中，他急切地寻找真相，希望看到公正可靠的事实或归纳总结呈现出来。我们衷心感谢他对亚洲知识的贡献，我们深深地感激他。"

他们这次中国地质研究之行，尤其是对泰山及周边的地质地理研究产生了深远的影响。1913年，古生物学家卫阁(Charles Doolittle Walcott)在同本期刊《中国研究》的第三卷中提到泰山三叶虫化石问题："在济南南部的泰山，洛伦博士发现了三叶虫的碎片，他将其命名为拖鞋状光颊虫(Lioparia blautoeides)，我将其定义为中寒武世三叶虫组(Anomocarella baucis Walcott)，存在于上寒武纪高密县峰顶附近的石灰石中。"

他们的研究也对世界的地质学术研究带来了深远的影响，泰山杂岩概念一再被提及、认可，泰山地质也因此被广泛关注。1916年，布朗在《印度地理调查报告》中发表题为《萨尔温江和湄公河流域部分地区的地质情况》[①]的文章，记叙了维理士的研究并引用《泰山杂岩》的信息，同时指出云南的太古代岩体和泰山杂岩的太古代岩体一样。1917年，库寿龄在《中国大百科全书》(*Encyclopaedia Sinica*)[②]里面也提到了维理士对泰山岩体的研究："中国与世界其他地区一样，整个沉积层下的太古代岩群由片麻岩和丰富的火成岩侵入体组成。著名的山东泰山就是典型的地区，因此该体系被称为泰山杂岩。毋庸置疑，沉积成因的岩石首先出现在阿尔冈阶。阿尔冈阶由不同类型的片岩和千叶岩组成，与石英岩和大理岩互相侵入。在中国北方，这一变质岩系最早由李希霍芬首先提到，之后由维理士以五台系的名称来描述山西北部的典型地区特征。"(第203页)1922年英文版的《地质学报》(第Z1期)上发表了格拉博[③]的《震旦系》[④]，其中提到了维理士和布莱克韦尔德

---

① Coggin Brown. *Geology of Parts of Salween and Mekong Valleys*. in Records of The Geological Survey of India, 1916. Archean, p. 216.

② Samuel Couling, *Encyclopaedia Sinica*, London: Amen Corner, E. G. Oxford University Press, 1917. 1918年这部作品获得儒莲奖。这部书记录了中国的百科，其中就包括泰山的地理地貌和泰山的历史文化地位。五岳独尊、碧霞元君、玉皇大帝、封禅泰山、秦始皇、宋真宗等相关泰山文化的核心词汇简洁明了显示出作者对泰山文化的不凡造诣。

③ 格拉博(Amadeus W. Grabau, 1870～1946)，法国人，是20世纪世界著名的古生物学家和地质学家。1920年来到中国后，他为中国地质科学的发展作出了不可或缺的贡献。他还关注中国的生物科学。在他的呼吁和鼓励下，北京自然历史学会于1925年成立。这个学会吸引了几乎所有对北京及其他地区的生物科学感兴趣的著名学者，并出版了当时非常重要的刊物《北京自然史公报》。此外，学会还通过定期举办讲座、年会、远足和自然历史奖(国王勋章)等形式，大力推动中国的生物研究。Sun Chengsheng. Amadeus W. Grabau and the Peking Society of Natural History. In Studies in the History of Natural Sciences, 2015-02.

④ Amadeus W Grabau. The Sinian System. in Bulletin of the Geological Society of China, 1922, No. Z1, p. 63.

提出的“泰山杂岩”说法。“在新泰煤田维理士和布莱克韦尔德在太古代岩石(泰山杂岩)上发现了575英尺馒头页岩。”

(第63页)

综上所述,维理士和布莱克韦尔德的“泰山杂岩”研究影响深远,展现了泰山的地质状况,而时隔近十年,卫阁对三叶虫化石的发现和重新命名也是深入泰山地质研究的重要体现。总之,《中国研究》上的泰山信息是外文泰山文献中鲜少关于地质的研究话题。从介绍中可以看出,拥有源远流长历史文化的泰山也无愧于世界地质公园的称号。

十四、阿列克谢耶夫[①]《1907年中国纪行》[②](摘译)

《1907年中国纪行》记载的是阿列克谢耶夫在1907年5月起与其老师、法国汉学家沙畹一起对中国内地进行的文物考古活动。而搜求精美年画,也是此行的一大收获。其中第三章“游历山东”有重要的关于泰山之行的记录。1907年6月15日,沙畹和阿列克谢耶夫经过一段路程后到达泰安府附近,他们第二天来到了灵岩寺,找到了之前沙畹所携带的书中记载过的蒙古碑刻并且拓了下来。他们非常兴奋,作者认为“得以拯救了这个有珍贵科学价值的东西”,之后这块石碑就被沙畹记录下来。他们1907年6月17日在泰城参观了各大庙宇,比如岱庙。在岱庙,大量的石碑石刻、大殿的壁画和道士们呈现给他们看的温凉玉都让他们叹为观止,作者还买了张天师的年画。6月19～20日,他们用两天的时间登上了泰山并夜宿泰山顶的玉帝观内。登山途中,他们看到许许多多的庙宇,里面都供奉着各路神灵。他们开始思考为什么寺庙内会供奉那么多属于不同教派的神灵?再加上那么多的石碑石刻、爱身崖等场所,这些都让他们感慨、思索,泰山之行获益匪浅,说明了一个道理:人类宗教赖以存在的理由非常简单,并且这些需要用来警告那些喜欢擅自下结论的汉学家们。6月22日,他们参观了万寿宫、“高小”私塾和美国人开办的医院。6月23日,参观了供奉佛祖母亲的小庙孔雀庵里,在那里看到像老和尚一样的尼姑。之后又参观了供奉碧霞元君的梳妆楼。6月24日,他们上了蒿里山,参观了净心寺、普照寺。6月25日,离开泰安赴

---

① 阿列克谢耶夫(1881～1951),俄苏时期最著名的东方学家、现代俄国汉学奠基人,在俄国汉学界首次提出中国文明是世界文化进程不可分割的组成部分。1902年,毕业于彼得堡大学东方系,毕生倾心于中国传统文化的研究。1906年起,他曾数次来华,搜集到各色年画、木版以及大量民俗学资料。他虚心求教于中国学者,为年画配上了说明文字阐发其寓意。1926年,当选为苏联科学院院士,长期主持苏联东方学研究所中国研究室,是苏联这一领域的领军人物。

② [苏]阿列克谢耶夫:《1907年中国纪行》,阎国栋等译,云南人民出版社2001年版。原书是1958年由苏联东方文学出版社出版,本章节引用选自这本汉译书籍,特此致谢。

曲阜。

从接近泰山、参观寺庙、爬泰山，宿泰山顶寺庙、游览泰山寺庙、泰城内游历寺庙等等这一切充满学术味道的游历显示出了二人的与众不同，正如作者提到的："经常与沙畹就我们共同感兴趣的中国问题交谈使我受益匪浅。沙畹的考古学知识令人惊讶。他的这次考察是第一次按照科学的原则组织的汉学考察。毋庸赘言，此次考察活动最终将改变在中国旅行只是传教士和使节的特权这一事实，结束被动猜度的欧洲人游历中国后所写的大量'游记'(准确来说是游荡)中描写的中国之谜的历史。科学热情变成了一种要搜罗尽所有资料的不可遏制的欲望，从地方性的考古和地理文献，一直到民族学的文献和资料，欲罢不能。"作者和沙畹每到一处都是在进行文化探索，他们拓片、购买年画，观察寺庙供奉的神灵而引发思考：几乎在所有的庙里都能发现"三教"(儒教、道教和佛教)完全混杂在一起的混乱现象。中国的宗教可以容忍这种毫无逻辑的秩序。

同样，沙畹在这次考察中也收获颇多，并于1910年出版著名的法语作品《泰山》(*Le T'ai Chan*①)。这次考察的意义是无与伦比的，继往开来的，也是对泰山文化研究的扛鼎之作。

十五、宝复礼②《泰山石敢当》③(摘译)

泰山石敢当神在天津非常受欢迎，这是因为其能斩妖除魔、治病救人。这个香会与山东泰山这座圣山紧密联系起来。你经常会看到房子的墙上会嵌入一块刻着"泰山石"或者"泰山之石"④的石头。我曾经站在泰山一侧看到蜂拥的人群上山，一些人磕头跪地从下而上，我问他们为什么这么做？他们回答这是"示好"，也就是获得功德的意思。在他们回去的路上，我又问他们是否成功了，他们心事重重不得不承认他们并未得到想要的。山上的石头被携带到全国各地，很多能在天津找到。泰山的石头寓意能带来力量和好运。全国来看，石头会放在河边，来阻止激流避免河水泛滥；放在交叉路

---

① Chavannes, Édouard (1865～1918). *Le T'ai chan : essai de monographie d'un culte chinois*. Paris: Ernest Leroux, Editeur, Rue Bonaparte, 28, 1910.

② 宝复礼(Frederick Brown, 1860～?)，1860年生于英格兰，1883年抵达中国为英国和外国圣经公会服务。他于1886年与妻子Agnes Barker成为美以美会差会华北教区(美以美会是循道宗的一个教派)的一员。1888年10月，加入美以美会长老，随即被任命为天津东门卫斯理礼拜堂的牧师。

③ 原文为"TAI-SHAN-LAO-CHUN"，根据下文，这里主要介绍的是泰山石敢当。从作者的角度来讲，"敢当"是泰山极顶上的神仙，因此这里意译成"泰山石敢当"。本段文字选自*Religions In Tianjin*(1908)

④ 这里应该是"泰山石敢当"。英文原文是"Tai-Shan-Shih or Stones from TaiShan"，显然这是作者的意译。

口面对大门入口处和私宅处。石头尺寸大小不一、形状各异、样式万千。它们头上都是巨人的形象，下面是泰山石。中国人说没有邪恶的鬼魂能通过这个巨人，它保卫着住房、交叉路口和湍急的河流。这种迷信的起源是这样的——泰山极顶之上（中国的五岳之一）有位能除妖魔的神仙叫敢当。从泰山带回的任何石头只要上面刻有敢当的形象就能抵挡妖魔鬼怪，还能去除疾病。

（第 7～8 页）

短评

本段的译介价值在于介绍了石敢当，而且从天津的背景中介绍石敢当信仰，这能侧面说明石敢当的传播范围和认知情形。泰山文化（信仰）是一个整体的概念，其下包括碧霞元君信仰文化、东岳大帝信仰文化等道教文化，也包括丰都、地狱等佛教文化，还有与孔子相关的望吴门马等儒家思想。除此以外，还有歌颂英雄豪杰，赋予灵石以能力来庇护百姓的故事。所以泰山是吉祥之山，不仅能带来好运，还能保家卫国。

很显然，作者对石敢当也并未进行考证，所以理解为“岱顶能斩妖除魔的神仙”。编者推断，作者将岱顶碧霞元君和人们传说的石敢当混作一谈了。然而，作者对石敢当的作用倒是表达尽然，这也是石敢当精神的重要表现——斩妖除魔。至于石敢当是否有祛除疾病的历史记录，这一认识还需进一步考证。

总之，能注意到石敢当，并能将泰山文化纳入天津的宗教习俗角度思考，作者对泰山文化（信仰）也是有所贡献的。但是将这种文化信仰当作迷信就是作者认识的局限性了。

十六、肯恩与泰山

肯恩（Albert Kahn，1860～1940），法国银行家，他用摄影和胶卷的方式周游世界，记录世界的变迁。他于 1908～1909 及 1912～1913 年两度来到中国拍摄，其中一部分作品就是关于泰山的彩色照片。现今在岱庙的宣传画廊里的绝大多数照片资料是肯恩博物馆（Musée départemental Albert-Kahn）将其作品赠送给泰安市博物馆（岱庙）的。这是迄今人们能够找到的最早的彩色照片，使得 20 世纪初的泰山模样变得触目可及（见图 3-3）。

图 3-3 肯恩博物馆赠送的泰山部分彩色照片(肯恩摄)

十七、《字林西报》中的泰山的朝圣客[①]

山东泰安府 (1909 年)6 月 26 日

据我所知,泰安府是而且一直是因泰山而存在。可能这样说会更好些:泰安一年中头三个月是最有活力的,接下来的九个月都是在前三个月朝圣后三个月期望的基础上度过的。在朝圣季,接连不断的朝圣客就如流水般汇聚到城里,他们来自全省各地甚至更远的地方——有的需要在路上花费一个多月甚至更长的时间。朝圣客们:富人、穷人、上年纪的人、年轻人、盲人、残疾人、病人;有的骑驴,有的骑马,有的步行,有的坐车,有的坐轿,有的坐手推车。无论是谁,无论从哪里来,泰安府都从形式上和实质上热情地张开双臂欢迎朝圣客们,当他们将带的银两都花费一空,又热情地欢送他们——很伤感,如果觉得朝圣不是那么明智的话。

今年的朝圣季早些时候就结束了,因为从北京城派来官员"封山",并且将他自己在城里祭祀的岱庙和山上的寺庙分开了。这样朝圣季就结束了:玩具商铺都关闭了,岱庙也关上了大门,庙里的摊位也都取缔了,泰安城又恢复了沉睡状态,直到第二年朝圣客们再回来才会苏醒。

① 节选自《字林西报》1909 年 7 月 13 日。记叙的是作者 1909 年 6 月 26 日登泰山的所见所感。原文未标明作者。

(一)值得研究的地方

这种每年一度的京城官员到访到的岱庙祭祀如同之前的朝廷泰山祭祀一样非常有趣。我们再来看看这古老而又宏伟的祭祀,它在耶稣诞生之前就已经存在了——有人说两千年前或者更早——皇帝们的造访将泰山与都城紧密连接起来。有没有这种可能,在某种程度上,泰山祭祀与北京古代祭祀遥相呼应、密切相关?我不知道是否有人花了很多时间和精力在泰山历史和泰山崇拜中。有一些零星的记录是偶尔关于泰山祭祀的,但是,我相信全面系统论述古代泰山和城里的岱庙与山脉崇拜之间关系的研究直到现在都是没有尝试过的。这块地域是多么广阔!如果有人能具备足够的汉语、汉字学问,这对一个真正的古文物研究学者来说该是一项多么有趣的工作啊!自己就能懂得,谁还会在乎去寺庙或者山上游览观看。

这样一项工作,如果由一个具备端正的思想的合适的人来完成的话,将会给古代中国的宗教研究带来曙光,也将证实最原始的兴趣应该是那些日常生活和宗教形式、宗教信仰密不可分的中国人。

(二)旧秩序已经转变

朝圣客的数量每年都在减少。每年有1万人左右经盘路上山,有的走上去,有的被抬上去。盘路在一些时候是要被关闭的。朝圣客的数量在之前一些年会更多,虽然不像当地的信众那样多。风俗也在悄悄发生变化:之前在山顶的大寺庙祭祀时会有数量众多的衣服、扇子、鞋子,事实上只要有价值的东西都会献祭给寺庙,而地面上会堆积厚达四指深的铜板、银圆和其他的祭祀用品。现在来讲,只需要给钱,而且每年都在减少。中国人自己告诉我,他们对过去的迷信和信仰开始失去信任。西方知识和文学的流行、基督教的传播减弱了人们旧有的信仰。他们开始渐渐将泰山作为历史的遗迹、陈旧的过去而不是当代的精神来崇尚和尊敬。毫无疑问,还有人相信这陈旧的信仰的力量。我曾经见到七个盲人在盘路上摸索着爬山,一位80多岁的老太太在两位年纪稍微年轻点的老太太的搀扶下,一步一步近乎是爬在这6799级台阶上。我不知道她们在路上花了多长时间,但是她们所做的和众人一年又一年所做的毫无差异。我们不能说她们没有信仰,但是毫无疑问,即使在中国,“旧有的秩序改变了”。

(三)过去的教训

这座山信仰的起源是什么呢?什么时候开始的?起初的形式是什么样子的?不要跟我说这延续了4000年的信仰并没有坚实的基础,仅仅是低级的迷信和当代人看起来奇怪的信仰。在这信仰之下、悠久年代之后,谁还会说这信仰没有真实依据、萌芽起源、指向世纪久远的光芒？如果虔诚信奉，也将达到历史的节点，让人们以尊敬虔诚之心予以对待而不仅仅是当作中国传统的宗教残余。

但是毫无征兆的是这种信仰以漫游之态堕落而成一种迷信。但是，如果我们可以在历史中穿梭，回到这种信仰的起初状态，我们可以一起为她的再生而努力，让这光照亮我们的路，弥补中国历史书籍中的空白。泰山充满了秘密，她将向谁展开呢？

短评

本节文字选自《字林西报》，其重要性和影响力就不再赘述了。这篇文章肯定了泰山信仰的悠久历史，也注意到了旧有的信仰在发生改变，比如"之前在山顶的大寺庙祭祀时会有数量众多的衣服、扇子、鞋子，事实上只要有价值的东西都会献祭给寺庙，而地面上会堆积厚达四指深的铜板、银圆和其他的祭祀用品。现在来讲，只需要给钱，而且每年都在减少"。看得出来，在20世纪初，人们的思想经历着社会变革的洗礼，也在逐渐转变，开始将泰山作为历史遗迹、陈旧的过去而不是当代的精神来崇尚和尊敬。但是即便如此，泰山信仰并未完全消失成为过去，还有人坚持信仰，比如文中提到的七个盲人和80多岁的老年人登山的现象。源远流长的历史、众多的朝圣香客、每年的朝圣季节，这一切是继往开来的。

从文中也能看出，作者并非第一次登山，而且对泰山和泰山信仰有自己的认识。作者提道："如果有人能具备足够的汉语、汉字学问，这对一个真正的古文物研究学者来说该是一项多么有趣的工作啊！"这一提议恰恰是对泰山文化的期冀，希望泰山文化的研究能成为一门真正的学问，能追本溯源，将泰山研究和古代宗教研究结合在一起，"给古代中国的宗教研究带来曙光，也将证实最原始的兴趣应该是那些日常生活和宗教形式、宗教信仰密不可分的中国人"。

十八、罗约翰[①]笔下的泰山与原始祭祀

(一)《中国原始宗教》[②]

一种奇特的祭祀是向山神和水神献祭。在舜的国家,每一个重要的方向上都有一座引人注目的山,每座山都有自己的主神。还有大河,影响着这个王国的福祉。他们各有各的神灵,这些神灵一直为舜及其后继者所崇拜。这是舜在其都城进行的第三次宏大的祭祀,名为"望"。次年春天,他来到了他的王国的东端,在那里他召集了邻近的官员,向上天献上"柴"或燔祭,向山东西部的泰山献上"望"祭。夏天,他做了类似的南巡,秋天做了类似的西巡,冬天做了类似的北巡,每一次都重复了东方的祭品。在这些巡游结束后的年底,他在祠堂里献祭了一头小牛给他的祖先,每五年他都重复这个过程,可见神灵无处不在,到处都可以崇拜。

(二)《中国人起源》[③]

据记载,在泰山上,汉字的完全进化与最有才智的七十二代国君息息相关,最后一代是周王。

十九、沙畹及其著作《泰山》[④]

沙畹(Emmanuel-èdouard Chavannes,1865~1918),法国人,世界著名的汉学家,被认为是全才的汉学家,精通中国文学、文化。1910 年,他出版了《泰山》一书,被誉为西方汉学经典。沙畹在《泰山》前言中说自己两次登顶泰山:第一次是 1891 年 1 月 24 日;第二次是 1907 年 6 月 21 日。出版的照片均是第二次拍摄的。而 1907 年这次泰山之旅还提到了韦廉臣、伊莎贝拉、柏尔根、安兹、彭安多的泰山游记作品,尤其是称赞了彭安多所拍摄的照片

---

① 罗约翰(John Ross,1842~1915),曾在格拉斯哥大学(Glasgow University)和爱丁堡神学馆(Edinburgh Theological Hall)接受教育。受苏格兰长老会差会派遣到中国东北。他先去了营口,而后来到奉天也就是现在的沈阳市,于 1889 年在此创立了教堂。该教堂取名为"东关教会",由于它建在东门外,又叫"东门教会"。罗约翰在中国期间,有一天,他会见了一位朝鲜商人,便决定把《圣经》翻译成朝鲜文版《圣经》,于 1887 年完成后带到韩国。1910 年,因身体原因回到苏格兰,但是继续帮助苏格兰长老会差会在中国的传教事业。

② John Ross. *The Original Religion of China*. Edinburgh and London Anderson & Ferrier, 1909. pp. 212-213.

③ John Ross. *The Origin of the Chinese People*. Oliphants LD. 100 Princes Street, Edinburgh 21 Paternoster Square, London, E. C. ,1916. p. 115.

④ Ed. Chavannes. *Le T'ai Chan: Essai de Monographie D'Un Culte Chinois*. Paris: Ernest Leroux, Editeur. 1910.

直观描述了泰山，非常有趣。但是从历史和宗教的角度来考虑的话，新的发现还需要从众多的作品里翻译，这也是作者所作的努力。为了完成《泰山》这部作品，他引用了四部主要的泰山作品：《岱览》《泰山志》《泰山县志》和《泰山道里记》。这篇巨著不仅描述了泰山的祭祀场所，还追本溯源将历史和宗教问题与泰山上的祭祀场所紧密联系起来，已经突破了众多的游记作品，属于深度的汉学研究。接下来的一节，白朗沙(C. Blanchet)系统介绍了沙畹的《泰山》一书。后来也多次有作者引用沙畹的研究，比如：慕稼谷[①]在他的《泰山》[②]一书的介绍中提道："我的书完成于1908年，本来都要出版了，但是多谢沙畹教授的指点，我收到一份他所著的令人钦佩至极的书稿复印件，这样我能及时地改正三处错误的日期，一两处小错误并且在脚注中加上一些参考。沙畹教授付出了更大的努力完成了436页的泰山巨著，解释了大部分有趣且有价值的石刻和与泰山相关的宗教记录翻译。这些话题我都没有尝试去阐释，而对于一些描述来讲，我很惶恐我所写的并没有多少新意。"

法思远[③]、库寿龄也在各自的文章中均提到沙畹的贡献。1922年，艾思柯夫人的讲座"东岳泰山"(Tai Shan, the Peak of the East)对泰山地位的形成从上古到明朝进行了历史的梳理，并且提到泰山神的地位也是一步步从历史的发展中奠定的。讲座还引用了歌颂泰山的诗歌和法国作家沙畹对泰山的评价。另外，沙畹1907年这次泰山之行是和他的俄罗斯学生阿列克谢耶夫一起，而后者也在他的《1907年中国纪行》里也提到了这次文化探索，并且他作为俄苏时期最著名的东方学家、现代俄国汉学奠基人，对泰山文化的贡献也不言而喻。所以，泰山在这两位汉学大家的研究中得以以崇高的姿态屹立于世界文化之林。篇幅所限，将另外译介沙畹这本巨著，在此不赘。

除了出版《泰山》这本专著，沙畹还经常在其所担任编辑的《通报》上发表关于中国文化、文学的介绍和评论，其中就有许多关于泰山的信息。1904年《通报》[④]上，沙畹就介绍了安兹的泰山游记；1910年《通报》[⑤]上沙畹还指出了莫友芝在记录《泰山道里记》时将作者"聂钦"写成了"聂钦"的错误，足见

---

① 慕稼谷(George Evans Moule,1828～1912)，英国传教士，中华圣公会华中地区第一任主教。

② "泰山"一章节出现在《皇家亚洲文会北华支会会刊》(Journal of the North-China Branch of the Royal ASIATIC Society,1912)中。作者花了32页论述泰山的历史地位、历史特点和著名遗迹遗存的渊源、故事和内涵。

③ 法思远(Robert Coventry Forsyth,1854～1922)，英国人，1884年来华，直到1911年回国。其间出版了几部著作，其中1912年出版了《中国圣省——山东》(*Shantung, The Sacred Province of China In Some of Its Aspects*)。

④ Henri Cordier. Tung pao, Leiden, E. J. Brill [etc.] 1904, pp. 502-503.

⑤ Ed. Chavannes. T'oung Pao, Second Series, 11, no. 1 (1910): p. 147.

沙畹中国文化造诣之深厚。1911年《宗教史杂志》[①]上刊登了对沙畹《泰山》的全面介绍；同年《通报》上发表了慕阿德[②]教授对沙畹《泰山》第二章的校正[③]。而1912年《通报》[④]上又出现三处引用沙畹《泰山》的信息，分别是：谈到五岳（第49页），关于孔子和荣启期对话（第132页）和公元725年的祭祀（第303页）。而1912年比利时艺术家康巴斯[⑤]发表在《布鲁塞尔皇家考古学会年鉴》[⑥]上的文字，恰恰证明了沙畹的《泰山》一书对欧洲汉学影响之深远。总之，沙畹的泰山研究对世界产生了深远的影响，吸引众多汉学家对泰山展开不同角度的研究。

二十、白朗沙[⑦]评沙畹笔下的著作《泰山》[⑧]

《泰山》，一卷，八章，共有591页。1910年由巴黎拉鲁斯（Ernest Leroux）出版社出版。

沙畹教授刚刚丰富了吉美博物馆历史研究图书馆，能以他的材料和研究方法为基础来整理这份研究报告是一件很幸运和荣耀的事情。

中国的宗教为学者们提供了一个广阔而富有的研究领域。人们已经在那里收获了丰富的知识：中国的名胜古迹宗教体系。高延[⑨]先生似乎没有给后来者带来什么希望。但是，除了全面研究之外，还有一些较小的调查，但对科学却没那么有用。这部作品研究更详细地向我们展示了宗教思想及其跨年龄演变的各个方面；在这些介绍中，宗教思想及其演变的各个方面得到

① Revue de l'histoire des religions, Tome LXIII. NO1. ——Janvier- Fevrier. Paris: Ernest Leroux, Editeur 28, Rue Bonaparte, 1911, pp. 73-77.

② 慕阿德（Arthur Christopher Moule，1873～1957），慕稼谷之子，英国建筑师，剑桥大学三一学院毕业。1918年起潜心汉学，1933年起在剑桥教授文学、史学，是著名的剑桥学者。

③ T'oung Pao, Leiden, E. J. Brill, vol. 12, no. 3, 1911, pp. 425-429.

④ T'oung Pao. Leiden, E. J. Brill. Vol. 13, 1912, pp. 49、132、303.

⑤ 康巴斯（Gisbert Combaz，1869～1941），比利时艺术家、画家、收藏家，任教于布鲁塞尔美术学院，致力于远东艺术史的研究。作者精通中国传统建筑研究，对中国宫殿、皇陵等颇有研究，并由相关著作呈现。

⑥ Annales de la Société d'archéologie de Bruxelles. Mémoires, rapports et documents. Vromant & Co, Imprimeus-Editeur, Rue De La Chapelle, Bruxelles, 1912. pp. 225-258.

⑦ 白朗沙（C. Blanchet）。作者具体信息不详。

⑧ Revue de l'histoire des religions, Tome LXIII. NO1. ——Janvier- Fevrier. Paris: Ernest Leroux, Editeur 28, Rue Bonaparte, 1911, pp. 73-77.

⑨ 高延（Jan Jakob Maria de Groot，1854～1921），荷兰汉学家和宗教史学家。他1854年出生在荷兰，曾先后任教于莱顿大学和柏林洪堡大学，其名著《中国传统宗教体系》（*The Religious System of China, Its Ancient Forms, Evolution, History and Present Aspect, Manners, Customs and Social Institutions Connected Therewith*）影响较大。这部详细并配有精美插图的论著共有两卷。

了显著的体现，其中包含了已经知道的整体事实；摆在我们面前的文献充分证明，宗教思想不会被抛弃。有一天，这些拥有宗教思想的人在宗教史上的活力并不比那些在其时代上有丰功伟绩的人小。

沙畹先生总会为中国山区在宗教方面的重要性所震撼。他运用其审慎的科学态度来解读关于泰山的历史、碑文、民俗资料，两次亲自去中国圣地进行科学考察，为了更好地了解自己的作品，并试图超越文章的范围来理解，“这些看不见的力量将人群引入圣山”。

除了彭安多神父的过于描述性的《泰山》作品，正是这种丰富的文献和那些充满力量的炫目文字，使得沙畹先生的作品具有无与伦比的价值。以下是对部分章节内容的介绍：

第一章：介绍泰山崇拜，并向我们展示了中国山脉的各种自然力量、当地的神灵和伟大的主宰。

泰山或东岳，由于其特殊的职能，在当代宗教和历史上占有显著地位。它不是神显圣并惊吓住牧羊人的西奈山，也不只是一个由天神和众神组成的伟大的奥林匹克，泰山本身就是神，历代王朝都给他赐封不同程度的称号，使他成为官方崇拜祭祀的对象。

泰山神有两项主要职能。它起到一个稳定的作用，防止地震和洪水；它也是管理生育的作用，汇集了繁育生息的力量，能带来收获。

正如皇帝通过其智慧的政府在人中间建立和谐与美德一样，泰山神通过其调节作用，维持了世界的自然秩序。

在这等级大致相等二位之上，是赋予他们权力的天帝；在这两位之下，是等待赐予他们繁荣的人民。泰山指定为人的君主与天帝之间的中间人。很多祈祷都能成真。

但是，中国的五岳都具备这些权限。作为东岳泰山，具有特殊的能力就是统治东方也就是说统治一切生命的起源。

他也掌管着生命消亡之后的未来，是生命结束后的魂归之地；他掌管着人类生存时间的长短。

此外，由于佛教的介入，原来纯粹的泰山崇拜已经成为一种道德。在他所掌管的地狱审判证明了那些在另一个世界应该受到惩罚还是受到奖励的人的道德观念，取决于他们生前的行为是好的还是坏的。

封和禅的牺牲祭祀是古代圣山最庄严的祭拜形式。皇帝在泰山顶筑土为坛向上天传达信息，然后在小山丘社首山上向大地祈祷。沙畹先生翻译了司马迁的《封禅书》，从批判性的角度谈到了这一问题来解释祭祀仪式的细节，这是一个传递信息的过程而不仅仅是祭祀。

值得推究的是泰山和社首山扮演了人类统治者与天帝之间的中间人。

这是泰山的官方祭祀。在民间活动中，他表现得更接近于民众。首先，地狱的审判作用是在民众的想象中发挥着关键的作用。

其次，其他的神明围绕着泰山神引导出一个神灵，让人们通过朝圣或神秘护身符来保证美好愿望能实现的神。

这些次要神明中最有趣的是碧霞元君。她显得相当于泰山神的女儿。上帝以增加一位女神的形式来补充自己的能力，这是妇女参加宗教仪式的致命后果。

第二章：泰山描述，是一个中文的描述，即按照一条特定路线准确列举山区的一切情况，是沙畹先生根据一份中国地图列举的路线。附上的许多照片避免了这种描述的单调性。

第三章：是按时间顺序排列的祭祀：封和禅。

第四章：是各个不同时期的皇帝在向泰山献祭祈祷。

第五章：是关于泰山的主要图文材料。翻译所附的参考资料、文本和文印资料使这三章成为关于这一问题的宝贵资料来源。

第六章：在本章“人民的信仰”中，沙畹先生让民俗部门写了一篇关于圣山民众祭祀的文章，选择了一些最常见的故事，一半是关于生者的世界，一半是关于逝后灵魂的世界。泰山是一个法官掌管着生死大权。他还介绍了一块石头上的道教标志(五岳真形图)和镜子上的刻字[①]。

在五页的结论中，他有条不紊地整合了泰山研究的历史和方法，并将其归纳为整个作品的主体。

作者从泰山的研究出发，向我们展示了中国皇帝和永恒的概念如何导致宗教灵魂的信仰状态：“人们感受到自然的压抑，被迫俯首跪拜。”在解释自然现象时，人以神的存在为前提，不是以某种理由，而是以某种情感存在为先决条件。然后如何发展这个神圣的概念？泰山首先是一个地方力量汇聚之地，一个有限的区域建立起自然力量的霸权；他就像最高的神明上帝和皇帝之间的中间人。在基督教时代开始之际，这个东方之神成为掌管生命的神圣之神。他以人类的特征出现，如同领导一个非常复杂的行政管理系统的高级官员。

后来，在佛教的影响下，他就像成为一个伟大的法官，负责审判正义和不法的行为。

最后，通过妇女参与祭祀，除了泰山神，碧霞元君的个性得到发展。

---

① 指汉泰山仙人镜和汉泰山神人镜。

沙畹先生还说:"这是一个深刻的哲学真理,新的思想已经超越古老的形式并得以留存。"泰山神在岁月中并没有发生根本的变化,但他的特点在每一个阶段都变得更加丰富,越来越像人类。

这部泰山专著尽可能保持内容完整。毫无疑问,这位民俗研究者会带来新的细节问题,这是目前流行的泰山崇拜,但这并不会改变沙畹先生所谈到的神圣宗教概念的演变问题。

作为附录,下面标注:中国古代土地之神。沙畹复述了1901年在《评论》(*Revue*)杂志上发表的一篇论文。以下是其分析:

"土地神是能量之神。"这是一个复杂的分类,从历史的早期阶段起,就出现了"家庭土地之神"和"县土地之神"。在土地之上,是地区和总辖的官方神系列,他们各自有其形式。天子和其他神保护着人民和整个王国。

土地神的祭坛是一个象征着土地的土丘墓冢。在户外筑起,可以吸收所有的大气;一个被征服的王朝的土地神被一座建筑遮盖,从而就会变得不具备神力。新祭坛的兴建标志着土地的占有,为了完成就职典礼,人们预先集合在皇家土地神的墓穴前。

神的崇拜也要求有一棵树,甚至在古代,树本身就是神,聚集了造物主和土地的优良美德。

从汉朝开始,土地神开始被看作是神,从而引起人们的注意。此外,祭祀中,在树和祭坛上有一个石头雕像,形象简陋,充满神秘。土地神的基本功能是保护作物,这对农民来说是最重要的。事实上,他在这个角色中有一个伙伴,就是收获之神。

但这并没有影响他的存在。

作为"阴"原则的一个特征,不仅在农业领域,在其他领域下也是,宇宙中两大主要的和谐原则被破坏:太阳日蚀,黑暗战胜了光明,"阴"过多形成大雨,过少则形成干旱。

在所有这些情况下,人们必须向上帝忏悔,用祭祀来缓解愤怒。

在人类事务中,土地神的作用不亚于自然现象。他主持死亡和惩罚,并经常充当最高司法官员。这样,他必须离祖先祠庙殿近。土地神是严厉的;宗祠充满慈爱。《甘誓》[①]相信这一点:"凡效忠听命、奋不顾身的人,我将在他们先人祠面前赏赐他们,不效忠听命、奋不顾身的人,我将在土地神面前

① "甘"是《尚书》里出现的地名,《甘誓》在《尚书》中是一篇战斗檄文,也被认为是最早的军事誓约。沙畹在原文中用的 La harangue de Kan(p. 477)即指《甘誓》。

将他们处死。”①

这些都是掌管土壤和收获的古代神灵，在祖先的神殿里，他们见证了中国最原始的信仰。这种本地和家庭的崇拜并不能为天地崇拜所掩盖；它仍然是中国宗教思想最深层的基石。

短评

本节选自1911年的法语刊物《宗教史杂志》，作者除介绍了沙畹整个《泰山》作品外，还详细叙述了沙畹附录里关于土地神的论述。

本文作者抓住了沙畹论述泰山文化最核心的内容，那种“这些看不见的力量将人群引入圣山”。细细品味，无论是人们早期山川崇拜中对泰山地位的认可，还是后来对泰山神掌管生死大权能力的心悦诚服，或者后来历代帝王封禅泰山，再或者是百姓追求幸福平安的生活对碧霞元君的追随和信奉，直到附录上提到人们对土地神的敬畏和祭祀，所有的神灵都是人们原始的信仰，是人们思想中最深层的基石。

另外，作者注意到了沙畹作品的几个细节，如五岳真形图、汉代铜镜、《甘誓》等，这些具有典型中国传统文化特点的文化现象至今也着实还能引起人们的注意。

二十一、慕阿德校正沙畹笔下的《泰山》(第二章)

泰山一直在等待欧洲学者的充分研究，而它并没有徒劳地等待。一个自认为熟悉这座山的人怀着最大的兴趣和钦佩读到了沙畹教授的专著。同时，一位最有经验的观察家在两次短暂的游历中，并不能看到和记录所有关于泰山的重要地点。我被要求把这一个或两个小点指出来，用我的经验来纠正或放大沙畹教授的笔记记录。我的话仅限于沙畹教授《泰山》第二章(泰山描述)，绝对不是要评论这本书。

第57页注。关于公元前219年和209年旧碑文的历史并不清楚，但以下几点几乎可以用来代表事实。无论这块石头的原始位置是什么，它都是于1048年在山顶附近的玉女池的“上方”或“以西”发现的。1113年，刘跂做了一次拓片，上面描述的这块石头在《岱览》和《泰山志》中都有详细记载，但并非所有方面都容易理解。但很明显，他发现了222个字符的痕迹，其中146个字符相当清晰。《史记》中保存的独立文本有225个字，但与刘氏的文本非常接近。《金石索》中有刘氏拓本的缩影，共有149个字清晰可辨，作者

① 原文是“……用命赏于祖，弗用命戮于社……”意思是按功行赏，论罪行罚：凡是作战有功的“用命”之士，都将在祖庙受到奖赏；凡是消极怠慢“弗用命”的都将在社坛受杀身之刑。

似乎并不确定其绝对真实性。这两个原始碑文占据了不同长度的22竖行。但到了明末,除了最后4竖行上的29个字外,其余的都被抹去了。从这29个字的拓片中,有两个摹本刻在石头上并保存下来,一个刻在岱庙,一个刻在土地祠上。1814年,岱庙的摹本不见了,但1825年,它似乎被替换了,正如沙畹教授所说,现在被用作学校的小礼堂里可以看到,它建在西墙里。1907年,土地祠的那个摹本仍然保存完好。大约在1815年,在山顶的一口井里或附近发现了两块原始石头的碎片,这两块石头在1740年被大火烧毁。它们最初被放在附近的东岳庙(第72页,第37号)。但大约1832年,它们似乎被带到了岱庙。它们现在位于藏经堂(第148页)前的小庭院中央,镶嵌在一个小小的砖砌建筑中,并由铁栏杆专门保护着。其中一段文字分别来自第19列的“斯臣去疾”和分别在第20列、第21列和第22列的前两个字:昧死、臣请和矣臣。

第64页。La fig.18应该是La fig.19。

第78页第65号。增福庙。这座庙宇靠近快活三里的北面或上面,因此更自然地应该在第60号之前,并且不应该将第66号(二天门)与山脊(第64号)黄岘岭分开。

第79页第66、67、68号。在牌楼或坊上,前两个分别是中天门和伏虎庙,我相信在牌楼的两边都有寺庙,其中一个可能是灵官庙。

第99页第138、139号。每一座古老的祭坛上都有一个巨大的土丘。

第104号。II.4-13(参见第71、72页)。沙畹教授似乎没有注意到,金阙仍然存在,并矗立在这座寺庙里。寺庙里有一个很普通的大厅,东西长约15英尺,不包括悬檐,南北宽约11英尺6英寸,高18英尺。里面是一尊元君铜像:一位女神坐在铜座的黄铜祭台上,在她的两边是三个较小的铜像,每个铜像都立在一个石头基座上。除了这些基座、地板、木制祭坛桌和木制窗格外,整座建筑都是由黄铜和青铜制成的。屋顶的铜砖保留了大量的镀金,而这曾经无疑覆盖了整个建筑。这座建筑物的历史相当模糊。但其在《岱史》“泰山新地图”(约1585)中清楚地标记着,位于岱顶的碧霞宫前院(第70页第35号)以南的一段长长的台阶脚下。同时还有一块铜碑(第71页1.8),高约14英尺,仍然矗立在碧霞祠的庭院中记录着金阙的历史,其始建于1615年。但是1740年那场大火过后的一段时间(第71页),金阙被挪到山下的泰安府内。一开始被安放在了遥参亭(第126页第219号),后来又挪到了灵应宫(第166号),但我还无法确定两次搬迁的确切日期。也许我们应该得出这样的结论:现存的建筑是1615年建造的,以取代1585年地图上显示的早期建筑。

至于灵应宫正殿的铜像(见第103页,参照第114页),泰安人都知道,这尊铜像是在大约30年前从天书观(第177号)搬到那里的。当时天书观的建筑被拆毁,以便出售木材。沙畹教授参观天书观的时候,看到那里是一座最新的现代建筑风格的官办学校。但在前庭,在醴泉(第178号)旁边,仍然可以看到像比萨塔一样倾斜的小砖塔,由下到上覆盖着精细的铸铁。这个小砖塔是1533年由河南省一个大型的香会组织集资铸造完成。

第110页Ⅱ.9-14。这也许只是一个毫无意义的巧合,但值得一提的是铁将军的形象是由铸铁制成的。

第112页Ⅰ.15(参照第174号)。住在泰安时,我一直知道有小宝塔、文峰塔的山是蒿里山,寺庙建筑所覆盖的山是社首山,但我从来没有调查过这个问题,也没有真正的理由去反驳沙畹教授关于蒿里山和社首山都有寺庙建筑,并且矗立的宝塔还有其他名字的说法。

第139页Ⅰ.14。1531应该是1561。

第315页。如果我可以越过第二章的限制,那就是提醒人们注意公元726年那巨大铭文中的"景"字的形式。已故的夏鸣雷[①]先生在其关于景教碑的著作[《汉学杂编》(*Variétés Sinologiques*)[②]第12号]中指出,他认为,碑刻上"景"字的样式是独特的。据我所知,确切的样式可能仍然是独一无二的,夏鸣雷找不到与之相对应的特殊特征——口和曰的换位——出现在726年铭文的最后一竖行两次,这将在第315页的摹本中看到。尽管我经常看泰山上的碑文,但我没有注意到这一点,并在1910年《皇家亚洲文会北华支会会刊》上重述了夏鸣雷的说法[③]。

(二)沙畹的笔记

由于慕阿德先生给我机会发表评论,我将对我的《泰山》一书中提出两项更正。

第400页第3行。"梦琼"是一个文学上的所指,在《左传》[④]中,一个男人梦见有人给他一块珠玉叫他吃掉;他担心这可能是死亡的预兆;然而,三

---

① 夏鸣雷(H. Havret,1848～1901),著名汉学家、法国耶稣会士,著有《西安府景教碑》。

② 夏鸣雷1892年开始在徐家汇主持出版的丛刊《汉学杂编》。

③ 此处作者所述"景"字书写的独特性,就是"景"字上面的"曰"和下面的"口"是换位的,夏鸣雷认为这是独一无二的特征。确实这样的现象比较独特,是古代碑别字问题,也就是古代在石碑、石刻、摩崖中出现的异体字现象,最早可追溯至宋朝。此处景恰是景字的碑别字。

④ 这里指的是《左传·成公十七年》,原文是:初,声伯梦涉洹,或与己琼瑰,食之,泣而为琼瑰,盈其怀。从而歌之曰:"济洹之水,赠我以琼瑰。归乎!归乎!琼瑰盈吾怀乎!"惧不敢占也。还自郑,壬申,至于狸脤而占之,曰:"余恐死,故不敢占也。今众繁而从余三年矣,无伤也。"言之,之莫而卒。

年来，他没有遇到任何不幸。当他认为可以将梦境告诉别人的时候，那天晚上，他死了。——“梦琼”是指那些注定要死去的人。

第428页。泰山印章[①]倒数第三行是翻译错误，应该是：山精木魅不敢前兮，即山里的精怪树中的恶魔再也不敢接近了。

短评

慕阿德的这篇文章是对沙畹《泰山》作品第二章的校正，但是从文章内容来看无论是沙畹还是慕阿德均对泰山的研究达到了相当深刻的程度。二人不仅亲历泰山，还阅读文献，引经据典。文中慕阿德对秦刻石、金阙等的介绍和考证是非常重要的史料，值得审视。对纪泰山铭上“景”字的研究还引用了夏鸣雷的观点，这样的知识扩展实属难得。不过，夏氏金石最初提出了“景”字的问题，而慕阿德也并未注意到这个字，但是在《皇家亚洲文会北华支会会刊》上提出并分享这个问题，足见汉学家对中国文化的孜孜以求。据了解，这是外文文献首次出现对纪泰山铭的字进行特殊考证，具有极其重要的价值。另外，沙畹在此基础上又对自己作品中“梦琼”引证《左传》，并且对“天仙照鉴”第三行的字进行解释和更正，看得出这均是对泰山文化的深度研究。

泰山因汉学家深入研究的文章而在世界上更广为传播。就像慕阿德所说：“泰山一直在等待欧洲学者的充分研究，而它并没有徒劳地等待。”看得出泰山深厚的文化底蕴深深吸引了汉学家的注意，也必将促进20世纪泰山文化的海外传播。后续的研究也进一步深入开展，比如上一节提到的艾思柯夫人、恩德斯夫人等做的相关实地考察研究、讲座和发表的文章都离不开泰山博大精深的文化。

二十二、柏尔根《一次泰山之旅——古时的朝圣》

这篇1912年发表在《字林西报》上的泰山英文文献与1888年发表在《教务杂志》[②]上的为同一作者和同一内容，在本书第十四节也有译介和评价，不再赘述。值得注意的是，柏尔根的这篇文章影响力较强，经常被用来引用和借鉴，比如贾德森布朗(1904)、沙畹(1910)、艾思柯(1914)等。

---

① 此处指的是《天仙照鉴》印。

② Paul David Bergen. *A Visit to T'ai Shan*. The Chinese Recorder and Missionary Journal. Volume XIX. Shanghai: Presbyterian Mission Press. 1888. pp. 541-546.

二十三、《山东铁路：旅行指南》[①]中的泰山

本部分内容选自1912年德文版《山东铁路：旅行指南》中描述的“泰山”部分，没有标明作者。文中所述，作者的游历本来只限铁路，但是路上遇到两位神父，其中一位来自传说中的泰山脚下、朝圣之乡的泰安府。作者被其说服，决定扩展自己的游历计划，因为神父介绍说山东省最美的地方是泰山、曲阜和邹县，这些才应该是作者最重要的旅行计划。因此，作者随同这位神父来到泰安府。他先是听说了五岳的信息，了解到了五岳独尊的泰山。接着，他们一行来到岱庙，对岱庙的柏树颇感兴趣，感受到一种严肃、大气的氛围，并追溯到汉武帝在岱庙种植柏树的历史。接着，作者一行开始登山，遇到许多香客，沿着古代帝王的脚步走在盘路上寻找梦中的幸福，接近天堂，这使得作者感到尤其神圣。路途中遇到五大夫松，作者又介绍了这棵松树和秦始皇之间的渊源。最终登顶泰山后看到数不清的石刻，作者也是感慨万千。作者对碧霞祠里的香客感到同情，她们虔诚地向信仰的慈祥女神祈祷减轻父母的痛苦、带给孩子健康和祝愿家庭幸福。作者还注意到碧霞祠两边柱子上的铭文“碧落高居金台传妙诀，苍生溥佑木德仰慈恩”。一番感慨之后，作者又注意到探海石、孔子小天下处，还讲述了瞭望吴门马的故事。

看得出，作者游历泰山之前只闻其名，但是游历过后也是感慨万千，泰山具有悠久的历史，深厚的文化，每年都有香客不远万里来到这里朝拜祭祀，而且人们的诉求非常朴实。另外，大大小小的寺庙、遗迹，包括山上的一草一木都在讲述着动人的故事，这就是泰山的魅力。

二十四、狄更生[②]《观感》中的圣山[③]（摘译）

火车把我们带到泰安府时已是午夜，圆月。我们穿过田野，走进万籁俱寂的小巷。巷子里，露宿街头的人们赤身裸体地躺在地上。我们又穿过一

① *Die Schantung-Eisenbahn und das von ihr erschlossene Gebiet*, eine Reisebeschreibung. Gedruckt bei O. v. Holten. Berlin C., 1912, pp. 195-207.

② 狄更生（Goldsworthy Lowes Dickinson，1862～1932），英国著名哲学家，剑桥大学国王学院终身教习，因出版《中国官员的信札：东方人眼中的西方文明》（1903）而享有国际声誉。发表这部信札时，狄更生并未到过中国，但是表达出对中国文明的尊重与赞赏。1912～1913年，狄更生受到资助到中国游历，于1914年发表《观感》谈论中国及亚洲文明，并且表达了西方文明应该向中国文明学习的思想，这与他之前发表的《信札》观点一致。

③ G. Lowes Dickinson. *Appearances: Being Notes of Travel, East and West*. London & Toronto J. M. Dent & Sons Limited; New York: Doubleday, Page & Co., 1914. pp. 87-93.

面高墙的大门，经过大厅和亭台楼阁，走过树影闪烁的空间，上台阶、下台阶，最后进入一个长着柏树的庭院。我们把床铺在游廊上，醒来时看见树叶映衬着清晨的天空。我们参观了空旷的寺庙和里面的名胜古迹——唐代的铁缸、一块巨大的宋朝石碑，还有据说可以追溯到公元前的树木，乾隆皇帝留下的石刻图案，一个接一个的大殿，还有无数的庭院，荒芜的、杂草丛生的、破败不堪的城墙、大门和塔楼。下午，我们开始攀登泰山。泰山是中国最神圣的山，也许是世界上人们最频繁膜拜的山。根据历史记载，传说中上古的皇帝们在那里祭拜上帝。孔子在公元前6世纪就登上了泰山，他还叹息说他发现自己的祖国如此之小。[①] 公元前3世纪，伟大的秦始皇也曾出现在那里。18世纪的乾隆皇帝在上面的刻字留存也随处可见。3000年以来，数百万谦卑的朝圣者在陡峭狭窄的道路上辛苦攀爬。山很陡，因为没有迂回缓冲，而是沿着一条小河的河床笔直而上，总长大概5000英尺，大部分是石头台阶。最后一段十八盘，像峡谷上撑着一架大梯子，从下面仰视可以看到梯子蜿蜒在险峻的岩石上一直通往山顶的大拱门，足以吓倒最狂热的登山者。我们很高兴至少能在某段路程可以坐着山轿被抬上来，一个美妙的方式！在较低的斜坡上，从一个门到另一个门，从一个庙到另一个庙。被白杨和柳树覆盖的草地与溪流接壤，就像是溪流从一个绿潭流到另一个绿潭。越往上，散落的松树越多。别处是光秃秃的岩石，但是非常美丽，我发现那种形状有特点的石头在中国的山中到处都是。

中国人对这种美特别敏感。一路上，岩石上都刻着铭文，记录着这个地方的魅力和神圣。其中有些刻字是皇帝写的，特别是18世纪伟大艺术赞助者乾隆所写。据说，这些刻字是书法和文学作品的典范。事实上，按照中国的标准，他们是相辅相成的。最受欢迎的景点名字就如诗歌：一个亭子叫“凤凰亭”，另一个是“白鹤泉”，一块石头叫“造化钟神秀”，山顶的大门叫“云门”，稍微平缓的石头上写着“三笑处”，平淡无奇，但也不逊色，因为有一些官员，见面喝酒聊天，讲了三个特别有趣的故事，那不是很愉快吗？在我看来是这样，如此特别的中国人！

我们到达山顶前，天黑了。我们在山顶的寺庙里过夜，这里是玉皇顶，祭祀道家的玉皇大帝的寺庙；我们在他的神像和诸神像面前沉睡。但是，直到看到月亮升起，我们才入睡。那是一个巨大的橘色圆盘，从平原上笔直地升起，然后迅速地爬上天空，直到照耀在5000英尺以下的河面上，在昏暗的灰色地带划出一道银光。

---

① 孔子登泰山而小天下的典故。

第二天早晨日出时，我们看到北边和东边是一排排层峦叠嶂的山脉，一直延伸到地平线上，而南边是平原，几十条溪流从山谷中泛着波光，汇入大河。远处可以俯瞰到一座山的全貌，那里是千年前伟大的唐朝诗人李太白和五位同伴一起喝酒作诗的地方。一直以来，他们被称为“竹溪六逸”；此时我想，晨曦应该依然照耀着他们畅谈诗歌的地方。我们在山上度过了一天，随着时间的流逝，越来越感觉它是一个神圣的地方。因哪位神而神圣？这是比任何一个神圣的地方都更难回答的问题，因为这里有多少崇拜者的思想就有多少神。这里各种庙宇供奉各种神灵如泰山神、碧霞元君等碧霞元君就是卢克莱修①笔下的维纳斯——“泽被万物，霞光万丈，宛如青天”；有个碑文如此称赞她——这位慈母，给妇女带来子孙后代，给儿童医治病痛。还有庙宇献给北斗，献给青帝，带来绿树成荫；献给祥云，献给许多人。在这一切中，难道没有上帝存在的空间吗？如果是这样认为，那就太不应该了。人敬拜泰山的时候，是敬拜磐石？是敬拜那地方的神灵？还是敬拜那无处不在的神灵呢？我们可以肯定的是，正是后者，一些人崇拜时，站在日出的这个地方。玉皇大帝只是个崇拜对象吗？在我们夜宿的寺庙里，有三个由乾隆皇帝立的碑文。它们是这样写的：

生方惟物育，佑国沛神灵。
地灵自是神凭宇
配天作镇

这些与《诗篇》中的语句异曲同工；它们和希伯来语一样充满宗教的虔诚。如果有人反驳说，泰山的众香客是迷信的，那么无论在哪里，礼拜的群众都是迷信的。在任何一个国家，信奉宗教的人都很少。我想，印度是个例外。但我不知道在中国会比其他地方少。因为这种宗教形式，实际上，包括对自然美的崇拜，以及它背后隐藏的华兹华斯式热爱，他们似乎是绝无仅有的上天赋予——对这座山的崇拜，以及中国其他许多类似的山脉的崇拜，庙宇和寺院的选址、石刻碑文、在风景最美的地方建立的小亭子——都证明了这一点。在英国，我们的山丘也许比中国的任何山丘都漂亮。但我们的圣山在哪里？曾经希腊和意大利的那些迷人的神话，现在中国也有，而在我们整个国家，哪里是对自然之爱的外在表达呢？

“伟大的上帝，我宁愿做一个固守陈旧信条的异教徒。站在这片宜人的

① 卢克莱修全名是提图斯·卢克莱修·卡鲁斯（Titus Lucretius Carus，约前99～约前55），罗马共和国末期的诗人和哲学家，以哲理长诗《物性论》（*De Rerum Natura*）著称于世。

草原上,瞥见一些了却孤独的景象。”[①]如果这位来到赤裸世界的诗人出生在中国,他不会发出这样声嘶力竭的呐喊。

这就引出了我最后的反思。当东方人轻蔑地称热爱中国为“亲华”,他们断言中国比现代西方文明得多时,即使是一知半解的西方人也容易怀疑这是不真诚的悖论。也许这些关于泰山的阐释有助于澄清这件事。一个能够如此将自然之美神圣化的民族,是一个对生命的基本价值有着美好感情的民族。他们也许是肮脏的、无组织的、腐败的、无能的,即使这是真的——但是这无关紧要——因为长远来看,这并不是事实。几百年来,他们在物质不够充分的基础上培育了一种伟大文化的上层建筑,而西方在重建经济基础的过程中已经破坏了这种上层建筑。西方文明,无论它渗透到哪里,都会带来水龙头、下水道和警察;但它也带来了一种丑陋、虚伪和罗马帝国统治下史无前例的庸俗。在中国,看到第一波西学的潮水沿着海岸、河流和铁路线汹涌而来,铺天盖地的广告泡沫、波纹铁皮屋顶、粗俗而毫无意义的建筑形式时,是很可怕的,令人惋惜。在中国,正如我所看到的所有古老文明一样,所有的人类建筑都与自然和谐存在,并装点着自然。在西方,现在建造的一切都是污点。我知道,许多人真诚地认为,这种对美的破坏是一件小事,在一个如此需要下水道和医院的世界里,只有颓废的审美学家才会注意到这一点。我认为这种观点是完全错误的。西方的丑陋是灵魂疾病的症状,这意味着手段已经完全掩盖了人们行为的目的。在中国情况恰恰相反,目的是明确的,尽管手段不够。想想中国人为泰山做的一切,再想想一旦西方游客开始大量涌入,西方将做什么。在中国人建造了一条蜿蜒的石阶的地方,从各个角度看都很美,但是欧洲人或美国人却会跑上一条缆车铁路,这将是一道永远无法愈合的疤痕。中国人用精美的书法在石头上刻上优美的诗词,而他们会用广告覆盖岩石山体。中国人从山脚到山顶建造了一系列寺庙,每一座寺庙的设计和布置都使其成为一种新的景观美,而他们会开设餐馆和旅馆,像在自然的优美躯体上划出疮疤。我保证,他们会的,因为他们在任何有可能进行有偿投资的地方都做了这样的事。确实,我也知道,中国人需要我们的科学、我们的组织、我们的医学。但是,仔细想想,这可能要为此付出过高的代价,并且,在获得我们的物质优势的同时,他们可能会失去我们已经接近失去的东西,即作为精神生活形式之一的美好而敏感的文化,这是危言耸听吗?西方总谈论要文明中国,难道不是中国在文明西方吗!

---

① 引自华兹华斯(William Wordsworth,1770～1850)的十四行诗《尘世诱惑甚多》(*The World Is Too Much With Us*)。

1934 年福斯特对狄更生的回忆录[1]中也记录了这次泰山之行，并进一步阐释了狄更生的文明观点：狄更生的这次泰山之行被称为"他的中国的灵魂之旅"(soul of his visit to China)，这次是去孔子家乡的"朝圣之旅"。他和叶慈博士于6月17日离京，两天后开始攀登圣山泰山。黄昏时分他们到了山顶。他们睡在一座寺庙里，看到了满月和日出，第二天就四处闲逛。被山的美丽、清新和古老感动，他再一次感受到了景色带给他的强烈的感官冲击。米斯特拉[2]让他开始对话，优胜美地[3]激发了他诠释美国的想法。在泰山，他的感情绝对是宗教性的。他渴望崇拜，就像之前成千上万的朝圣者一样。崇拜谁或什么？他在《观感》一书中讨论了这个问题。给韦伯夫人[4]的信中，他写道："两只布谷鸟在山中鸣叫，层峦叠嶂的山上光秃秃的，阳光照耀下又灰灰绿绿的。我躺在中国最神圣的山顶上，据说，这里的神已经被崇拜了四千年；当然，就在这里，孔子来过，一个又一个皇帝接踵而至，朝圣者络绎不绝。一条盘道两旁种满柏树，一直延伸至山顶。我们夜宿在寺庙里，道教的神像注视着我们入睡。日出时还能看到远处平原上的满月。每天都被震撼，我想和你交谈，但是却难以言语，所以我记下来告诉你。"

福斯特也曾评论道："如果狄更生出访美国是为了自我发展，去印度是出于好奇，那么去中国却大不相同，他是作为一个热爱者去接近中国的。多年来，他一直在一个充满幻想的世界里敬拜着她。中国从来没有辜负过他，她作为一个正派的人坚定地站在那里。当他为她哀悼时，并不是因为她让他失望，而是因为在过去的几年里，他不得不看到她被欧洲的暴力和粗俗摧毁，她的命运似乎是人类命运的缩影。如果中国能够被拯救，他甚至会相信人文主义是坚不可摧的。他的热爱是客观的热爱，并没有因为私人关系渲染这种热爱，虽然他与许多中国人成了朋友。这是他源自内心的同情心和智慧上的亲和力。"他曾经在一所暑期学校里逗学生们说："我和你们谈中国，不是因为我了解中国，也不是因为我到过中国，而是因为我曾经就是个中国人。"

短评

狄更生的泰山之行表达了以下观点：

首先，泰山是自然美与人类和谐相处的典范。他描述盘道蜿蜒的美就

---

① E. M. Forster. *Goldsworthy Lowes Dickinson*. London: 1934, pp. 141-142、149-150.

② 古希腊地名。

③ 优胜美地国家公园(Yosemite National Park)，美国国家公园，位于美国西部加利福尼亚州，内华达山脉西麓，占地面积约 1100 平方英里。

④ Mrs. Webb，狄更生的好友。

像一架梯子，被白杨和柳树覆盖的草地与溪流接壤就像是溪流从一个绿潭流到另一个绿潭，光秃秃的岩石却非常美丽。他感叹山轿是一种美妙的方式，赞叹诸如“白鹤泉”“云门”“三笑处”这些最受欢迎的景点名字就如诗歌。他入睡前看到月亮就如橘色的大圆盘从平原上笔直地升起，然后迅速地爬上天空，直至照耀到河面上。日出时，他看到层峦叠嶂的山脉和波光粼粼汇入大河的溪流，还能俯瞰到远处李白等“竹溪六逸”喝酒畅谈诗歌的地方。在他看来，中国人是非常特别的，人和自然是和谐相处的。人们在泰山上所建的寺庙、刻的碑文、立的石碑、在风景最美的地方建立的小亭子都是有意义的，正如他所说：“在中国，正如我所看到的所有古老文明中一样，所有的人类建筑都与自然和谐存在，并装点着自然。”

其次，对狄更生而言，泰山是神圣的。其神圣性来自传说中上古的皇帝们在那里祭拜上天；公元前6世纪孔子登泰山小天下；公元前3世纪，伟大的秦始皇的造访；18世纪的乾隆皇帝在上面刻字留存；3000年来，数百万谦卑的朝圣者辛苦地攀爬。泰山不仅是中国最神圣的山，也可能是世界上人们最频繁膜拜的山。泰山的神圣与其悠久的历史息息相关，但是泰山因哪位神而神圣却非常难以回答，因为泰山上有多少崇拜者的思想就有多少神。各种庙宇供奉各种神灵：泰山神、碧霞元君、北斗、青帝，等等。人们对泰山的神圣性的崇拜是充满宗教性的虔诚，而这种虔诚与其对自然美的崇拜是一致的，是隐藏的华兹华斯式热爱，也是绝无仅有的上天所赐。因为对这座山的崇拜，很多人文景观建筑就有了相应的内涵，比如庙宇的选址、石刻碑文、在风景最美的地方建立的小亭子总会充满迷人的神话特点。

狄更生所感受到的泰山神圣在庄士敦的作品《儒学与现代中国》(第245页)中也有体现：“1913年他(狄更生)与好友叶慈博士游历泰山，我恰好在泰山遇到他们，并得以在那段朝圣的盘道上和他们一起待了一天。泰山作为中国圣山中最神圣的一座山，历久弥新，被奉为宗教的、艺术的和诗意的传统圣地。我们在山谷中一条小溪边的一个小亭子里度过了下午，这里数百年来深受中国诗人、艺术家、隐士和圣贤的喜爱。”

另外，泰山是中国文明的缩影。泰山之行是狄更生的“灵魂在中国旅行”，他开始更深刻地反思中西方文明。他认为，西方文明在发展利益至上的物质文明时，上层建筑的文化传统已经消失殆尽。他痛心疾首西方文明的症结，却又不由得担忧中国文明，若是欧美人士蜂拥进入泰山会造成怎样的现状。他认为，中国人在泰山建造了一条蜿蜒的石阶，从各个角度看都很美，但是欧洲人或美国人却会跑上一条缆车铁路，形成一道永远无法愈合的疤痕；中国人用精美的书法在石头上刻上优美的诗词，而欧美人会用广告覆盖岩石山体;中国人从山脚到山顶建造了一系列寺庙,每一座寺庙的设计和布置都使其成为一种新的景观美,而他们会开设餐馆和旅馆,像在自然的优美躯体上划出疮疤。之所以会这样认为,是因为欧美人在任何有可能进行有偿投资的地方都做了这样的事。狄更生在痛斥现代科技带给传统文化的创伤和疤痕,虽然他明白当时的中国需要科技和现代医学,但是牺牲优质的传统文化去换取这一切确实是过高的代价,这并非危言耸听。

这次泰山之行以及对中国文明的论述也被徐志摩在其散文《丑西湖》中转述:"狄更生先生有一篇绝妙的文章,是他游泰山以后的感想,他对照西方人的俗与我们的雅,他们的唯利主义与我们的闲暇精神。他说只有中国人才真懂得爱护自然,他们在山水间的点缀是没有一点辜负自然的;实际上他们处处想法子增添自然的美,他们不容许煞风景的事业。他们在山上造路是依着山势回环曲折,铺上本山的石子,就这山道就饶有趣味,他们宁可牺牲一点便利,也不愿牺牲自然的和谐。所以他们造的是妩媚的石径;欧美人来时,不是开马路就是开穿山的电梯。他们在原来的石块上刻上秀美的诗文,漆成古色的青绿,在苔藓间掩映生趣,反之在欧美的山石上只见雪茄烟与各种生意的广告。他们在山林丛密处透出一角寺院的红墙,西方人起的是几层楼嘈杂的旅馆。听人说中国人得效法欧西,我不知道应得自觉虚心做学徒的究竟是谁?这是十五年前狄更生先生来中国时感想的一节。我不知道他现在要是回来看看西湖的成绩,他又有什么妙文来颂扬我们的美德!"这段文字转述鲜明、恰当,符合《观感》中狄更生对中西文明比较的观点,一方面突出了狄更生对中国文明的崇尚、热爱和同情,一方面也表现出担忧。

《观感》中,狄更生对中西文明的论断与他之前发表的《信札》吻合起来。他虽然没到达过中国但却以一个中国人自居,来描述自己的光辉灿烂的文化。就像这次泰山之旅后,他最后结尾处是这样写的:"西方总谈论着去文明中国,难道不是中国能够文明西方吗!"[①]

二十五、艾思柯《字林西报》中的东岳泰山(摘译)

1914 年 4 月 9 日的《字林西报》刊登了这样一则短消息:伯恩先生、皮尔斯先生和艾思柯夫妇离开上海去拜访泰山上的孔子墓。而泰山是泰安府里的圣山。他们是乘坐火车旅行的。

短消息中提及的人物之一艾思柯夫人从此与泰山结下了不解之缘。

---

① Goldsworthy Lowes Dickinson, *Appearance*. London:1934 ,pp. 95-101.

(一)《历史的圣地——东岳泰山》(1917)

今天晚上我要讲述的泰山,不是这座山的整体、寺庙和碑刻,虽然这些都很有趣,但是慕稼谷先生在1912年的《皇家亚洲文会北华支会会刊》上已经描述得非常充分了;我要讲的是泰山神,以及他在中国历史和宗教上的地位;我将尽量唤醒那些崎岖山路上的无数隐秘的神灵。为了欣赏这一主题,我们能不能考虑这样一个问题:在中国历史完美的最早期,中国的宗教和发展的原始信仰是什么,后来变成了什么?

根据罗约翰博士的观点,中国的学者将他们的古代历史分为三个阶段:

首先是上古时期,持续到周朝的崛起;这是一神论时期,他是这样描述的:"我们被引领到一个宗教面前,在这个宗教中,有一位至高无上的上帝,凌驾于天地之上,所有其他的灵魂都服从于他。"①这个至高无上的上帝,至今没有一个形象,也没有代表他的塑像;他曾经在苍穹之下被人们祭拜。这种祭祀仪式由一国首领单独在首都选定的区域筑起祭坛进行。

恐怕是因为这种祭祀形式的遥不可及和庄严肃穆,围绕它又开始了祖先祭祀和下神的祭祀。无论如何,这种祭祀是二元的,是第二阶段或者中古时期的祭祀,一直延续到公元前6世纪。理雅各是这样描述的:"物质的天和地都是上帝的杰作。他们用不同的声音跟人类讲话,但是对他们造物主却用协调一致的却不同的词汇。当我们想到天的时候,我们充满崇敬;我们被感动去尊崇和敬畏他的存在。当我们想到地的时候,我们充满了对他的善意感恩。温柔的感觉进入我们的灵魂,我们愿意爱他,用他的善良来支撑岁月。天对我们来说就是神圣的天帝;地对我们来说就是神圣的安慰。前者告诉我们上帝的力量比父亲更权威;后者告诉我们上帝比母亲更有爱。通过这两种方式,我们上升到上帝面前,作为维持一个权威统治和永远警惕的关怀:进入我们人类存在的祈祷应该包括恐惧和爱,敬畏和感激的元素。这是夏至和冬至时通过最崇拜的祭祀方式所呈现的理想。"

第三阶段被称为"近代",延续到被称之为唯物主义的时代,或者更确切一点是不可知论时代,伴着一些旧有的一神论的回声,影响一直持续到当今。罗博士认为,等级在上帝之下的众神灵等同于我们中世纪的圣人,是人类和上帝之间的媒介。他们的作用可以解释为:有一个至高无上的万能之神在天地之间,如同神灵和人类的最高统治者一样,他就是上帝。地位等级低的神灵不是上帝的对手,而是上帝忠实的管家。上帝分给各个下级神灵

① John Ross, *The original religion of China*, New York: Eaton & Mains; Cincinnati: Jennings & Graham, 1909.

特定的影响力和工作。在其范围内，某位神灵就具有至高无上的权力统治人类，但是他仍然受上帝管辖。他所掌管的职责范围和上帝的意愿是一致的。在完成这些职责的时候，他致力于让人们获得最大的利益。因此，人们不仅会在这个范围内祈求神灵予以帮助，同时这也是神灵的责任来给予帮助。

“有一些神灵是生活在天上，在上帝面前；有一些在苍穹内；还有一些在地上。最低等级的神灵是路神、街道神、地域神、村庄神、省府神、山水神——这些神的等级次第随重要性排列。对于个人来讲，在这些神灵之上，是至高无上的去世的祖先神灵，被认作是上帝最直接的显形形式。”

现在来看，泰山就是这样一个神灵之一，或者说是从属神灵之一。

我们可以读一下舜帝如何在公元前2500年巡狩山东焚柴祭天，并且“望”泰山的。

这位伟大的统治者和他的两位助手所留下的影响就展现在我们面前。先是和尧共同治理国家，后来成了继任者。梅辉立①这样描述舜的早期生活：“舜的父亲在舜的母亲死后又娶了一个妻子，并且生了一个孩子叫象。舜的父亲好像不喜欢舜，就想方设法欲置舜于死地。但是聪明的舜均逃脱了，并且一如既往地孝敬父亲和继母，爱护弟弟——象。

他整日忙碌，耕作在历山。最后舜的孝道得到了报偿：动物鸟雀都自愿帮他耕地播种。舜在雷泽垂钓，在黄河岸边制陶。他的父母和弟弟仍然设法想让他死，放火烧他，在深井中埋他。虽然如此但是舜都奇迹般地活了下来。”

当靠近泰山的时候，另一个特征是圣人孔子给予的提示。这里是他诞生的地方，根据传统记载，这里经常被修缮。山坡上无数的遗迹都是他的记忆，但是离这里向南60英里的地方是一片广阔的平原。其中心地带是曲阜，也是孔子生活和去世的地方。

根据司马迁的记载，对圣山的崇拜之始和对“三皇”即天帝最高的三位神的崇拜时间是一致的。725年，唐玄宗将泰山封为“天齐王”；1008年宋真宗又在原来的基础上加封“仁圣天齐王”。几年以后的1011年，皇帝或上帝的称谓代替了王的称谓，泰山被封为“天齐仁圣帝”。元朝又被加封为“天齐大生圣帝”。最后1370年，明朝洪武皇帝宣布所给的称呼都不足以表达泰山

① 梅辉立(William Frederick Mayers，1831～1878)，英国汉学家。曾在美国担任记者，1859年到中国，对中国历史和文化产生极大兴趣，著有《中国读者手册》(*The Chinese Reader's Manual*，London，1874)。1861年，受聘英国皇家地理学会，也是皇家亚洲文会的成员，1878年因患斑疹伤寒在上海去世。

的无限伟大，所以未来这座圣山就应该叫东岳泰山。这就是今晚我们要学习的题目。

总体来讲，圣山的特点有两类：一方面它傲然屹立，俯视群山，既能阻止河流决堤，也能阻止地震、水灾；另一方面它还能兴云致雨，带来风调雨顺。

这是中国历史和文学上著名的五岳所共有的特点，除此之外，泰山还有其独特的地方。

所处东岳之地，泰山掌管着世界之"阳"，即太阳、光线、能量、万物生命孕育之地。朝圣的香客们向我们展示了泰山神圣的一面：人们应该不断地向泰山祈求直到他感觉到泰山神给了他回应，这似乎不可思议。我们看一眼沙畹教授的精彩作品《泰山：中国的古代神社》就明白了。就像沙畹所述，这种祈愿具有不可估量的价值，揭示了人们所践行的宗教形式不是一个人的追求而是整个民族的夙愿，不是一个时期的产物而是整个历史时代的结晶。这种思想在宋真宗封禅之时的语句中就表达很充分了，内涵可窥一斑："节彼岱岳，岿然东方。庶物伊始，玄感其章。自昔受命，反始穹苍。燔柴于此，七十六王。顾惟寡薄，恭嗣洪猷。乾乾慄慄，虽休勿休。"因此就容易理解1532年嘉靖皇帝向泰山许愿祈求给他一个继承人，到了1538年他果真如愿了。

伟大的洪武皇帝，即明朝的奠基人，也向泰山多次祭祀。在他当皇帝的第十年就派著名的将军李文忠(李氏之墓在南京紫金山山麓，离洪武皇帝墓不远)到泰山祭祀："朕荷上天后土之眷命，蒙神之效灵，以致平群雄，息祸乱，主黔黎于华夏，统控蛮夷，于今十年，中国康宁。"沙畹曾经在脚注中解释"华夏"在原始社会时期就是指的"人"，从那时起这个词就用来区别那些蛮荒地带的野蛮人。1378年，他因五谷丰登对泰山予以谢恩，1395年和1397年他派兵征讨江苏和西南的蛮夷，并且向泰山祈请战事成功"万冀神灵转达上帝"。因为担心自己资格不够，让泰山向上帝转达这一请求。

在所有的关于泰山的"阴暗"面的记录中，有趣的也是与洪武皇帝相关。洪武皇帝的早期生活是众所周知的：放牛娃，饥荒时期他的父母都饿死了，唯一能收尸的东西就是草席。幻想中，父母叫他去佛寺做和尚来存活，他就照做了。但是见习期还没到，城里的骚乱就使他不得不离开，加入郭子兴的队伍。那时候他就展现出了军事才能。1364年，时值36岁，他自称吴王，四年后在南京登基帝位，成为大明朝第一任皇帝。

明朝宫殿留下的废墟就能证明当时的建筑宏伟而又简约的特点。洪武皇帝早年娶了郭子兴的"义女"，后来成为皇后，人称马皇后。引用翟理斯教授的话："历史歌颂她是位温柔、智慧、爱读书、能奉献的妻子。"她不让自己的亲戚享受俸禄，也不满意郭称呼她为“皇后”。她公正地掌管后宫，竭力帮皇帝理顺暴躁的脾气。临终前，皇帝问她最后的愿望是什么，她说：“愿陛下求贤纳谏，有始有终，愿子孙个个贤能，居民安居乐业，江山万年不朽。”洪武皇帝在任何情况下都对马皇后一直百依百顺，听从劝导。

南京明皇陵竖立着洪武皇帝的纪念碑，让人惊讶的是他竟然是一位“乞丐皇帝”。

现在我们得讲一下那些泰山山顶和山脚的著名祭祀了，也就是有名的封天禅地。据说，上古时代的皇帝们就亲自封禅泰山。虽然这是非常久远的历史了，无从知晓，但是公元前 110 年汉武帝封禅泰山并制定了封禅礼乐，这为封禅仪式提供了模式。汉武帝设置“五经博士”，后来又颁布举孝廉制度，而孝廉就发展为后来的举人。汉武帝还是道教的迷信者，因方士李少君声称发现了长生不老药，他听从李少君的建议，派人去找蓬莱仙岛。上林苑是汉武帝时期最壮观的围猎场，很多画家经常以此作画，他在那召集文人和诗人写诗作赋、辩论讲学。这带给他无以言表的快乐。

如果我们仅仅依赖那个时候的史书记载，就觉得我们理解了封禅仪式的话，那我们就进入了一个危险的境地。实际上，这个仪式是秘密进行的，皇帝只带了一位随从[①]陪同封禅，这个随从几天之后就突然暴毙。怪异的肯定是当他们秘密爬上山峰时，这位大王和他忠实的随从所举行的仪式。

那块站在台阶下直通山顶最高峰的石碑——无字碑，或者见证了这次秘密造访，虽然传统都认为无字碑是统一中国的秦始皇所立，就是那个焚书坑儒的皇帝，也是那个建造了人类历史上伟大的工程——长城的皇帝。

这些仪式的目的是向天帝汇报功德、颂扬王朝。因此我们经常发现皇帝第一次被大臣恳请封禅的时候总是拒绝的，因为要想封禅，必须具备四座神坛：

封祀坛：祭天。一座在山脚下，向南 4 里，尺寸不限，一座在山顶，直径 50 英尺（约 1.2 米），高 9 英尺（约 2.7 米）。

当然第二座更重要，山脚下的祭祀神坛可能只是告知神仙要祭祀的事。

禅祀坛：山脚下八角形状的坛，用来祭地。

朝觐坛：是封禅仪式之后，皇帝接受群臣祝贺的地方。

祭坛是什么？封禅仪式的内容是什么？通常的祭祀天地都要柴草，祭天需要点燃柴草而祭地需要掩埋柴草。虽然泰山上有柴草和煤块，但是它们却是次要的。皇帝会感谢天帝的庇佑，因而歌颂前人的功德，祈求上天继

① 这位随从就是霍去病的儿子霍嬗。

续福佑自己统治下的王朝。这些皇帝在封坛和禅坛上所做的宣告会刻在玉石或翡翠之上。这些玉器有1英尺2英寸长、5英寸宽、1英寸厚。当五块放在一起时，厚度就和宽度一样了。然后两侧用2英寸厚的玉板保护。在这些玉板上刻有凹槽，这样金线就会穿过5块玉片而不至于让任何一片脱落。这样形成的玉册放在一个尺寸正好吻合的玉函里。三块方形之一的石板有5英尺长，1英尺宽，玉函随之被放在中间那块石板里面，上面凿有孔径，里面就是珍贵的皇帝上报天帝的信息。接着又有10块石板，3英尺高，1英尺宽，7英寸厚，刻有沟槽，分别放在四面：南向和北向分别放三块；东向和西向分别放两块。接着又用三条金带每条绕五次将整体缠绕保护起来。这样就把整个玉册、玉函、玉板形成一个不可分离的整体，四面又有提供保护的支撑物。它们是12块石头，每个有10英尺长，2英尺宽，1英尺厚，末端也刻着楔形的小孔，来塞入盒子的四角。

在汉朝有18块石板，分别有3英尺高放在石基上，然后埋入地下4英尺。在唐朝，就不再用这样的形式，取而代之的是用泥土覆盖。

这种仪式的重要性是什么？什么时候天子不再通过柴祭或者极度小心的包装埋藏玉册的形式与上帝交流？沙畹给出了以下的推测：

封泰山禅社首山并不仅仅是因为它们的地形特点，更多是因为它们在人和天、人和地之间的最崇高地位。封天时，皇帝会向泰山神吐露所得到的佑护；禅地时，皇帝会向社首山神汇报以便传达给相应的更高级别的神灵。这样，封禅仪式就变得明白易懂了。御制的石碑既不烧掉也不埋起来，而是放置在负责传递信息的这两位神祇处，让这两处代为传递信息，因为石碑能直接向天或者地汇报。

据说，在特殊的时期（历史上在泰山只有四次，一次在奉高），这个仪式异常华丽。

根据一些作家的记载，祭祀在泰山的极顶举行，就是现在玉皇顶的位置。这里与那位和善、慈祥但是特别有才能的皇帝——宋真宗有密切联系。他也是方士的追随者，人们认为泰山根本离不开他。在泰山所留下的“阴影”中，没有谁比他更像是泰山的一部分。他在位期间，许多次“天书”的出现，都被看成天帝和他最直接的交流。圣山的很多处地点也被认为是相应的上天启示所在。真宗授命天书刻于玉碑，埋在泰山侧，并且应该建一座庙宇来纪念这个大事件。天书的事件毫无疑问对他的幻想产生了巨大的影响，因此在1008年，12087位老人从山东出发到都城汴梁请求皇帝举行封禅。同样的封禅请求从各地来报，最后他就同意封禅，并颁布法令：这年十月到泰山举行封禅大典。同时，他派官员向天、地、土地神、作物丰收之神、山神、河神、宗祠、岱岳庙和所有的寺庙宣告此事。

准备工作非常细致、小心，歌舞乐队也都精心挑选，响亮悦耳的钟铃、玉石都准备完善，玉石上所刻的皇帝的神秘上报信息都用金子覆盖。实际上，支出数额如此惊人，以至于任何有关封禅的重复性的诉求都被禁止。

最后决定除了仪式的见证者，93 名皇家侍卫外，24 名选出的官员也随同皇帝一起登山。关于柴祭应该在封玉函之前还是之后举行引起了热烈的讨论，最终决定在皇帝供完玉石、丝绸等最后一轮祭祀之后。皇帝应该穿着长袍，戴着坠有 12 条珍珠玉穗的冠冕登上祭坛，封上玉函，置放于石头围成的阁子内，然后饮祭祀酒，向未在的神灵敬酒，这时候所有的音乐都要停止，然后燃柴。另外还决定，皇帝完成封祀之后，所有的火把从山顶的祭坛到山下都要点燃，这样形成一道由上到下的连续的火焰之路。而且一块刻着红色字的石片由盘路上的士兵一一向下传，直到山脚处所有的王公大臣等待的地方。他们都集合在一起，这样从远处他们就能看到耀眼的祭祀。从山顶就要响起欢呼声，一一传到山脚，这时候山脚下也燃柴呼应。这样这个仪式就结束了。

很难用细节全景描述这些仪式。从天子离开汴梁到成功返回一共经历了 47 天。虽然已经是隆冬，但是既没下雨也没下雪，气候温和宜人，显现了很多吉祥的预兆。在祭祀的前天晚上，一阵大风吹得天空黑云密布，火把瞬间被吹灭，然而到了祭祀的时刻，风停了，苍穹一片透亮；柴祭时，火苗直冲云霄；玉函被上封装入石盒之后，一阵大风盘旋在神坛之上，一道罕见的黄色光芒笼罩着那块藏着送与上天神秘信息的石盒；从帝国各地选来作为祭品的珍禽异兽都被释放，获得自由。破晓时分，重日伴着五彩祥云出现在天空。[①] 鼓乐声响起，成千上万的围观者站在路两旁兴奋地欢呼雀跃，响彻天地。

虽然从那时起，900 多年过去了，封禅仪式也被废除了，但是那声势宏伟的场面还回荡在人们脑海中。人们在泰山上立了不止一处纪念碑，来唤起游客们那段上下泰山仙游一般的祭祀进程，回忆天子向上天汇报如何奉天帝之命掌管天下的。

我们现在已经详尽地学习了泰山神，知道他掌管着世界的权力与地位。那么那些病人、愚人、大众百姓呢？这些香客们为什么要历尽千辛，爬上那一直延伸至南天门数不尽的台阶呢？是什么使得泰山变成中国最受民众青睐的朝圣之地呢？对他们来讲，不可能有个信息的使者连接天帝和众人，普

① 原文注：碰巧的是 1917 年 2 月 19 日清晨，同样的现象出现在奉天。那是一段时间的干燥天气过后，天空出现三重太阳，并且伴有彩虹环绕。详见《华北日报》1917 年 3 月 1 日。

通人也根本不可能跟天帝交流。在这个事实面前，可以看出中国古老宗教一神论的不足。巴斯德①在1882年就任法兰西学院院士的就职演讲中说："我看到随处都有对世界无限性的不可避免的表达方式。通过它，超自然力就在每个人的心底。对上帝的认识就是世界无限的表达形式。只要无限的神秘存在于人们思维之中，寺庙就会因此而建立供人们祈祷无限超自然力量，无论他叫梵天、真主阿拉、耶和华还是叫耶稣。在通往这些寺庙的路上，总能看到屈膝而跪的人们沉浸在对无限的遐思中。"

因为没有被允许这样做，因此古代的中国人建立了一个体系，可以通过各种神来与他们的上帝交流。

泰山，就我们所见，是生命诞生之所：作为逻辑序列形式，一个人的魂魄是会重生的，因此泰山也掌管死亡。"我已时日不多，东岳泰山已来召唤。"这是公元252年一位诗人预告自己即将到来的大限。因为泰山掌管人们生死，因此人们的绝大部分存在都与泰山相关，于是一些希望长寿的人会到泰山祈愿。

传统里，人死后的魂魄只有重新通过地狱之门进入泰山之巅才能获得重生。这里的地狱是指在泰山南部的蒿里山。在这里可以看到由家族、香社所立的数不清的石碑，通过这些石碑来确认先人去世后魂魄集中的地方。

泰山也具备法庭的审判特征。事实上，在公众认识里，下界的"审判法官"是适合山岳的灵气的。很多石碑都建在东岳庙里，而东岳庙又建在具有重要意义的大城市里，这就足够证明泰山的这一特点。"他的审判不偏不倚""这里很难有欺骗"，类似这样的话语多种多样。

在这些寺庙里，也有一些并不全是供奉泰山神的，他也并非接受所有的参拜。沙畹在他的著作中描述了他所见到的北京地区的妇女们拜泰山寺庙的情形。她们每走三步就会跪在灰尘和污秽中磕头，一直到达她们向往的寺庙。她们要去祭祀的寺庙并非是东岳庙而是供着女神形象的寺庙，其中最主要的女神就是碧霞元君。对碧霞元君的祭祀并不古老，当宋真宗到泰山举行封禅仪式的时候，他就在山上的池子里发现了玉女神像，后来这神像就成了人们争相崇拜祭祀的女神形象。现在供奉碧霞元君的寺庙是泰山上最宏伟壮观的寺庙。碧霞元君被认为是泰山神的女儿，两旁常常伴有子孙

① 路易·巴斯德（Louis Pasteur，1822～1895），出生于法国汝拉省多尔。法国微生物学家、化学家，微生物学的奠基人之一。他以借生源说否定自然发生说（自生说）、倡导疾病细菌学说（胚种学说）以及发明预防接种方法而闻名，为第一个创造狂犬病和炭疽病疫苗的科学家，被世人称颂为"进入科学王国的最完美无缺的人"。他和费迪南德·科恩以及罗伯特·科赫一起开创了细菌学，被认为是微生物学的奠基者之一，常被称为"微生物学之父"。

娘娘和眼光娘娘伺奉，这也是经常出现在图画中的情形。今天对这些女神形象的崇拜已经是泰山宗教信仰中最核心最重要的组成部分了。

虽然每年的前四个月份里，朝圣客们蜂拥至圣山，但是并不是必须去祭祀或者去所有的寺庙里才得到恩惠，也不需要去获得所有神灵的护身符。有很多这样的形式，诸如神秘的五岳真形图、泰山玉印的复制品、多种虔诚的文字石刻的拓片等物件也是非常灵验的。而且，那些希望自己的房舍得到庇护的人们会在房子的外墙上放一块泰山石，刻着“泰山石敢当”。

这些石敢当在全国各地都能找到。你看就在就在新闸路的路口，我相信这是很普遍的，只是形式略有不同，但是跟绥远的就有很大差异。

慕稼谷、柏尔根等对泰山有很全面的描述，我就不再赘述了，我将简单介绍一下这座古老圣地的地形外貌来结束我的讲座。1914 年我丈夫和我，还有同行的伯恩[①]先生和皮尔斯[②]先生一起游览泰山。

初次见到泰山，还有些许失望，这就是一堆石头形成的山。它并不比南京的紫金山更有特色，直入云霄的台阶使得这山的高度变小了。山和地面接触的地方，路就开始变得笔直上升，人们毫不费力就能看到山顶。并没有一些缓冲能减轻台阶的陡峭程度。显然，第一个朝圣的人努力攀登泰山，寻求精神庇护的时候，既不会向左看也不会向右看，选择走这条路就是踏上数个世纪以来无数同胞所选择的道路。现在这里已经砌上石头台阶变成一条“朝圣之路”，这座山上最经典的特色之一。两旁是无数的寺庙和密布的柏树。慕稼谷曾经引用一句话“爬山须从低到高，赏景则须从高到低”。我们是不是接受这一建议？租了奇怪的泰山轿子，由穆斯林苦力们抬上泰山。这一营生早就被他们垄断了。这种山轿抬起来需要两个抬轿人面对面像螃蟹一样侧着身子登山。我们能否放眼山顶呢？

研究人类学的会注意到泰山吸引了众多成群的乞丐，(这些吃得好、健康的乞丐们)将山上划分成各自的“势力范围”，互不侵犯。他们在自己的地盘用哀号声追着朝圣客们，充其量也就到达“边界”地带，然后另一个地盘的“同行”会接过生意继续哀号乞讨。富有的朝圣客们会左右撒一些铜钱，然后被匆匆顺着陡峭的山路抬下山去。贫穷的朝圣客们非常艰难地挪动着腿脚上下山，很难看得到哪一段是更难走的山路。山路一会儿变得宽阔，一会

① 伯恩(Frederick Bourne，1851～1919)是一位美国商人。他在 1889 年至 1905 年期间担任辛格制造公司的第五任总裁。他的业务“可能是任何国籍的第一家现代跨国工业企业”。伯恩大大扩展了辛格缝纫机的全球生产和国际销售。伯恩是缝纫机行业的革命者。

② 皮尔斯(Edward Charles Pearce，1862～1928)，英国人，曾在 1913～1920 期间担任上海公共租界主席。

儿又变得狭窄，很难想象被人抬着的感觉。最后到达“南天门”脚下时，也就到了著名的“十八盘”了。这里陡峭成垂直，人们会感激两边有铁索相助。

那天我们登山时，天空是灰暗的、安静的，整个景色都是灰暗的、枯黄的，偶尔点缀一抹绿色的是几处松柏。乌鸦盘旋上空，发出奇怪的叫声。从悬崖一处洞穴里传出一个妇女“阿弥陀佛，阿弥陀佛”的声音，同时伴着木头敲击木鱼的声音。最后到达了南天门，在这样静谧的天气里，偶尔吹过刺骨的寒风，让人感觉侵入骨髓。从这里开始登山就变得容易多了，不多会儿就到达了碧霞祠。所有的院子里都挤满了带着漂亮头饰和靓丽朝圣鞋子的妇女朝圣客们。再向上是山顶，那里有古老的铁瓦片的玉皇庙。每一寸土地都是神圣的——古老的历史环绕在人们身边。这里是孔子“小天下”的地方；也是他能看到苏州门口拴着白马的地方；还是秦始皇在大松树下避雨，为表感激赐封大松树为“五大夫”的地方；也是白骡驮着唐玄宗上下泰山，在毫无迹象下卧倒死去的地方，显而易见，它驮着天子达到了前所未有的高度，也是骡子们前所未有的高度——皇帝感恩这头白骡，因此命人修建了白骡冢，并封它为白骡将军；这里还是三官庙，即天、地和水三官；这里还有一块巨石可以看到东海；这里还有1620年所建的万仙楼；这里还有升仙坊、仙人桥，是人们获得超自然能力的地方；这里有雁归岭；这里有飞来石；等等。沙畹曾指出有200多处著名的景点、遗迹充满了动人的传奇传说，当然中国人记载的会更多。时间飞逝而过，我们不容迟疑。

我们从多个方面探讨了圣山的特点，那么我们得到了什么结论呢？这对我们研究中国人的精神、心理状况有什么帮助呢？同时，我们不能像伟大的法国权威那样为众人指引，他是这样结束他的自白的：

“如果，人类能用自己的形象塑造自己崇拜的神灵的话，我们必须增加一点，这一伟大的功绩并非短时间就能完成。这在中国历史上尤其表现得特别明显。在旧有思想之上产生新的思想是有层理的，形成一种新的层次，让原来的尘封不动。

这样来看，泰山首先作为一座圣山所具备的个性特点与其他的山区别并不大，在耶稣产生的年代，它开始具备了人们所赋予它的特点。因为它在东方，因此它被看作是生命的掌管者。为了实施其功能，其掌管生死的功能，它又被认为是地狱的出口和入口，被认为是地狱复杂组织结构里的一位重要掌管者。后来在佛教的影响下，除了记载的掌管生死之外，它还是十殿阎罗之一的七殿泰山王。后来除了泰山神信仰之外，妇女的朝圣开始繁盛起来。妇女们所朝圣的对象是泰山的女神碧霞元君，这一被认作是女儿特点的女神形象。所有的母亲们和将成为母亲的妇女们都来祭祀朝拜，这样看来，我们神灵的特点恰恰是人类精神特点的集中体现，后来慢慢发展，不断修改越来越像人类自己。”

…………

在早4月，当大雪融化后，泰山给旅行者的印象是伟大、灰暗、无边无际的年代之感，大石头确实在创世纪之前就存在了，它们也将伴随时间流逝而存在。

当春天来临，带来绿色满山，花儿开放，这座山该是多么漂亮啊！人们还能找出除了这座山之外更适合作为生命象征的地方吗？

(1917 V.48 pp.57-70)

(二)艾思柯夫人关于“东岳泰山”的讲座

1922年3月15日《字林西报》报道了艾思柯的讲座“东岳泰山”(Tai Shan, The Peak of the East)。艾思柯从历史的角度将泰山地位的形成从上古到明朝进行了梳理，并且提到泰山神的地位也是一步步从历史的发展中奠定的。她还引用了歌颂泰山的诗歌和法国作家沙畹对泰山的评价。讲座还提到泰山的两个特点：一是巨大的山体足以挡住地震和洪水；二是泰山属“阳”，具有春天、太阳、光、热等生命的特质。最后艾思柯还赞美了泰山美丽的景色和经久不绝的历史。现摘译如下：

英国妇女协会昨天下午在戈登路[①]20号由艾思柯夫人发表了讲座文学话题“东岳泰山”。她说泰山在中国诗歌和宗教里占据着神圣的地位。在简介环节介绍并归类了中国宗教的传统形式。这一阶段从远古时期一直持续到周朝崛起。这种崇拜是一神论，最高的统治者被称为上帝，只能在国都建的祭坛内被国君一人祭祀。第二阶段被称为中古时期，这时候的宗教具有双重性。天和地是两大主要因素的代表，一个代表父亲的权威，一个代表母亲的爱，因此崇拜就是爱和敬畏的集合体。第三阶段是近代唯物论时期。下神被认为是我们中世纪的圣人们，他们被看作是上帝的忠实辅助者。等级最低的神是那些管理道路、大街、村庄、山川和河流的神；向上一个等级是掌管云、气、雷、风、雨的神；最高一级是离世的先人的灵魂之神。现在来看泰山属于下神。

人们信奉泰山，就会聚集在泰山朝拜祭祀。这些人中，首先是舜，和尧并列的部落首领，曾在公元前2500年到泰山祭祀。第二个是伟大圣人、哲学家孔子。他的家在泰山以南60英里处的曲阜。泰山神的地位不断提高，直

① 戈登路(Gordon Road)，今上海市江宁路在1900～1943年之间的路名称呼，南北走向，南起静安寺路，北至苏州河。以当时的英国洋枪队队长的名字命名。

到被称为“帝”，被加以头衔“庇佑众生”。1370年，明朝洪武皇帝称泰山为“东岳泰山”。

圣山泰山具备两大特点。作为一座连绵山体，它拔地通天，掌管周边地区，阻止了地震和水灾。同时，因为周围云雾聚集，因此泰山神又可以“呼风唤雨”。除此之外，泰山还有一些独特的特点。它掌管“阳”——春天、太阳、光线、热和一切与生命相关的元素。

泰山被人们崇拜祭祀说明人们明了泰山神应该具备的特质。艾思柯夫人几次引用了沙畹在《泰山》的阐释。她还描述了祭坛和封天禅地两种仪式。这些仪式的细节错综复杂、别样景观，是中国人通过泰山之上的神灵与天帝交流的方式。这部分占了演讲的很大篇幅。所有关于泰山的观点都和石碑紧密联系起来，直到后来被称为“碧霞元君”“丰都地府”“万物之主”“审判之王”。

总之，艾思柯夫人说“早四月，霜雪融化，朝圣客们带来了久远的年代”：伟大的、灰色的、无边无际的年代。大石头在创世纪之前就已经存在了，它们也将随着时间永远存在，没有尽头。

这山脉将会多么漂亮啊！当春天洒满嫩绿，花朵象征重生，泉水从石缝渗出：人们能找到除了这伟大的圣山之外更能代表生命永恒的元素！

讲座是用投影仪幻灯片一张张阐释的。

(三)《中国镜子》①

1925年艾思柯出版了《中国镜子》(*A Chinese Mirror*)，其中“泰山”(*T'ai Shan*：*the Great Mountain*)一章分为三个部分，分别讲述了泰山信仰形成的过程、泰山的特殊祭祀、从泰安城到山顶的一些著名古迹。前两个部分的内容在1917年“历史的圣地——东岳泰山”基础上增加了描述和引用，尤其对沙畹作品的引用，第三部分是作者新加入的信息，鉴于前两部分大同小异，这里就不再重述了，仅译介第三部分。这一部分是按照下图所标注的顺序一一介绍的(见图3-4)：

泰安城位于泰山南侧，有许多寺庙和非常有趣的石碑。当然，最重要的建筑，是数千年来通往圣山的寺庙，沙畹曾非常详细地描述这些寺庙。个人发现，这些非常古老的树木比人类的各种创作都更令人兴奋。据推测，一组多节的柏树应该是在公元25～220年汉代晚期所种，一棵巨大的槐树被认为是在公元618～905年的唐朝时期所植。不管这些日期是否正确，可以肯定

---

① F. Wheelock Ayscough. *A Chinese Mirror*: *being reflections of the reality behind appearance*. Boston & New York: Houghton Mifflin, 1925.

的是，自从树木的种子从地里长出来至今，上千年已经过去了。铺好的朝圣路从泰安城北门穿过平原，从拱门下经过岱宗坊，到达一天门，真正的登山才开始。泰山山麓上有无数的遗址与孔圣人相关。孔子的出生地和陵墓位于山脚以南不到100英里的地方。据说，就在一天门的上面，他曾转过身来，扫了一眼平原，说“鲁国真小”①，鲁国这个名字是山东的古称。

盘道左右有各种各样的庙宇，其中居于中央位置的是碧霞元君的庙宇。她的主庙在山顶上，第三座寺庙位于泰城西南。这个中央的神殿被称为红门宫，主要参照上面小山上的一块红色岩石。

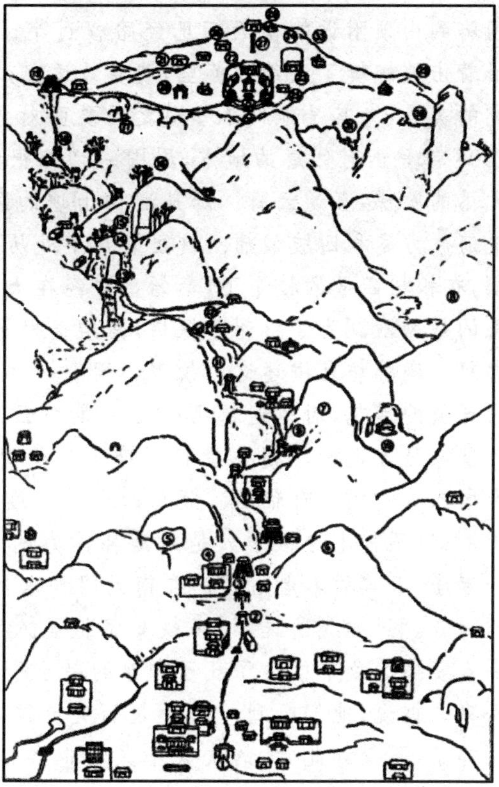

图 3-4　艾思柯《中国镜子》(第 369 页)
中泰山草图

在盘道东边的一个小山丘上，有一座奇特的建筑——白骡冢，据说是一头高贵的动物，由地方长官献给公元726年来山上献祭的唐朝皇帝。故事说，这只动物完成了他所要做的一切，丝毫没有疲倦；把天子抬上山，又抬下山；然后，在完成了它毕生的任务后，静静地躺下死去。有人向皇帝报告了白骡的死亡消息后，皇帝立刻把将军的头衔授予了这头白骡，并下令将它放在棺材里安葬。

在盘道的东侧，有一座登仙桥直通向一块断崖，那里是歇马崖，经过水帘洞，到达经石峪，这里是最显著的古老足迹所在。在高高的石壁上，雕刻着大字，是一部大约公元570年的金刚经。在过去的几百年里，这些文字遭受了很大的腐蚀，但仍然清晰可辨。盘道在桥上随后向左急转，在一个平整

① 原文是："the state of Lu-the ancient name of Shantung-looked exceedingly small"。编者认为这是对“孔子登东山而小鲁，登泰山而小天下”的误解。

的水平面上延伸到回马岭，然后以一个陡峭的角度直达二天门，这标志着从山脚到山顶附近的南天门已经路程过半。好像是为了鼓励旅行者，这条路沿着山坡蜿蜒了大约3英里，坡度最适宜，朝圣者可以屏住呼吸，欣赏四面八方的美景，尤其是他们不知道之后要面对什么。到了御帐坪，那里是真宗在1008年登山时休息的地方，周围一切都很好，但路突然向右拐，接着是一段无尽的阶梯，直通云霄。那是通往山顶的路——必须克服，付出的代价可能是筋疲力尽和四肢酸痛。这里有几十处历史遗迹；有飞来石；那里是五大夫松，在松树四散的枝丫下，秦始皇曾经在大约公元前200年在此躲避突如其来的暴风雨。为了感谢这棵树，秦始皇授予它"五大夫"的爵位。今天，人们建起一座牌坊来讲述这个故事。稍高一点的五座山峰，在肉眼看来，像是一朵开放的莲花，而在这群山峰之上是白云洞，在那里，环绕着绚丽王国的雾气就像是人造的。朝圣者们不辞辛苦登啊登，终于到达了一个自己的力量走向永生的拱门升仙坊。疲惫的步伐继续走在十八盘上，终于到达南天门。那一刻，不朽本身似乎只是对消耗体力的一个可怜的回报。山顶上到处都是寺庙、石碑和名胜古迹。在南天门和东岳庙的中间，有一个孔子望吴门马的地方。正如我所说，许多轶事都把圣人和泰山联系在一起。其中一个最令人震撼的故事描述了孔子和他的弟子子路在一条小径上散步时发生的一件事。据说，他们听到一个女人痛哭流涕，经询问，才知道她的儿子被老虎吃掉了，不仅如此，她的丈夫不久前也和他父亲一样，有着同样的命运。圣人非常震惊，问她为什么没有离开这里。在哭泣之间，这位妇女解释说，虽然这里有野兽，这是非常危险的事情，但至少政府是好的，人民没有受到压迫。这一事件为这位伟大的老师提供了一个极好的主题，成为他关于仁政重要性的著名寓言之一。一座孔子庙矗立在他站立的地方。碧霞祠是圣山上最大、最宏伟的庙宇，虽然对她的祭礼没有泰山本身那么古老，因为只可追溯到真宗时期。人们都记得，是在1008年在一个池塘里发现了她的雕像。每年都会有成群的朝圣者来参拜她的神龛，甚至天子也会像普通人一样。他每年都会在阴历四月十八日派遣一位钦差，向碧霞元君献上皇室的祭品，这已经成了习俗了。接着比较重要的宫殿是东岳庙。一件有趣的遗物与围墙相连，院子南墙的石头上镶刻着五岳真形图，不断地有人从中拓片。它建于1614年明朝末年。寺庙后面是摩崖石刻，上面用大字刻着玄宗皇帝的笔迹，这是他在726年封禅泰山时所书。东岳庙的南面是一个亭子，这是皇帝在举行祭祀仪式之前换袍子的地方。泰山的真正顶峰在这些建筑之上，并由玉皇大帝的神殿加冕，但朝圣者必须经过青帝庙。他相对应的有红、白、黄、黑帝统治着其他地区。就在最后一段台阶的旁边，一个相当狭窄的位置矗立着一块著名的无字碑。它的起源至今仍是一个考古谜团，尽管当地的传统将其归因于更早的时期，但有关权威认为它是汉武帝在公元前110年建立的纪念碑。再过一小段距离，朝圣者就到达了世代相传的圣山最高峰。标记这一点的岩石被石栏和寺庙建筑包围，完全遮住了视线。在岩石北边的一个庙宇供奉着玉皇大帝。他的神龛用铁瓦坚固地盖着，以便能抵挡山顶上呼啸的风。玉皇大帝镀着金身。小院内的两块碑文提醒游人这是古代行封礼的地方，就是古登封台。祭坛建在山顶稍西侧，碑文埋在岩石的东侧。当我登泰山的时候，无法在山上过夜，所以没有时间踏上这条古老足迹向东向西走走。我没能去东天门，也没能俯视恐怖的舍身崖，在那里人们习惯于投身悬崖。它的旧名是舍身崖，但在明朝，一位仁慈的巡抚，希望阻止这种舍身的恶习，在崖前面建立了一个保护墙，并将此地改名爱身崖。我也没能参观被称为仙人桥的奇石，也没有参观白云亭，但我确实站在山顶东边的一个地方，那里在1637年[①]竖立的一块现代石碑，标志着一个与孔子（我们称孔夫子）相关的遗址。我所说的这段话是孟子的第七本书第一部分的第二十四章[②]，孟子曰："孔子登东山而小鲁，登泰山而小天下，故观于海者难为水，游于圣人之门者难为言。"

（四）《松花笺》[③]上的徂徕山

《松花笺》上刊印了艾思柯和洛厄尔合力翻译的李白的诗歌《鲁郡东石门送杜二甫》。原诗是："醉别复几日，登临遍池台。何时石门路，重有金樽开。秋波落泗水，海色明徂徕。飞蓬各自远，且尽手中杯！"这首诗的翻译被贝克尔引用并配手绘一起展现了出来（见图 3-5）。

① 原文中标注时间是1837年，编者考证这里说的遗址应该是"孔子小天下处"，石碑建于明崇祯十年（1637），所以推测是作者笔误。

② 即《孟子·尽心上》。

③ Florence Ayscough, Amy Lowell. Fir-Flower Tablets. London: Constable & Co. Limited, 1922.

图 3-5　贝克尔在《中国东岳》(第 14 页)中引用诗歌《鲁郡东石门送杜二甫》并配图

资料来源:贝克尔:《中国东岳》(Dwight Condo Baker: T'ai Shan: An Account of The Sacred Eastern Peak of China. *The Commercial Press, Limited (Shanghai)*, 1925, p. 14.

(五)《杜甫:一个中国诗人的自传》

1929/1934 年艾思柯出版的《杜甫:一个中国诗人的自传》(两卷[①])将杜甫的生平、生活和诗歌合在一起,展现出了一个伟大诗人的一生。

因本书第六章有专门章节论述关于诗的英文翻译以及艾思柯对泰山的研究和贡献,此处不再详述。

---

① 这里两卷包括 1929 年出版的《杜甫:一个中国诗人的自传》和 1934 年出版的《一个中国诗人的旅行》(*Travels of a Chinese Poet*)。

第二十六节　两首英译泰山诗歌

上一节提到艾思柯、洛厄尔合作出版《松花笺》，翻译汉语诗歌，还有两位著名汉学家也对中国文化深感兴趣，并且分别翻译出版了两部英语诗歌集，而且两部作品均是1918年出版，均含有泰山话题的诗作翻译。此处选择两篇来介绍一下。

（一）佛来遮①《英译唐诗选》中的《望岳》（见图3-6）

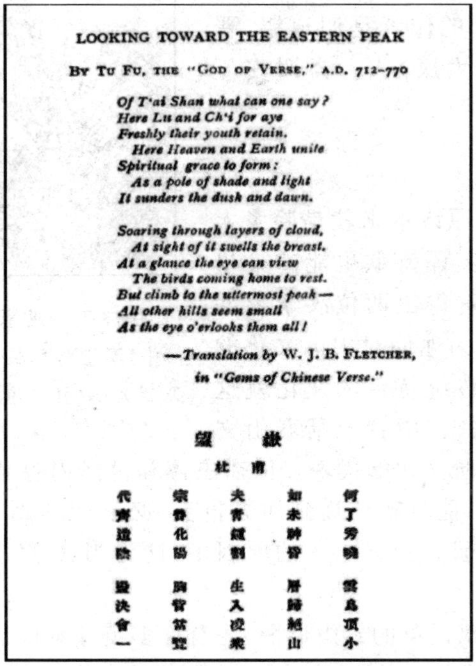

LOOKING TOWARD THE EASTERN PEAK

BY TU FU, THE "GOD OF VERSE," A.D. 712–770

Of T'ai Shan what can one say?
Here Lu and Ch'i for aye
Freshly their youth retain.
Here Heaven and Earth unite
Spiritual grace to form:
As a pole of shade and light
It sunders the dusk and dawn.

Soaring through layers of cloud,
At sight of it swells the breast.
At a glance the eye can view
The birds coming home to rest.
But climb to the uttermost peak—
All other hills seem small
As the eye o'erlooks them all!

—*Translation by* W. J. B. FLETCHER,
in "Gems of Chinese Verse."

望　嶽

杜　甫

岱宗夫如何
齊魯青未了
造化鍾神秀
陰陽割昏曉

盪胸生層雲
決眥入歸鳥
會當凌絕頂
一覽衆山小

图3-6　佛来遮《英译唐诗选》中《望岳》

资料来源：贝克尔：《中国东岳》（Dwight Condo Baker: T'ai Shan: An Account of The Sacred Eastern Peak of China. *The Commercial Press, Limited (Shanghai)*, 1925, p. 141.

---

①　佛来遮（William Bainbridge Fletcher，1871～1933），英国人，20世纪初来华，任英领事馆翻译。清光绪三十四年（1908）起，任福州、琼州、海口等地英国副领事、领事，之后任中山大学英语教授。翻译出版了《望岳》在内的《英译唐诗选》（*Gems of Chinese Verse*，1918）和《英译唐诗选续集》（*More Gems of Chinese Poetry*，1919）。

(二)亚瑟·韦利[①]《汉诗170首》[②]里的《泰山吟》(见图3-7)

泰山吟

峨峨东岳高,秀极冲青天。岩中间虚宇,寂寞幽以玄。非工复非匠,云构发自然。器象尔何物?遂令我屡迁。逝将宕斯宇,可以尽天年。

图3-7　亚瑟·韦利《汉诗170首》中《泰山吟》,贝克尔在《中国东岳》(第2页)中引用并配图

这首《泰山吟》的作者是谢道韫,晋陈郡阳夏(今河南太康)人。为谢安侄女,王凝之之妻。

短评

以上两首诗的原诗本来就是脍炙人口的泰山礼赞,而英译诗歌也能渲染出其中的韵味深长,看得出两位汉学家深厚的汉学功底。因为他们对中国文化的热爱和崇尚,中国传统特色的文化就这样在西方传播开来,其中就包括泰山文化这一中国优秀传统文化的代表。传播主体和传播内容有机结合再加上传播媒介的有效利用,能顺畅传递到西方世界,必然能达到良好的传播效果,这就可以理解汉学研究方兴未艾的原因了,这为当代泰山文化的传播树立了良好的典范。

除了这样两首汉译英的泰山诗歌,还有许多英译泰山话题的诗歌需要阐释,比如1871年理雅各翻译的《诗经》《孟子》等就有许多泰山的身影。加拿大汉学家布茂林(Charles Budd)在1912年出版的《中国诗》(*Chinese Poems*,也叫

---

① 亚瑟·韦利(Arthur Waley,1889～1966),英国著名汉学家、文学翻译家。精通汉文、满文、蒙文、梵文、日文和西班牙文等语种。他一生撰著和译著共200余种,其中大部分都与中国文化有关。《不列颠百科全书》介绍他说:"他是20世纪前半个世纪中的最杰出的东方学家,也是将东方文种译为英文的最杰出的翻译家。……他是一位诗人和诗歌的创新者。由于他的译作,使中国文学易于为西方读者接受了。"

② Arthur David Waley. *A Hundred and Seventy Chinese Poems*, London: Constable & Company Ltd.,1918.《汉诗170首》1918年出版,同年即修订再版。这是韦利公开出版的第一部翻译作品。1919年后,此书被重印十几次,版本亦达数种,其中的多篇译作被布莱希特(Bertolt Brecht,1898～1956)改编,被音乐家谱成乐曲。

《古今诗选》),克兰默·宾1909年首发的诗集《玉琵琶》(*A Lute of Jade*)等,这些诗歌均收录在贝克尔的《中国东岳》[①](1925)上,有待进一步研究。

二十七、《字林西报》中的《神圣泰山》(摘译)

2月20日　泰安府

从5日立春以来,这里就已经是非常宜人的春天了。很多朝圣客现在就开始到达,进行一年一度的朝圣泰山娘娘活动。

火车站会给这些拿着旗帜飘扬、数量众多的朝圣客们半价优惠。这些朝圣客们会晚上爬山,第二天早上下山,然后带着麻、篮筐和一些在当地市场上罕见的物品回家。他们挤满了车厢,而车厢经常是一些货车厢,承载着人和物品,还有一些现役士兵。火车开动时,显得特别笨重,因此不得不在车前和车后各配备一个引擎。站台经常挤满了买票的人,坐车的士兵不需要买票却早就占满了车厢,再也没有空间留给朝圣客们了。

如果火车被合理安排,士兵也需要买票,那就可以增开一趟车,而所有人都能有位置了。因为是坐火车旅行,对于希望有点舒适感的人来讲,简直是噩梦。然而这却是最快的路,所以必须好好利用这种不适。盼望政府能看到这些问题,妥善对待公众福利,并合理使用中国财政来解决这一问题。

(《字林西报》1919年2月25日)

短评

这篇小短文提到了泰山朝圣客坐火车的状况,一方面反映了香客云集泰山的盛况,另一方面反映了火车上的拥挤和繁忙,作者甚至提出了增开火车的想法。

不得不说,这样的文字也足以让我们一瞥当时的境况。

二十八、《亚利桑那共和报》[②]中的《最古老的朝圣之地》[③](摘译)

中国有五岳,最神圣的是泰山。据说这里是世界上最古老的宗教圣地。公元前2000年,泰山的顶上经常出现祭祀和祈祷的场面,因为没人知道会持

---

① Dwight Condo Baker. *T'ai Shan: An Account of The Sacred Eastern Peak of China*. The Commercial Press, Limited (Shanghai), 1925.

② 《亚利桑那共和报》(*Arizona republican*, 1890-1930),又叫《共和日报》(*Daily republican*),由Republican Pub. Co.公司发行的日报覆盖菲尼克斯、马里科帕州和亚利桑那州,发行时间是1890～1930年。

③ 节选自《亚利桑那共和报》1919年7月7日,第6版。

续多久。皇帝和下级官员，甚至是圣人孔子，都沿着泰山狭长的小路，来到天地之神的身边向他祈祷。自从那些朴素崇拜以来，许多寺庙和神殿都建在泰山的斜坡上。佛教、道教、儒教的，各自都表现出来各自的特征。当然，山上很多寺庙供奉泰山娘娘。一些人称之为仙女，另一些人称之为女神，还有一些人称之为泰山神灵或灵魂。无论如何称谓，这位女士在山顶上都有很好的代表性，她的神龛也很受欢迎。我们上山的旅程一半是坐在由中国人抬的摇椅上，一部分靠步行完成。登山的盘路由花岗岩组成，中间每隔一段时间，就有一段台阶不断延伸，越来越陡，越来越近，直到朝圣者登上6600级台阶，到达泰山顶峰。这里有更多的寺庙、厚重的香和庄严的老道士，通过敲响深沉的钟声来向诸神宣布朝圣者的到来——在不远的地方，有一块岩石悬在陡峭的悬崖上。这块石头被称为“爱身崖”，谁家里有生病的亲人就会来此纵身一跃，牺牲自己来安抚神灵解救生病的亲人。现在这段悬崖被封住了，朝圣者们只好用传统的方式让神灵息怒，从而救赎自己的亲人。

泰山山顶上的风光令人叹为观止，欣赏完之后，游人就无所事事了，只好小心翼翼坐在由当地人制作的灵巧而又平衡的摇摇晃晃的轿椅上，经过6600级台阶下山。比较欣慰的是，抬轿子的轿夫以谨慎和踏实著称。

短评

文章从游人的角度介绍泰山，主要集中在泰山的宗祠、寺庙和崇拜的神灵上。作者惊叹于泰山的风光和泰山的山轿。

面向海外发行的区域性报纸上出现泰山的身影，意义非凡。这一时期，泰山文化在此类报纸上的信息量和出现频率明显增多，本篇文章在国内报刊上也被转载。《守望者和南方人》(*The Watchman and Southron*[①])报纸于1920年4月以《泰山：神圣之山——中国的这条山脉据说是世界上最古老的朝圣之地》为题目全文转载，值得研究。

二十九、朱丽叶·埃尔斯华兹·福特[②]《中国圣山》[③](摘译)

朱丽叶·埃尔斯华兹·福特曾于20世纪初来到中国并亲自攀登泰山。他在很多文章中表达对中国文明的惊叹和赞美，其中就包括对泰山的崇敬

① 《守望者和南方人》(*The Watchman and Southern*)面向南卡罗林纳州中部发行的周报，时间为1881～1930，将近半个世纪。

② 朱丽叶·埃尔斯华兹·福特(Julia Ellsworth Ford，1859～1950)，美国著名的社会学家、儿童文学作家、艺术收藏家作家，与20世纪初一些有社会影响力的诗人如叶芝、陶友白等是好朋友，曾举办并主持各种文艺沙龙。

③ Julia Ellsworth Ford. *China's Holy Mountain*. In The Sun, Sep. 14, 1919. Section 8, p. 5.

之情。以下两篇文章大同小异，第一篇文章是在第二篇文章基础上节选的，还被许多报刊转载，鉴于主题的关系，以下仅摘译有关泰山的内容。

（一）中国圣山

大概两年前，我在日本和中国旅行，回来后我对中国怀有深深的遗憾和热爱。我相信，每一个到中国旅行之后的人都会这么想，因为会看到中国内陆精彩的未垦之地上充满了古代文明，而且遍布全国。

…………

圣山泰山离山东省的首府济南府有35英里。这可能是世界上最古老的朝圣之地了。朝圣客早在基督诞生之前就已经在山顶朝拜了。每年朝圣活动都会在二、三月份进行，每天约有上万名朝圣客上山进香。

泰安府没有适合我们的宾馆，因此我们不得不去投奔当地的传教士。他们将我们招待得很舒服。早餐之后，我们就准备登山了，轿夫们保证我们能在一天内上下泰山。山轿并不像中国其他地方的轿子一样，这种轿子是泰山的特色。两名轿夫一前一后，用非常结实的带子跨在一个肩膀上。每台轿子都有四个人，这样他们就可以相互替换。山东人要比南方人个头高大。抬我们的轿夫，领头的有6英尺5英寸高，不会说英语但是却能很快理解我们的话，用最友善和最礼貌的表情回应。奇怪的是轿夫们并不信仰山上的神灵，他们是穆斯林，已经从事这个行业好多年了。

上山非常陡峭，有6000级台阶，15英尺宽，是古代中国人民了不起的工程。深沟、瀑布、流水和古老高大的松柏给登山的旅程增加了惊喜和美丽。通往山顶寺庙的南天门就像云中仙境之门一样，当我们到达的时候就像是到了山顶，但是穿过这扇门发现还要继续攀登。我们从这里开始走过一段蜿蜒的小路，就到达了山顶，从那里可以看到中国最美丽的景色——中国的圣地。

大多数朝圣客是徒步登山的，一些最虔诚的会跪着上山。我们看到中国的妇女们精疲力竭地拖着裹着的小脚上山。我们也看到有一些奢侈的人坐着华丽的轿子。在古代，上山朝圣的皇帝和官员就是这样被抬上山的。寺庙里满满的都是历朝历代皇帝们敬献的礼物。最高的寺庙是供奉道教的玉皇大帝的。另一座庙是纪念孔子的，里面有这位中国最伟大的哲学家和圣人的塑像。山顶靠近舍身崖（一个人们宗教迷信的地方，官府不得不筑起高墙以防舍身事件经常发生）的地方是一块巨石，上面刻着"孔子小天下处"。孔子、孟子和老子都出生于中国延续最长的朝代周朝（前1122～前249）。

…………

接着到了中国的拿破仑始皇帝时期。从公元前221年（秦朝建立，中国就以其名字命名)起,中国就进入了2000年的帝国时期。这位皇帝修建了万里长城把鞑靼人挡在外面,我真希望今天能再建一堵墙,把那些向中国伸出魔爪的英国人、法国人和日本人挡在门外。他焚书坑儒,我希望今天有个力量能将所有强加给中国的条约烧掉!

在随后的汉朝,汉帝修复书籍,树立典范,在离泰山不远的山东省曲阜的孔子墓祭祀。曲阜是孔子出生、生活和埋葬之地。他的后代衍圣公仍住在那里,并禁止外国铁路玷污如此神圣的地方。孔庙是中国最好的寺庙,院子里种满了挺拔的柏树。碑刻记载着孔子的安息之地——如果今天他还能安息的话!孔子教导人与人之间的关系要忠实、守信、仁义、朴实、诚恳!我句末感叹号的意思是这是我们必需的。

值得一提的是这一篇报道不仅在其国内报纸上转载,还于1919年11月15日转载到面向加拿大发表的《温尼伯自由报》[①]上。

(二)《泰山,山东的圣山》[②](1919)

这篇文章没有正式作为图书出版,主要节选都刊印在上一篇《太阳报》上,值得注意的是,文章除了论述泰山和山东的历史地位外,还进行了评论。

短评

首先,作者对泰山有崇高的敬意,认为这是中国的圣山,代表中国的文明。而作者认为任何来过中国内地的人都会认为这是充满古代文明的地方。泰山和孔庙体现着古老的中国文明:虔诚的朝圣客上山的方式、远近闻名的轿夫、山上祭祀的神灵、为保证圣人安息而阻止火车通过曲阜孔庙等等,这都是作者中意的文明。秦皇汉武也让作者敬佩,甚至寄希望有这样的力量存在。

其次,这篇文章的写作背景是1919年巴黎和会时,作者痛惜山东,更为泰山感到担忧,所以作者希望如果中国的拿破仑健在的话,可以将深入山东的魔爪驱逐出去,还可以将强加的不平等条约付之一炬。这足以表达其对泰山古老文明的青睐和泰山被侵占的惋惜和愤怒。

站在自己的角度痛惜中国的圣山与圣人之地,这是作者对中国文明的敬慕,值得尊敬。

---

① 《温尼伯自由报》(*Winnipeg Free Press*)是加拿大曼尼托巴省温尼伯市的日报。它成立于1872年,当时是曼尼托巴省自由出版社,是加拿大西部最古老的报纸,提供本地、省、国家、国际的体育、商业和娱乐新闻的报道。

② Julia Ellsworth Ford. *Tai-Shan, the Holy Mountain in Shantung*, 1919. 本篇没有标注具体的出版社。

三十、蒂金斯[①]与泰山

1916～1917 年间，蒂金斯来到中国游历，并根据在中国的见闻写成诗歌集《中国剪影》(*The Profiles from China*，1917)。《最神圣的山》(*The Most-Sacred Mountain*)先于 1916 年 12 月发表在《诗刊》(*Poetry*)[②]上。《诗刊》专门为她的诗歌开辟了一个栏目叫“中国剪影”。1917 年《中国剪影》结集出版，收录了这首关于泰山的诗歌。1919 年，该诗又被收录在《美国当代诗人诗歌选 II》(*The Second Book of Modern Verse A Selection from the work of contemporaneous American poets*，1919)中，可见该诗的受欢迎程度。不仅如此，蒂金斯还写了一篇文章《中国的圣山》专门介绍泰山。

(一)诗歌《最神圣的山》[③](见图 3-8)

The Most-Sacred Mountain. [Eunice Tietjens]
Space, and the twelve clean winds of heaven,
And this sharp exultation, like a cry, after the slow six thousand steps of climbing!
This is Tai Shan, the beautiful, the most holy.
Below my feet the foot-hills nestle, brown with flecks of green;
and lower down the flat brown plain, the floor of earth, stretches away
to blue infinity.
Beside me in this airy space the temple roofs cut their slow curves against the sky,
And one black bird circles above the void.
Space, and the twelve clean winds are here; And with them broods eternity -- a swift, white
peace, a presence manifest.
The rhythm ceases here. Time has no place. This is the end that has no end.
Here, when Confucius came, a half a thousand years before the Nazarene,
he stepped, with me, thus into timelessness.
The stone beside us waxes old, the carven stone that says: "On this spot once
Confucius stood and felt the smallness of the world below." The stone grows old: Eternity is not
for stones.
But I shall go down from this airy place, this swift white peace,
this stinging exultation.
And time will close about me, and my soul stir to the rhythm
of the daily round.
Yet, having known, life will not press so close, and always I shall feel time
ravel thin about me;
For once I stood
In the white windy presence of eternity.

图 3-8 《诗刊》中蒂金斯《最神圣的山》一诗的截图

① 尤妮斯·蒂金斯(Eunice Hammond Tietjens，1884～1944)，美国诗人、小说家和编辑，被认为是芝加哥文艺复兴时期的重要人物。

② 《诗刊》是美国历史最悠久的诗歌杂志，1912 年由哈里特·门罗(Harriet Monroe，1860～1936)创刊，对美国诗歌影响深远。

③ Eunice Tietjens. *The Most-Sacred Mountain*. in The Second Book of Modern Verse A Selection from the work of contemporaneous American poets. Edited by Jessie B. Rittenhouse，1919.

（二）《中国的圣山》①

攀登中国最神圣的泰山，可以储存一种记忆。这种记忆是任何后续事件都无法模糊的，此后任何西方的成就感都无法完全抹去东方人的这种笃定，即人就像冬天里的牛呼出的白色气息，又像阳光下弱小的影子。当一个人爬过许多山时，那些山往往在记忆中变得模糊，甚至它们的形状都会混杂起来。但泰山，在记忆中和现实中一样，并非是连绵山脉的某个部分。它孤独地矗立着，被一群小山环绕，像一座儿童玩具山一样随意地坐落在中国的棕色大平原上。在记忆中，天堂似乎就在其顶峰的咫尺。

因为泰山是世界上最古老并延续至今的崇拜之地。它的美与其说是纯粹的、令人惊叹的自然之美，不如说是人类灵魂深处永恒的希望和内心渴望的令人动容之美。我们第一次登上泰山的时候是一个黎明，虽然这是人类最古老的历史上平常的一天，然而作为一个祭祀场所的起源，这里已经是传奇。在公元前500年的孔子时代，人们已经相互告知，自天国诞生之日起，人们就在这最神圣的山上崇拜天堂。如今，每年都有成千上万的子孙身披深绿色丝绸大褂爬过岩石，穿过峡谷，他们身边的女人有的坐在山轿上，有的痛苦地挪动着那裹着的小脚。佛教、儒家思想、道教、基督教等在此产生、兴盛、衰落，但至今人们仍然还在泰山云雾缭绕的山顶崇拜着天堂。

古老的中国观念直到今天还在泰山祭祀和北京的天坛上都保留着一些非常美丽和朴素的东西。“天堂”是非常客观的，从开始到结束都是所有祝福和诅咒的伟大源泉。但这种纯粹的形式不可避免地与当地的迷信和虚幻的想象混合在一起。泰山当然有神，他的名字似乎只是山本身的名字——泰山。他是雨之神，维持地球表面的稳定，当然这对西方人来说就很奇怪了。现在，他的女儿，碧霞元君女神，现在比他更重要。她是一位佛教的神灵，千手的黎明女神，她有两个助手，一个是“子孙娘娘”，另一个是“眼光娘娘”，中国妇女正是为了后者而祈祷，以防止她们的孩子患上可怕的眼盲症。②

山顶上有一座金顶的美丽庙宇供奉这位女神，院子的中心是象征最高点的岩石。这是中国宗教融合的典型，虽然庙宇本身是佛教的，但今天负责供奉的祭司都是道士。这座庙宇是一座现代化的建筑，虽然还不到两百年的历史，但有一座祭坛已经存在了好几个世纪。寺庙现在一年中只在春节

---

① Eunice Tietjens. *The Sacred Mountain of China*. in The Sierra Club Bulletin, Volume X, 1916-1919. The Sierra Club San Francisco, California, 1919. pp. 165-169.

② 从泰山神到碧霞元君，再到此处对眼光娘娘的认识，作者的信息明显有误。

开放一天，在那一天，陡峭的台阶上挤满了各个阶层的成千上万的朝圣者，其中包括皇帝和最卑微的人。

对一个有经验的登山者来说，攀登本身是微不足道的。山顶高于平原的高度不超过4500英尺，实际高度在5000到6000英尺之间。在中国很难找到精确的信息，但大家都认同这条盘道的长度是42里，大约14英里。这条盘道就是一条小公路，全程宽约10英尺，铺砌得很漂亮。然而，这条路的后半段，人们很乐意走在上面，因为它是从坚硬的岩石上切割出来的，否则就会很难攀爬。整个路程有6000级台阶。

岩石似乎主要是蓝色花岗岩，夹杂着白色和粉色石英岩。但是在台阶和小路上的石头中间有许多颜色：看起来像孔雀石的绿色石头，亮紫色的石头，红色的石头和棕色的石头。许多看起来是各种各样的花岗岩，而且非常坚硬，虽然这些台阶年代非常古老，但是几乎没有磨损。

植被主要是由一些零散的常绿植物和松树组成，尽管在下半截，山坡地区几乎没有地方用来耕种，只有几英尺见方，住在陡坡上的乞丐在那里种植蔬菜和少量谷物。

通常上泰山的方式是从约有3万人口的泰安府出发，坐上山轿。轿子是小柳条椅，在两根杆子之间摆动，轿子两端落在两个苦力肩上，他们微笑着、咕哝着、脏兮兮的。每把轿椅有四个人，两个人抬的时候另外两个人休息。一个苦力干这样一天的活，可以得到整整60分墨西哥元，略多于15美分。

泰山之旅的独特魅力在于，为自己而攀登的乐趣与东方的魅力相结合。当你经过第一座牌坊后，你会经过一座破旧的庙宇，在那里会看到一具衰老和枯萎的干尸。他死的时候已经94岁了，现在他呈坐姿在庙宇里，身穿丝绸，庄严肃穆。一路上，你每隔一段时间就会经过类似的寺庙，坐落在岩石的缝隙中，住着剃了光头的尼姑，还有时候会看到写着奇怪名字的小茶馆。我记得“卧虎堂”是我们吃午饭的地方。往上走一段路，你会经过一个写着“回马岭”的大牌坊，在那里，人和上山的马分开，尽管我们在路上没有看到类似马的动物。寺庙也有迷人的名字，“一天门”“二天门”，盘道一直沿着陡峭的峡谷，伸向顶部的大门“南天门”。

峡谷的两侧经常刻有大字和铭文，以纪念克利奥帕特拉的同时代人、中世纪虔诚的皇帝，甚至今天富有的丝绸商人的朝圣事迹。“哪里有祈祷，哪里就有答复”，“虔诚”和其他宗教情感无处不在。其中一个铭文是“孔子登临处”。另一个是四个字，字面意思是“好，皇帝，风，流”，很好地诠释了汉语言简意赅的特点，因为它的意思是“一个好皇帝上如风，下如水”。这是为了纪念某位去世已久的君主成功的封禅活动。

山顶附近有一处悬崖，是过去信奉者常常投身牺牲的地方。生命损失如此之大，以至于当朝不得不筑起高墙守卫着这个地方。

登山本身是非常缓慢的，但是并不困难，直到“南天门”前的最后一段盘道。这里的台阶又陡又窄，旅行者根本没法停歇。我突然想到一件有趣的事。我租了一把式样得体的椅子，但在上最后一段台阶时，我决定自己爬上去，这使我的苦力们感到高兴，他们认为我本可以像荡秋千一样轻松地上去，要是我自己上去简直会半途而废。最后一段时间，他们走在我前面，在上面等着。当我走上前来时，他们都拍手，咕哝着鼻音，听起来像是“唧唧”的，意思是“好”。他们微笑着奉承我，直到我不得不笑了，因为我知道，一个外国女士能走这么远是令人惊讶的，但更多的是我在最后一刻肯定会吓破胆，甘拜下风坐到轿椅上。但我坚持一个人慢慢地走着，他们高兴地鼓起掌来。

在“南天门”之后，一条小径越过岩石峡谷，延伸到一个宽阔的平地上，在那里稍远处矗立着山顶神庙。

这里很干净，风很大。山脚下，四周伸展着平坦的棕色平原，就像大地的地板。前面是绿色斑驳的山麓，在这片通透的空间里，你旁边是倾斜的金色瓷砖的寺庙屋顶。一只黑色的鸟，像一只乌鸦，在蓝色的深渊上空飞来飞去，盘旋着；另一只鸟从某处鸣着，那声音像我们那里的美洲鹨。

在庙宇之外，在狂风肆虐的无限广阔与宁静中，矗立着一座破碎风蚀的石碑，上面刻着“孔子小天下处”。虽然孔子远在曲阜躺了2500年了，但他的精神直到今天还永远地站在泰山之巅，从山顶眺望着人间的渺小。

短评

无论是诗歌还是短文，均展现了诗人对泰山的热爱和赞美。诗歌鉴赏家对此评论道：“诗中的风景被描绘得美妙绝伦，给人一种亦梦亦幻的情景感受，在她的诗中，泰山展现出了疾速的白色祥和的空灵之感，一种初来乍到为之一振的新鲜感。”[①]

需要注意的是，作者在第二篇文章中有许多理解上的误差，对一些文化现象并不甚了解，所以在阐释上明显有误。比如提到泰山神是雨神，碧霞元君是佛教形象，人们登山的目的是为了保护眼睛，等等。但是这没有影响这篇文章的重要性。这篇文章发表的刊物是《塞拉俱乐部公告》(*Sierra Club Bulletin*)，塞拉俱乐部(Sierra Club)，又译山岳协会、山峦俱乐部和山脉社等，是美国著名的环保主义者约翰·缪尔(John Muir)于1892年5月28日

① 曾繁健、魏琳：《英诗中国元素赏析》，冶金工业出版社2012年版，第179页。

在加利福尼亚州旧金山创办的一个环境组织。塞拉俱乐部拥有百万会员，分会遍布美国。在这个协会上发表的文章对泰山文化的宣传具有重要的意义。作者是位中国文化爱好者，她一生创作四部诗集，其中有两部是关于中国的，分别是《中国剪影》(*Profiles of China: Sketches in Free Verse of People and Things Seen in the Interior*, 1917)和《中国》(*China*, 1930)。由于传播者和传播载体的共同作用，泰山的影响更加深远。

三十一、沙畹《东亚记忆》①上的"投龙简"的铭文②(摘译)

(一)关于"投龙简"的铭文

很多铭文都提到了"投龙简"仪式，我会尽量把它列出来。

东岳泰山位于山东省。这是中国最著名的山脉，那里经常举行各种仪式，许多石碑都保留着记忆。

(二)泰山顶上岱岳观碑刻

首先，我要研究一下661～798年在岱岳观上立的双碑石刻上的不同记录。

岱岳观是唐朝泰山道教的一个非常重要的圣地，位于离山脚不远的泰山南坡上，被称为中庙，上庙位于山顶，下庙位于山脚，就是今天泰安府的岱庙所在地。岱岳庙已经不复存在，但在此基础上建立的古老壮丽的建筑中，我们仍然发现了一些过去的遗迹；当我们进入第一个院子，来到一个叫王母池的建筑群中时，突然发现了一个巨大的长方形盆地，其中包括阳台和石桥。这个盆地就是现在的庙宇，曾经是岱岳庙的一部分，供奉神圣的女神西王母，拥有昆仑山上所有的珠宝。它以前被称为"瑶池"；向西边走，在今天一个小庙老君堂的院子里，我们看到了岱岳观的另一个遗迹，这是两座石碑，并排在同一个木头里，有时候也被称为鸳鸯碑；因为它们是不可分割的，按照传统，它们是雌雄两个，在它们的南部和北部以及外部，能辨认出27个刻字，分布在661～798年之间，它们或多或少直接与泰山的道教祭祀仪式有关。在这些典礼期间，人们把龙简投到瑶池内。

我在1907年6月21日第二次访问泰山期间，访问了岱岳观的双碑。但是下面一些摹本和转载的记录都有几个版本，第一个是唐仲冕1783年写在

---

① *MÉmoires Concernant L'asie Orientale* (Indie, Asie Centrale, ExtrÊme-Orient). Tomk III, Paris Éditions Ernest Leroux 28, Rue Bonaparte (VIe), 1919

② MM. Senart Et Cordier. *MÉmoires Concernant L'asie Orientale* (Indie, Asie Centrale, ExtrÊme-Orient). Tomk III, Paris Éditions Ernest Leroux 28, Rue Bonaparte(VIe), 1919.

《岱览》第12章上的；这些也全部记录在王昶的《金石萃编》第58章。

（第68页）

三十六洞天之第二东岳泰山洞，周回一千里，名曰蓬玄洞天，在兖州干封县，属山图公子治之。

在666年，乾封的名字被分配给了以前的博城。971年改名奉符。我们有证据表明，这三十六洞天是唐朝的。今天，乾封位于山东泰安府东南部山坡下方，泰山南麓，但是我无法确切定位它。

（第141页）

短评

本部分内容节选自《东亚记忆》所载的"投龙简"部分，铭文里有关于泰山的信息。作者是国际著名汉学家沙畹。值得一提的是，《东亚记忆》的两位编辑都是著名的汉学家，一位是埃米尔·塞纳尔（Émile Charles Marie Senart，1847～1928），另一位是考狄（Henri Cordier，1849～1925）。塞纳尔是法国印度学家、法兰西文学院院士（1882）、法国亚洲协会会长（1908～1928）、法国东方朋友联谊会创始人（1920）。他进行了很多有关印度古代碑铭学的研究，翻译了一些佛经和印度教经典。考狄是法国语言学家、历史学家、民族志学家、作家、编辑、汉学家，也是巴黎地理学会会长，19世纪末20世纪初研究东亚和中亚的重要人物。尽管他对中文了解不多，但对汉学发展起到了极其重要影响，他也是法国著名汉学家沙畹的导师，第一份国家汉学期刊《通报》的创始人。

看得出来这篇文章的作者，以及这本期刊的编者都是有相当有影响力的人物，比如"景"字是"丙"字的异体字问题，在这本期刊里就讲述得非常清楚，足见作者的汉学功底深厚。另外，"投龙简"本身也是非常有历史记忆的事情。泰山在这些著名汉学家的笔下熠熠生辉，光彩夺目。

三十二、约翰·杜威[①]与泰山

1919～1921年，美国科学院院士、哲学家约翰·杜威（John Dewey）受北京大学、南京高师、江苏省教育会等教育团体的邀请来中国讲学，从此与中国结下了不解之缘。1920年4月3～5日杜威亲登泰山，1921年他的女儿又登泰山。以下节选了他和家人的三段涉及泰山的信件，均为摘译。

① 约翰·杜威（John Dewey，1859～1952），美国著名哲学家、教育家、心理学家，实用主义的集大成者，也是机能主义心理学和现代教育学的创始人之一。1919～1921年，受邀来华讲学。

(一)给爱丽丝·查普曼·杜威(Alice Chipman Dewey)的一封信

1920 年 4 月 4 日星期天　在火车上

亲爱的爱丽丝：

我们在泰安停了下来，最后上了泰山，但没有去曲阜。陶先生去天津的时候，陆先生正在去济南的火车上，他说他想去泰山，已经做好了安排。所以他在济南遇见了我们，我待会儿再写详细情况。我们住在中式饭店里，也有一些泰安的好友的联系方式。美以美会赖恒利(H. S. Leitzel)[①]先生、英国安立甘教会莫森(Mauson)先生和南方浸礼会康尼(Connely)先生。也许联系第一位是最好的。提前写信确保能坐上火车，因为经常很拥挤。火车晚上 10 点左右到达泰安，你将享受独轮车的乐趣。我不知道曲阜有什么传教士，但美以美会在那里有一个中国分部，梁恩伯(Liang En Po，音译)牧师有时也会收留人，如果你写信的时候问赖恒利先生，也许他会安排。一定要拿着教育部的介绍信。陆先生说，如果有人问他，他会去拿的，那样你就可以进去看看孔子像和一些神圣的遗物。你最好在泰安住两晚。下山后，您会很高兴，中午左右就可以到达曲阜，而不是午夜后。坐北京大车行进 6 英里就能到达孔庙和孔林所在的城市。然后你可以待一天半，如果有人介绍，站长会带你进去，但必须带上你的被褥和衣服。在二等舱你可以节省 16 分。但买一张卧铺票需要 5 美元。我想一张票就可以坐三人，你肯定不会睡在卧铺上，但周围条件却比普通的二等车好得多，而且你会有好的座位，一个整洁的车厢。除了卧铺票外，你还得买一张从天津到泰安的特快车票。卧铺票可以在北京买，不要买超过泰安的普通票，除非确定二等舱有时间中途停留。为了确保曲阜或泰安的铺位，你可能得买从那里到南京的头等车票。爱你们。

约翰

(二)约翰·杜威给杜威家庭的信

1920 年 4 月 5 日　南京高等师范学校

亲爱的家人：

我昨天下午到达南京，但是在我来这里的路上，我刚经历了一次在中国的冒险之旅。一开始是坐独轮车从泰安火车站到村里的一家中式酒店。过

① 赖恒利(Henry S. Leitzel)，美国人，20 世纪 20 年代美以美会驻泰安传教士。贝克尔在前言中提到《泰山》这本书是由赖恒利开始的，但是中途赖不幸去世。实际上，赖恒利已经着手翻译十二卷的《泰山志》了。他还拍摄整理了登山途中盘道两侧的历史建筑的珍贵照片，这些照片在这本书中都有呈现。

了10点，云彩追着满月，群山在薄雾中闪闪发光。这辆中式的手推车是围绕一个大轮子建造的，中间有一个吱吱作响的轮子，它可以承载1吨的重量，而且永不磨损。这个吱吱声像是交响乐，而不是普通的交通工具的吱吱声。苦力们使用手推车一是希望节省机油的开支，另外也希望带来好运。酒店不到1英里，很快道路就泥泞不堪，崎岖不平，我们只好下车步行。好在保存了我们的体面，镇长已收到我们到达的电报，所以提前委托中学校长等我们。我们本可以睡在干净的德国造的车站里，但我们没有带上我们那卷睡衣。

离开北京时，我们没想到会中途停下来，但这所学校的教务主任陶博士想带我们下车，而且我们在火车上遇到了一位教育部督察陆先生正要去济南（我们曾在济南过的圣诞节），他安排我们停下来去攀登山东的圣山泰山。我们住的这家酒店就像所有的中式房子一样，与地面齐平，房间都是脏地板。已经下了好几天的雨，每个房间都有一扇小窗户，窗户上糊着纸片，房间里装饰着镀金和银色的纸，朝圣者们拿着这些纸在山上焚烧祭祀。床就像跷跷板，两侧硬的部分像马，中间加了木板铺成。幸运的是，我的床上铺着玉米秸、高粱秸和高高的谷穗秆，还有灯芯草、玉米秸混杂在一起，上面还铺了一块毛皮毯，所以即使五分钟翻一次身，我也能睡一会儿。不得不说一切都很干净。陆先生说，现在还不到臭虫繁殖的季节，这似乎反驳了适应环境的理论，因为3月是朝圣者的季节，或许这次朝圣者们已经开始了适应。后面是一家旅馆，前面是一家食品店，所以我们的食物是从一个摊位上拿的，比如我见过的几百种食物里最主要的是炒鸡蛋，面条的汤很可口，除了大蒜的味道，虽然它是无辜的。因为它们很快就能开始生根，成为一棵大树，空中的鸟可以栖息。

不管怎样，我人生的两个梦想已经安全地实现了，那就是坐独轮车和去一家中式酒店。第二天早上8点左右，中学校长（当他向你鞠躬的时候，他会摸他的眼镜，就像我们的帽子一样）带着人和轿椅来了。每把椅子上有两个苦力，另一个备用来替换。皮条肩带，这样每个人都可以把肩带系在长柄上，一人在前面，一人在后面，很平稳，侧身上台阶，当他们用一种栓钩把肩带松开换到另一个肩上时，并不会放慢脚步；在两个台阶之间的水平面上，他们突然左右旋转，以便改变从一个肩膀系到另一个肩膀。这把椅子除了一些用来托着毯子的松绳外没有底，所以座位很舒服。在试过之前，你不会相信自己会被抬着上台阶的，几乎感觉不到在动。闭上眼睛，你很难说你什么时候在上或者下。如果你回忆起台阶上的照片，会发现苦力们比骡子更可靠。四年来仅发生了两起事故，也没有致命，且都发生在雨天，本来也是不适合上山的天气。几年前，地理杂志上似乎有一篇关于泰山的文章，虽然比我能提供的更详细，但是据弗雷德和萨卜诺(Fred and Sabino)的统计。这座山有5000多英尺高，从几乎与海平面持平的平原笔直上升，有6600个石阶，而且这座山非常陡峭，从地理上看这个国家似乎并不太古老。到了最后几乎全是台阶，从下面仰视峡谷顶部的一扇红门，这是一幅让人终生难忘的景象。在下游，沿着小径有雪松，有些像日本的奇松；在我们吃午饭的山顶有寺院，一个道观，这不是佛教，所以我们吃了肉。我们上山用了6个钟头，下山用了3个钟头。当然我们差不多是走上去的。开始时有雾，看不到什么景色，但一天过去了，随着风起，我们到达了山顶，一切都很清楚，但有一种柔和的雾阑的效果。东边是我们看不见的大海。在形式上类似于亚利桑那山脉，但是没有灿烂的色彩，然后在另一个方向是平原。一路上有成百上千的碑刻，顶部一般是"诗"——比如听到流水或瀑布声；或者天空的颜色和水声；或者听到松树的呼啸声；或者我们来到更好的地方，很多地方都提到天空或天堂。当然，这很容易让人理解为什么山会变得神圣，但陡峭的山势一定会让人感觉到，你正在上山是为了进入天堂。

没有人知道这条路和台阶是什么时候修建的，台阶都是用石头砌成的，尽管这座山有12卷的历史记载。下山时，我们离开盘道去看1500多年前刻在平地上的佛经，每一个字大约一尺半。不幸的是，有时水流冲刷，很多字原来的样子都被水蚀了。在山顶附近有一个很大的汉代皇帝的碑文，刻在一个悬崖上，距今2000年。中国人对文字的感觉是无法表达的，即使是一个新手也能看到新的汉字远远低于旧的汉字，它们更挺拔、更机械。受过教育的中国人上山去看这些汉字，就像我们去一个漂亮的画廊一样。朝圣高峰已经过去了，但我们见到的香客一定有一两千个。他们大多数是农民，还有许多老妇人。朝圣者们(这些可怜的妇女)通过攀爬获得功绩。她们裹着双脚，在上千级台阶上颠簸，她们睡在台阶的顶端，或者一路上就地而睡。陶先生数了数，那里的乞丐有186人，没有以前多，比北京的乞丐显得更不专业。他们不向上天抱怨，许多农民在岩石间堆了几码梯田，许多人住在路边的洞穴和稻草房里。大多数人养着母鸡。他们在路中间偷懒，或者把篮子放在那里，然后走开，苦力们平静地在他们中间穿梭。他们的篮子里只有现金，一两铜钱，所以朝圣者可以不花大价钱获得功绩。为了增加收入，管理者雇用了抬轿子的人，费用由我们承担，他们是以官方价格雇来的，一百铜币，大约75美分，一把轿子三个人。我们给他们买食物的钱和小费，所以他们至少得到了一美元。但想想抬一个人上山下山，至少每程6英里，只有1美元或官方规定的25美分。回来的时候，他们像开始的时候一样，兴高采烈，而且当他们得到了报酬时，单腿礼节显得非常优雅。

……

约 翰

(三)露西·杜威写给杜威家族的信

1921年7月22日　济南府

这次我们去了曲阜和泰山，比去年好多了，因为那里很凉爽，我们能有更多的时间。……在泰安，我们的运气比较好，因为我们受到了当地官员的照顾。那天晚上我们睡在学校里，吃了一顿美味的晚餐。第二天一大早我们就出发了，在离山顶四分之一远的一家尼姑庙[①]吃早餐。这是一场普通的宴会，中国绅士们早餐都喝白兰地……上山的旅途很愉快。那是一个半阴天，下面平原上的光线很美。今年春天这里下了很多雨，溪床上满是水，是一条真正的山涧，清澈而美丽。我们2点半左右到达山顶。这次我坐了一把轿椅，从去年我和伊夫林(Evelyn)倒下的地方走了上来，向他们展示我能做到。很遗憾，伊夫林从未登上顶峰，因为这是我见过的最令人惊叹的景色之一。泰山是四周最高的山，低矮的山脉和山谷就像学校里的地形图。你可以看到黄河及其北面和南面是一片大平原。今年雨水充足，这个国家非常富饶，充满绿色，比我以前见过的要美丽得多。

……

露 西

短评

通过杜威的信件可以看出，他对泰山并不了解，但是泰山之旅也让他印象深刻，因此他对住宿、山轿、登山、自然环境等的介绍比较丰富，让读者透过他的语言了解当时的情景。同时他还提到石刻碑碣，虽然说不准确时间和来历，但是也能体味这些饱含历史的记忆。他还提到陪他的中学校长，“当他向你鞠躬的时候，他会摸他的眼镜，就像我们的帽子一样”，这与《学林散叶》上的记录联系了起来，“杜威游泰山至五大夫松石岩休息，忽然看到‘五大夫松’四字，问是何意。伴同的某中学校长英语不高明，就冲口道‘Five husband tree(五棵丈夫树)。’杜威闻之点头，叹息不已”。总体来看，这段记录是有据可循了。但是“五大夫”的历史性失语也并非一时造成的，据《史记》记载，秦始皇登封泰山，中途遇雨，避于一棵大树之下，因大树护驾有功，遂封该树以“五大夫”爵位。唐朝就已经被讹传，明代万历年间，原松树被雷

① 推测这里是斗母宫。

电毁坏，清雍正年间，钦差丁皂保奉敕重修泰山时，补种了五株，现在仅存两株。五松亭旁有乾隆皇帝御制《咏五大夫松》摩崖石刻。历史与现实的辉映总能让人记忆悠长。

另外，露西的信件提到了“中国绅士们早餐都喝白兰地”，和“今年雨水充足，这个国家非常富饶，充满绿色，比我以前见过的要美丽得多”，总让人能感受到当时的自然景观和生活情境。

透过哲学家的信件看泰山，着实感受到泰山的古朴和悠长，也能体会到泰山作为中华优秀文化的代表所传递的内涵。杜威记述所见所闻所感，并将此付诸笔尖，让世界更加了解泰山，了解中国。他对中国社会的观察、体验和描述有助于我们重新认识中国文化的现代意义和世界意义。杜威曾说：“我向来主张东西文化的汇合，中国就是东西文化的交点。”[①]所以，不妨想象从世界的角度看待泰山文化，这也具有重要的现代意义。

值得指出的是，西方人对中国人是蔑视的，他们竟把苦力们与骡子相比。

三十三、本章小结

这一时期的泰山外文文献开始了更加深刻的研究，对泰山文化的介绍和渊源考证多了起来，如艾思柯、慕稼谷的相关考证和追本溯源，同时也有文献以泰山文化为代表思考中国文明，如狄更生的思考等。

另外，外国作者向其母国（如面向美、英、加、澳、新等国）报刊上发表了大量关于泰山的信息，他们均对泰山的神圣地位予以积极传递。这些文章大多数是以游记形式呈现；也有的是专门介绍，比如美国国家地理杂志上对泰山的介绍；还有的是研究性的，比如朱丽叶·福特的文章。

① 孙文晔：《杜威在中国》，《北京日报》2019年11月19日。

第四章 泰山文化外文文献持续发展

本章收录的外文文献时间段是从20世纪20年代到20世纪中期，为泰山文化外文文献的持续发展阶段。这一阶段文献的主要特点是作者研究更加深入、细致、多元化，配图增多，内容丰富。本章主要是对这一时期的外文文献进行整理、译介，并进行总结评述。

一、威廉·斯太杰[①]笔下的泰山

1920年，斯太杰在《基督教倡导者》[②]上发表《泰山——世界上最古老的朝圣之地》[③]论述了泰山的历史地位、泰山朝圣、寺庙等信息。同年，他又出版《外面的人与思想》[④]，同样也论述了泰山的历史地位，还将泰山与日本的

---

① 斯太杰(William L. Stidger，1886～1949)，生于美国西弗吉尼亚州，美以美会牧师。1918年，在法国基督教青年会担任卡车司机。1928年，获得堪萨斯卫斯理大学博士，1935年获得赛勒学院希伯来文学博士。1913～1916年，旧金山美以美会牧师；1916～1919年，圣何塞第一教堂牧师；1919～1920为纪念卫理公会一百周年而进行著名的远东之行，著作包括《来自七大洋的明灯》《外面的人与思想》等。后来入职波士顿大学神学院担任主任，之后任波士顿万国教会牧师。

② 《基督教倡导者》是美以美会在纽约出版的周刊。开始出版于1826年，到20世纪30年代已经成为美国最大的周刊。1973年，因为教会规模缩小和其他一些期刊的出现，在12月份出版了最后一期之后就停刊了。

③ William L. Stidger. *Taishan-The Oldest Worshipping Place on Earth*. In *The Christian Advocate*. *January* 8, 1920. p.918.

④ William L. Stidger. *Outdoor Men and Minds*. The Abingdon Press, New York Cincinnati, 1920.

富士山相类比。1921年，斯太杰又出版了作品《来自七大洋的明灯》[1]，不仅多次提及泰山及泰山信仰，还将泰山南天门的照片放在扉页上，足以看得出泰山在作者心目中的地位。以下内容为摘译：

(一)《泰山——世界上最古老的朝圣之地》

泰山，中国的圣山，通常被称作"世界上最古老的朝圣之地"。

"这句话具体年代是什么时候?"我问身边的一位传教士。

我的意思是有明确的记载显示耶稣诞生在伯利恒之前的23世纪，而这里已经是华夏民族的朝圣之地了。在宋朝之前，公元1000年左右，泰山已经成为众多香客所祭拜的帝神；公元前2300年，这里仅仅是作为纯粹的自然朝拜之地，因为泰山是这里最高的山。

香客们每年二月、三月、四月蜂拥而至，到泰山朝拜。成千上万的人，经常是每天有5～10万人爬上那6000级台阶到达泰山极顶祭祀朝拜。他们并不是来向神要求什么，而是对过去的一年所受到的神的眷顾表达感恩。

经常会有人舍身许愿。他们登上泰山从那悬崖纵身投入深谷。因为有太多的人那样做，以至于政府不得不在这里建一面墙围起来。建这样一条6000级台阶组成的路也肯定花费了巨大的劳动力，每一步路都是石头砌成。

我们这群急切想上山的美以美会士们在清新、凉爽却阳光明媚的1月份去爬泰山。我们一早出发，在轿夫们的协助下，更加从容了。这些轿子在泰山以外也曾见到过。两名轿夫抬着一个简陋却很舒服的轿椅，这些轿椅是藤条编织而成，当徒步攀登那从山脚延续到山顶的盘道筋疲力尽时，被轿夫抬着是件很惬意的事情。轿夫们是一群苦力，但是他们脾气和善，欢快愉悦。他们的幽默让我们不虚此行。他们一路上没有过多停留，费尽力气，因为即使是抬着最轻的人走1英里也并不是件轻松的事。

石头盘道蜿蜒而上，透过树叶遮蔽的丛林，越过涓涓流动的山涧溪水，在布满苔藓的古老牌坊下延伸，穿过拱形隧道，点缀有古老的藤蔓，掩映在古树之下，野山羊在垂悬的山崖上嬉戏，红色的寺庙点缀在山边，不停地走走歇歇最后终于征服了那将近45度角的2000多级悬崖峭壁之上的台阶，我们登上了山顶，看到了享有盛誉的山间景色和绵绵延伸的山谷。这样的景色只有在优胜美地通往冰川界点的悬崖远足路线[2]中或者加利福尼亚的西艾伦

---

① WILLIAM L. STIDGER. *Flash-lights From The Seven Seas*. New York: George H. Doran Company, 1921.

② 优胜美地又叫"约塞米蒂国家公园"(Yosemite National Park)，位于美国西部加利福尼亚州，内华达山脉西麓，峡谷内有默塞德河流过。占地面积约1100平方英里，是美国国家公园。这一到冰川界点的远足路线共有4英里左右，景色绝佳。

山脉[①]上或者在朝鲜有1英里的通道可以俯瞰东海的地方才会看到。毋庸置疑,人们在泰山朝拜,数以百万计的人们要登上这一神圣之山祭祀祈祷。

(二)山脚下人性化的布道场

但是当我站在泰山极顶的时候就在思考“这对他们来说有什么用呢?一点都没有!什么都没有!这并没有让他们的灵魂变得更强大;并没有让他们成长;并没有将他们带出黑暗。这座山从公元前23世纪就已经成为人们的朝圣中心了,但是却没给人们带来什么。就像是日本镰仓市的一座破旧铜制大佛像[②]那样,极度冷漠地俯视着众生。对于他们的苦难遭遇、无知、迷信,并未能给予学校、医院,也没有任何希望。”

我从山顶向下望去。下面肥沃的山东大平原向远方延伸,一眼望不到边。这是一个美丽的地方,一条小河蜿蜒曲折,错综折返流过一个大峡谷。这使我想起圣女贞德诞生地——栋雷米拉皮塞勒镇默兹河的智慧之谷。这里是激荡人灵魂的地方。但是在那山谷之下还有比激荡我的灵魂更重要的东西,那是在泰山之下的美以美教会。

在泰山脚下,有一所女子学校,挤满了中国妇女;有一所女子寄宿学校;有一所男子学校和一座能容纳700人的教堂,经常人满为患,再也接纳不了更多想加入的人了。

在山东这一方圆80平方英里(约207平方千米),人口450万以内的区域,美以美会有2000个成员,占据了12座城市。

山东是美以美会巨大的牧区,在最古老的朝圣之地有450万灵魂。

(三)浪漫之始

中国是充满浪漫传教故事的国度。这里就有一例:

几年前,一名叫王瑞符[③]的人从泰山不远处的一座小城碰巧到北京。那时候他听说传教士在那里有礼拜并且唱赞美诗。他被歌声吸引了,并且走了进去,他从一本被宣读的书上听到了耶稣的故事。他想带一些这样的书回山东。北京的差会就给了他一些,他带回到安驾庄后就开始独自宣教活动。人们争相听他祷告,听他讲耶稣是给人类带来光明和希望的。他们从

---

① Sierran Heights,是非正式称呼,正式名称叫Temescal山脉,原名Sierra Temescal,是美国南加州河边县西部半岛山脉最北端的山脉之一。它们延伸到埃尔西诺断层带以东的圣安娜河东南约25英里处,到达特曼库拉盆地,形成佩里斯地块的西部边缘。西面是圣安娜山脉,南面是埃尔西诺山脉,东面是佩里斯山谷和湖景山脉。

② 镰仓铜佛是日本第二大佛。位于神奈川县镰仓市高德院。1252年铸造。铜佛为佛教阿弥陀如来佛,通高11.312米,重121吨,露天盘坐在2米多高的台基上,双手放置膝上,手握弥陀定印。

③ 原文是王诚丕,显然不对,应该是王瑞符。

未听过这样的故事。

最后，王瑞符请求北京差会派驻牧师给当地信众施以洗礼。派克博士[①]和刘海澜博士应允前往。这就是美以美会在山东传教之始。

王瑞符去世后，他的儿子推着他的母亲、儿子和姐妹去北京继续倾听耶稣教宗。

后来在这座小教堂里，两名男孩被选中去北京的教堂学习。有一个去了。就像牧师自己说的："另一名没去。他母亲说：'为什么去北京跟着外国魔鬼学习？待在家里好好种地。'"

今天，那个去了北京学习的男孩现在已经成了著名的基督徒博士之一，另一个没去的呢，还在泰山脚下那个小城里推手推车。

（四）《外面的人与思想》[②]

中国泰山是代表东方的伟大宗祠之一。30世纪以来，人们一直在此祭祀、祈愿。就在这里，圣人孔子曾经攀登6000级台阶到达山顶，身后是那遍布的古老寺庙、庙塔和巨石，以及飘荡在风中的无数钟铃发出的叮当悦耳声。（见图4-1）

图4-1　威廉·斯太杰《外面的人与思想》(第65页)中的泰山

已经无法考证由谁带领人们用花岗岩铺就这6000级台阶的浩瀚工程了。但是，每年成百上千的香客们从全国各地奔袭至此，以虔诚之心踏上这

① 美以美会记载是沃克，不是派克。虽然两人是同时到达北京教区的。详见 Wade Crawford Barclay. *The Methodist Episcopal Church* (1845～1939) The Board of Missions of The Methodist Church. New York, 1957. p. 413；法思远.《中国的圣省——山东》(Robert Coventry Forsyth). *Shantung The Sacred Province of China In Some of Its Aspects Spects*. Shanghai Christian Literature Society, 1912. p. 244.

② William L. Stidger. *Outdoor Men and Minds*. The Abingdon Press, New York Cincinnati, 1920. pp. 65、71-72.

些台阶到山顶许下愿景。母亲们曾经许下愿望，如果怀胎分娩的历程一切平安，她们将来泰山还愿；商人们过去的一年生意兴隆，他们将爬上泰山致以谢意。从山顶向远处望去，能看到遥远的海天相接，富有魅力的美景，端庄无限。泰山被称为“世界上最古老的圣地”。

当站在清风拂过的山顶时，会感觉到那种庄严、崇敬。在摩西将他的灵魂从埃及救赎很久之前；在以赛亚出生、梦想、离去的几世纪之前；在耶稣诞生之前；在欧洲文明之前；在美洲大陆上生活着印第安人之前，人们已经登上泰山祈祷、祭祀了。

（五）《来自七大洋的明灯》①

泰山，世界上最古老的崇拜之地，离孔子的出生地不远，在山东，是东方最神圣的圣地之一。在那里，上百万的人们数百几个世纪以来都攀爬过6000多级花岗岩台阶，到山顶许愿；远眺蓝色的大海；感受那清新、奇特和登上至高处的成就感。孔子自己也曾爬上泰山而小天下的。那种美妙的景色和我们在一个冬天的夜晚，在朝鲜黑钻山山脉看到的日本海日落景色一样。事实上，这些都将是伟大山顶上的明灯，将无与伦比的奇迹蚀刻到人的灵魂深处。（见图4-2）

（第39～40页）

图4-2　威廉·斯太杰《来自七大洋的明灯》（扉页）中的泰山

① Willian L. Stidger *Flaish-lights from The Seven Seas*. New York: George H. Doran Company, 1921.

直到我第二天登上圣山，我才意识到以前从未考虑到这一点：如果中国人失去了山东将意味着什么。“这是世界上最古老的祭祀场所”，同行的历史学家说，“世界上没有任何地方的祭祀活动能持续这么久。在这里从公元前2000多年，男人们和女人们就在此开始祭祀了。从中国历史上古时期至今，皇帝都会来此祭祀。孔子也能爬上6000级台阶在此祭祀”。

那天，我们爬过了6000多级台阶到达山顶。这些台阶特别规整，是由早期的朝圣者在数千年前铺就而成。

唯一可以和爬泰山相媲美的是攀登塔玛派斯山①，俯瞰整个旧金山。整个攀登几乎相同。虽然整座山高度只有1英里左右，但是对于不常登山的人来讲，攀登起来特别困难。即使这样，成千上万的人每年都从中国各地赶来朝圣。

我们爬到了泰山顶，看到了秦始皇立的“无字碑”。几千年前，秦始皇想将学问逐出中国。② 我们看到了孔子登临处，在这样一个晴朗的天气里，瞥见了90里外的太平洋。这是很艰难的攀爬之路，但是一旦站在这中国最神圣的山脉之上，就能理解如果泰山作为朝圣之地落入外人手中，那将是中国的精神损失。

（第170～173页）

短评

就第一篇文章来讲，很显然作者在史实上犯了很多错误，人名混淆两处，文中提到的日本和法国的地点也不完全正确。

最需要注意的是，作者的态度比较偏颇。其实几千年来泰山信仰并非作者所述没有实际作用，很多信众登上泰山求得一份安心，许下愿景，对未来充满希冀这都是好的作用。同时泰山奶奶的福佑、赐予后代和治病等也给人们带来了希望。所以简单评述泰山信仰太过肤浅。

《外面的人与思想》第三章节“山脉与圣经”这部分，提到世界上著名的山脉，毫无疑问泰山在那时已经众所周知了。作者将泰山、西奈山、富士山等一并提及是对其地位的肯定与推崇。与以往不同的是，这一部分的类比更能突出泰山的世界地位。而在山顶之上的遐想，也能让人身临其境，感受到泰山的伟大力量，相比较前一篇作者的偏颇态度，这一部分描写显然更加中肯，符合泰山的历史地位，而泰山给予人们的信仰力量也可窥一斑。

---

① 美国加利福尼亚北湾马林县(Marin County)的山脉，从旧金山和东湾很多地方都可见。海拔在2560英尺与2580英尺之间。

② 这里斯太杰影射的是秦始皇的“焚书坑儒”事件，但是很显然，并未表达到位。

如果说传教士进入中国有其深远的目的性，来到泰山也是因为泰山是朝圣之地，众多远近香客汇聚于此也是传教士赖以自信的重要方面。比如一开始建圣公会时就是这么筹划的，而美以美会直接将帐篷建在了上山的必经之地和庙会的集散地岱庙。但是毋庸置疑，几十年过去了，泰山信仰并未动摇，依然巍然屹立于东方，虽然人数减少，比如美以美会提到的朝圣人数骤减问题，但是这与当时社会政治动乱等背景相关，并非是人们的信仰完全缺失。正如作者所言，作为中国朝圣之地的泰山一旦落入外人之手，将是中国信仰的一大精神损失。

二、《圣约翰晚电报》[①]中的《中国的圣坛》(摘译)

中国有五岳，是祭祀的神殿，每年都有祭祀活动(成千上万的虔诚的朝圣者前往朝拜)。

其中最高、最神圣的是山东省的泰山，它是中国人的“圣地”。

泰山距山东省省会济南约50英里，离黄海不远，海拔5060英尺。千百年来，这座山一直是虔诚的朝圣者的麦加圣地；它的顶峰，事实上，是世界上最古老的永久的朝拜场所。

中国历史告诉我们，在基督诞生前3000年，泰山顶就已经是祭祀和祈祷的场所。皇帝、政治家、著名的将士和平民百姓都曾经或者正在攀爬崎岖的山路，登上神圣的顶峰去朝拜和祭祀。

几百年后，圣人孔子来到那里，与天地之神交流，并留下一根雕刻的花岗岩柱子作为纪念。

(一)绝妙盘道

在早期上山朝拜的岁月里，朝圣者必须沿着一条崎岖破碎的路向上攀登；现在，一条宽阔而平坦足有6英里长的盘道通向山顶。

泰山这条铺就的盘道是中国人所知的天堂之路。在天堂的入口处有一根柱子，上面刻有铭文“东天一柱”。有洞察力的名人和诸如此类的人宣布这条泰山上的盘道是世界上最著名的山路之一。上山的方式要么是坐在轿夫们抬的摇摆的椅子上，要么完全徒步上山。如果徒步登山是会有功德的。

在泰山顶上有许多寺庙：不仅有儒家的，还有佛教的和道教的。佛教的主要神殿供奉着王母；两座非常雄伟的神殿是为了纪念孔子的；而主要的道教神殿是为了纪念著名的玉皇大帝的，也称为天帝。

---

① 选自《圣约翰晚电报》(*Saint John's Evening Telegram*，简称《电报》)1921年12月29日。该报是加拿大纽芬兰和拉布拉多圣约翰的工作日和周六发布的日报，最早发行于1879年。

有许多小规模的寺庙。寺庙内有大钟，在给道士一些费用之后，他就会撞钟并向山顶的神仙宣告有朝圣客到来。

盘道沿途的巨石上刻着无数的铭文，由虔诚的朝圣者所立。他们以这种方式争相显示他们的虔诚。

(二)悲剧之崖

从泰山顶往下一点，沿着最崎岖的一侧，有一块被称为“爱身崖”地方。在过去崇拜的日子里，如果谁家里有病重的亲人，人们就会常常从这里投下山崖，希望以牺牲自己的生命来安抚神灵，从他们那里夺回病人的生命。该省当局现在已经停止了这种习俗，并禁止接近这里的悬崖。

泰山有各种各样的神殿和纪念碑刻是为纪念中国著名的哲学家孔子而建的。其中有一尊塑像是复制他出生地曲阜的圣人塑像，还有一幅是和他坟墓上一样的图像。

每年2月和3月，泰山朝圣大潮便达到高潮。在这几个月里，沿着花岗岩路向上爬到山顶的朝圣者的数量经常达到每天12000人。

短评

这篇文章描述细致，内容相对来说比较丰富，将泰山比作圣地麦加，足见泰山的地位和分量。此外，文章还描述了泰山的历史、盘道、寺庙和爱身崖等，给其国内受众一个完整的介绍，提供了一个历史文化圣地的参考。但是文章缺乏相应的考证，因此有些信息并不准确，比如提到孔子与上天对话的花岗岩石柱，尚缺少依据。

三、毕安祺[①]《山东，中国的圣地》[②](摘译)

在巴黎和会之后，中国的山东省在这次会议上独树一帜。史前以来，这一地区一直是中国北方文化发展和政治命运的枢纽。毫无疑问，由于其肥沃多产、气候温和怡人，古代中华文明在波斯和希腊战争时期这里就已经获得了最高的发展。在14世纪，又一次出现了爱国主义的剧变，最终导致强大

① 毕安祺(Carl Whiting Bishop，1881～1942)，美国考古学家、人类学家，以东亚研究见长。出生于日本东京的一个传教士家庭。1898年回到美国，先后读于汉普登-悉尼学院、德葩大学，1912年，获文学士学位。后赴哥伦比亚大学人类学系就读，师从著名人类学家弗朗茨·博厄斯，1913年获硕士学位。1918～1920年，曾兼任美国驻华使馆海军副武参赞。1921年，他回到哥伦比亚大学从事人类学研究。次年出任史密森尼学会下的弗瑞尔艺廊副馆长。此后，他分别于1923～1927年、1929～1934年两度带领考察队来到中国进行考古学研究。

② Carl Whiting Bishop. *Shantung, China's Holy Land*. The Museum Journal Vol. XII, No. 2 June, 1921.

的蒙古王朝——马可波罗著名的保护人忽必烈(Kubilai Khan)被驱逐出境。20年前这里又开始了义和团运动,这场运动是没有受过教育的群众为使自己的国家免受外国统治而作出的错误判断、不幸但完全是爱国和自我牺牲的努力。关于山东在远东的重要性,无须赘言,因为最近关于在凡尔赛宫对其权力分配问题的谈判,我们仍然记忆犹新。然而,它的文化和政治意义并没有使该省成为人类大家庭的重要圣地。但是在其境内的两个地点的存在,对中国人民来说,远比共和国境内的其他任何地点都要贵重。它们是,群山中最神圣的泰山和南边约40英里处的孔子出生和埋葬之地。从北京向南,沿铁路旅行,首先要经过华北大平原的东北端,那是黄河的恩赐,就像尼罗河给予埃及的恩赐一样。

我们视线所及的是一片沃野,偶尔不时地被农民的树篱、泥泞的村庄和成堆的坟冢打破。沿线的车站很频繁,每一个车站,当火车经过时,都是同样的人群,士兵、食品摊贩、乘客、苦力、车夫、流浪汉、乞丐,还有重要的时代标志——报童;所有的人都在说话、大喊、尖叫、打手势、推搡;但一切都很自然,很少因脾气暴躁而爆发。孔子的许多伟大成就中,最重要的一点是教导他的子民讲礼貌。他的戒律,在2000年的时间里,在世界各地传播开来,建立了一种沉着、文雅、善解人意的取舍理想,这种理想可能从未被超越过。这一理所当然并不是总能实现的,但它总是存在的,而且我在18个省中的12个省的旅行过程中,从来没有发现其失去吸引力的情况,无论是直接的还是间接的。我认为,这才是真正的原因,正如人们在远东经常听到的那样,你越了解中国人,你就越会喜欢他们。

现在,火车向南冲去,偶尔会穿过宽阔的沙质河床,在洪水泛滥的时候变成汹涌的洪流。我们从车窗上向外看,山体呈淡青色,像岛屿从平原上升起一样,从地质学上讲,山体正是很久前从浅海中一跃而起的。随着我们的靠近,山体的特征就越来越明显。但即便是在金黄的秋日,迷雾也无法软化那憔悴而崎岖的线条。斜坡上没有一棵树,到处都是裸露的岩石,山下到处都是凹凸不平的沟壑。那凹凸不平的侧面延伸到平地上,到处是碎石、砾石,甚至还有巨大的石块。

孔子时代的人们,没有一个像他们那样凝视这些山,憎恶现在的荒凉。那时候,从头到脚都裹着华丽的绿色长袍——栗子、雪松、冷杉、榆树、核桃、桦树。尤其是橡树和松树的森林,被零星记录了下来。即使是在平原上,也是耕地肥沃,尽管已经有2400年的历史了,但是大片的土地仍然被原始森林覆盖着。溪流蜿蜒流过这些深邃、平静、树荫植被良好的原始森林,一年四季都可以丰衣足食。《诗经》是中国现存最早的文学遗存之一,书中充满了关于樵夫之歌、树木砍伐、木材建筑和燃柴饮食的内容。许多这样的名字，如北林和大林，都曾在当今没有森林的地方存在过，讲述着同样的故事。对中国森林的滥用，始于封建制度的推翻，比我们的时代早了200年。古老的贵族对各种户外运动充满热情，他们热爱森林，为了比赛保护森林，他们在森林中庇护老虎、豹、熊、马鹿和野猪。偷柴而被抓的那个可怜的农民容易受到冷落，无故砍伐木材会受到野蛮的惩罚。就像长城一样无坚不摧的"秦始皇帝"推翻了旧的社会制度，使这些土地向农民敞开了大门。新的政府鼓励开发土地，来给国库带来额外的税收，因为森林经常成为土匪和叛乱分子的藏身之地。人民希望增加耕地来保证柴火和房屋原料，因此去摧毁那些长期以来肆无忌惮地破坏他们家畜和庄稼的野兽的巢穴。这个过程一直持续下去，直到现在，全国大部分地区的山丘几乎都被剥蚀了，大片肥沃的土地被深深埋在从剥蚀的高地冲下来的沙砾层下面，完全被毁坏了。林学家告诉我们，在这些地域，重新造林至少需要50年。这个世界上，也许没有比这更显著的例子表明人类对自然界不受控制的干扰所造成的灾难性后果。

我们在泰安府这个小城下了火车，这里是攀登圣山的起点。但在我们开始攀登之前，我们很有兴趣了解一下这座山的故事，以及它对中国人民的意义。孔子时期，泰山属于齐国，是当时秦朝统一封建领土之前较大的一块，也是当时北方和东方居住的野蛮人的缓冲之地。坚强、进步、组织良好，齐国被所有中国人和野蛮人敬畏。我们捕捉到一种精神的反映，它是流传很久的一个愉快的民间传说。据说，邻近的魏王曾向齐国的统治者吹嘘说，他有一颗直径1英寸的红玉，系在他的战车上，把它的横梁投得又远又宽。"我的珠宝，"齐王对吹牛的人说，"由四个忠心的官员组成，他们是我们国家的主要堡垒，他们的正直和能力照亮了我整个国家。"于是，魏王羞愧地垂下头来。

圣山的信仰主要是道教，是中国三大宗教之一，被称为真正的百姓信条。孔子的教诲代表了他那个时代和很久以前盛行的品格和行为的理想，在那个崇拜祖先的封建贵族中，圣人本人就是其中的一员。然而，道教的起源则是在被鄙视的普通人的万物有灵论信仰和在巫术宗教实践中寻找的，他们是从暗淡野蛮的史前历史中继承下来的。道家哲学的教诲从来没有失去其卑微的渊源。他们的民主化倾向和对人类细微差别的蔑视，真正表达的是民众对暴政、铺张浪费和傲慢而壮丽的贵族流血的反感。几个世纪以来，道教一直局限于无知无声的群众中，进展甚微。但是，在当时世界上为数不多的真正天才之一的伟大的秦始皇摧毁了旧有的制度，并在其废墟上建立了一个中央集权帝国时，他鼓励古老的民间信仰作为对抗贵族及其追随者自命不凡的另一种手段。后来，道教开始呈现出一些后来的形态，吸收了许多新的元素，其中一些毫无疑问是西方起源的。后者包括一些信念，如将一些次金属转化为黄金，以及认为存在一种长生不老药的信念。这些信念几乎与我们中世纪炼金术士所持有的几乎完全相同，毫无疑问这是从某种共同的来源获得的。然而，泰山与民间信仰的联系，可以追溯到这一时期。

在中国古代的观点中，山的属性似乎分为两大类。一方面，人们认为，它的重量和质量必须毫无疑问地确保周边国家的稳定和安全，并免受洪水和地震等陆地灾难的影响。同时，被看作是通过它的"聚云"或产生水汽的特性来增加田地的肥力和收成。与原始时代的普遍做法相一致，这座山最初被认为是活的。直到后来，人们才开始把它仅仅看作是一个灵魂的居所。与其他民间信仰一样，中国古代群众的信仰也没有任何伦理特征。这一因素，以及随之而来的对未来奖惩的概念，最初对神山的崇拜是相当陌生的，只是后来在大唐王朝(618～906)作为对佛教的一种借鉴而被加入其中。然而，正是这一特点，使泰山神成为中国最广受崇拜的神之一。他以冥府法官的身份，把逝去灵魂的罪孽与功德都记录在案，在大众的想象中占据了极其稳固的地位。在中国，每一个名镇都有供奉他的寺庙。然而，尽管他很受欢迎，但不允许其垄断圣山。还有一位泰山女神——碧霞元君(相当于希腊的"黎明女神")，她在中国北方的妇女中享有的声望就像在更远的南部和西部地区由佛教神明观音菩萨的声望一样。封建时代中国宗教的一个显著特点是女性神灵的完全缺失。旧的贵族和父权制政权严格拒绝在物质世界或精神世界中对不同性别公平的考虑。然而，现代中国有大量的女神，她们中的许多神灵在人气上与男性神灵不相上下。这种态度的转变，至少在其开始的时候，似乎有可能是受中国沿海地区古老土著人口的影响。日本人，在许多方面都与之非常相似，一直都有女性神灵。众所周知，皇室本身并不是从太阳神而是从太阳女神那里追查其后裔。而现在包括在中国神殿里供奉的各位女神，几乎都起源于沿海地区。这些地区一直住着古老的土著，直到被列入历史记录。因此，观音崇拜集中在长江口附近的岛屿上，这个地区在孔子时代仍然被认为是野蛮人，其萌芽几乎可以肯定是由融合的佛教僧人掌管的一个土著海神崇拜。同样，对水手们的守护神——妈祖的信仰，是福建省的特色。福建省在我们这个时代的6世纪才进入华人行列，至今还没有完全被同化。

泰安府城郊宜人，庙宇绿树成荫，城墙建于明朝皇帝(中国的建筑大师)时期，是中国省城的一个不错的样本。它的整个气氛是一种和平、尊严，这是由来已久的存在。也许这至少在某种程度上是由于它在物质和精神上完全被这座巨大的山体所占据。山海拔近5000英尺,向北只有几英里。在一天内完成登山并返回城市完全有可能,然而,这样做就会错过很多。不如像朝圣者一样,悠闲地走着,稍事休息,欣赏山清水秀、云淡风轻的美景,享受温暖柔美的阳光。

我们前一天晚上就作好了登山的准备——雇了苦力和山轿,所需的包裹和食物——我们在一个晴朗、凉爽、趣味盎然的早晨出发,先去参观岱庙。岱庙是一座古老的寺庙,占据了整个城镇的西北地区,在过去的2000年里,这里曾矗立着这样或那样的神圣建筑。除了朝圣季节外,几乎荒无人烟,阴凉的庭院里静悄悄的,令人陶醉。在其区域内有许多具有重大历史意义的大型刻字石碑。有一座纪念碑没有碑文,因此被称为"无字碑",按照民间传说,它是由伟大的秦始皇亲自建造的。[①] 实际上,它无疑与佛教相关,而且可能不早于六七世纪。它是一种被称为"幢"的类型,由几个装饰过的石鼓相互叠放而成,最大的一个在周长不到30英尺的地方。雕刻在其表面的装饰物是荷叶和云朵,有些细节真的非常精细。通常登山的山轿是由穆斯林抬着。他们身材很结实,很难驾驭和利用,但在另一方面,他们又很正直、友好,很容易说笑,即使是遇到麻烦的时候。传统认为,中国的穆斯林是一支阿拉伯辅助军的后裔,他们在唐朝时定居中国,并与当地人通婚。尽管如此,先知的追随者在形式、特征和穿着上与他们的儒家、佛教和道教同胞几乎没有区别。

他们很少有红脸颊,一副更像欧洲人的面容,也很少有所谓的"蒙古皱褶"的眼睑——对西方人来说,这种皱褶给人的印象是眼睛本身倾斜——这表明我们这里有一个种族,甚至有一部分是非传统中国血统的。即使是清真寺也几乎无法与寺庙区别开来,除了没有图像和偶尔出现的阿拉伯铭文。虽然一般中国人非常喜欢吃猪肉,但是他们拒绝,这是少数几个穆斯林与他们的同胞有着根本不同的地方之一。在维持这一禁忌方面,他们确实非常严格,我雇用的苦力就有这样一件事。当我要求他们帮我扔掉空罐头瓶时,他们会仔细询问这些罐头有没有装过猪肉。在平地上我们尽可能坐在山轿上,这样能多走一段路,因为后面还有很长的路要走。出了城,小径缓缓地向北面山脚挺进,大山就耸立在我们前面,山顶被经年累月的雨霜雕刻成许多奇形怪状的扶壁、尖顶和塔楼。抬山轿的人远远地指向左边,在一个孤独耸立的山上是一堵墙的废墟,这是中国丘陵地区常见的避难所之一,如此无

① 根据作者拍摄的照片和描述来看,这是一通经幢,并非无字碑。

声地诉说着动乱时期贫穷国家人民生活的可怕和不安。我们得知，这座特殊的类似城堡的建筑是由一群英勇的少女们在某个侵略或叛乱的悲伤时期建造并赖以生存的，但并没有人能说出这一切发生的具体时间。我们时不时地经过一些牌楼。那是一些由心存感激的人们为了纪念一些特别罕见和令人钦佩的人物而设立，比如一个诚实让人尊敬的罕见人物，或者一个寡妇，她通过拒绝嫁给第二个丈夫来表示对婚姻纽带的尊重。在远古的封建时代，也就是我们这个时代之前的几百年，统治者通常会给有名气的臣民颁发荣誉勋章。这些勋章就陈列在受赠者的家乡城镇和村庄的门口。不久，专门为此而建的大牌坊终于成为纪念性的标志，一直延续到今天。

这条路沿着一条几乎干涸的河床向山靠近，河里大量的巨石和鹅卵石都被冲刷到肥沃的土地上。石墙环绕着田野，这在中国北方是一个相当罕见的特征，那里的土壤大部分是纯冲积层，没有石头或砾石的混合。然而一些镶嵌在泥土中被水冲刷的鹅卵石，则是乡下人建房屋的材料；现在那些房子都没有屋顶，并且被遗弃了，只有山墙的部分还站立着，与饱受战争蹂躏的中世纪欧洲的“主教冠”差不多。在真正的登山开始后不久，我们转向左边去参观一个小寺庙，里面保存着一位道士的木乃伊，他在1703年将近100岁的时候离开了这个世俗的世界。随着我们越爬越高，空气变得更凉爽、更振奋、更鼓舞人心。优良的柏树林荫遮蔽了水平延伸的道路，只有圣山的庇护才使人免于去很远的地方去寻找柴火、棺材或木料。盘道不是坡道，而是石阶，凿得整整齐齐，铺得平平整整；随行的人告诉我们，这有7000级台阶，无疑差不多，因为山顶高出城镇四五千英尺。在一些地方可以看到非常古老和非常破旧的台阶就嵌在山体的岩石中。传统认为这些都和孔子时代一样古老；传统很可能是对的，因为我们知道，这座山的朝圣是从史前时代开始的，一定很早前就修建了某种道路。现代的朝圣之路，是用石板铺成，在许多地方都有，特别是在靠近激流边缘的地方，有一个雅致的石栏杆，有一个多世纪的历史。据说在冬天，台阶上形成的冰层非常危险。随着我们继续向前登山，动物变得引人注目。鸟类的生活丰富多彩，蜥蜴跳过岩石，蝴蝶欢快地在野花间翩翩起舞，其中一种精致美丽的山粉色并不少见。刻字的石碑，有的非常巨大，有的非常古老，在每一个转弯处都与我们会合，垂直的笔迹与切割它们的峭壁绝对平行。这种冷峻正式的角度和水平线产生的效果与我们的字母符号所产生的情况大不相同。在中国象形文字中，有一些奇怪的、私人的、重要的、深奥的内涵。书写者没有拘泥于死板的惯例，他能够在笔触中表现出与我们一样的亲密，也能突出表达出自己的个性，而这正是书画家拥有的独特境界。因此，这些无数碑文与我们没有任何不和谐之处，没有任何东西可以亵渎风景的自然美。他们所表达的情感也帮助我们认识到：所经过的峡谷和前方的高耸入云已被几代人视为圣地。

我们从上山到第一个牌坊途中停下来休息，中国的历史学家告诉我们，秦始皇曾经遇到大暴雨在一棵高大的松树下避雨，出于感激，他将松树封以"五大夫"的爵位。在海拔3000～4000英尺，在峡谷对面的一个斜坡上有一片松林，也许是这座在远古就有名望的山上最后一片森林的遗迹。其效果类似于公园，庄严的树木相距甚远，中间有大片阳光普照的草地。据说，孔子是在这里遇到了一名妇女。她正在为失去丈夫、公公和儿子而哀悼哭泣，他们都被老虎吞食了，但她却拒绝搬到更安定的地区，因为吃人老虎的存在比不公正的统治要好。这个故事当然是为了说明一个道德问题，但是老虎在这件事中被提及的事实，当然更生动地描绘了圣山在圣人时代的景象，那里有茂密的森林、丛林和野兽出没的隐秘之处。松树林上方的石阶迅速变陡，中间的台阶也越来越短。

经过最后一段近450步险峻的台阶，我们来到南天门。南天门是一个庄严的门户，进入其拱形通道就正式被认为登上了山顶。然而，在现实中，一旦经过南天门，这条路就从右边陡然升起，穿过成串的茅屋，在其他的门廊下，经过一系列的寺庙，我们在日落时分到达真正的山顶。那里除了南面部分，岩石从四面八方脱落，形成一座尖塔样子，上面建了一座神圣的寺庙以供奉泰山之神——玉皇大帝①。与中国最遥远时期的寺庙和宫殿一样，这里的主楼朝南，左右两侧都有附属建筑，前面的大门向外看是阶梯式的通道。

在这样一个院子里，有一个八角形的围墙，围墙上有一个雕刻的石柱，围绕着一块被认为是山的最高点的岩石，已经风化并有了裂缝。在主楼前，几个晚到的香客静静地继续他们的祈祷，忘记了我们的存在。我们受到了当地道士的隆重欢迎。他们穿着宽松的长袍和裤子，头发盘成一个发髻。这是在被满族征服之前17世纪的普通装束。中国的古老习俗是在他们的新臣民身上强加了他们自己的服装和队列。当给我们准备简单的僧侣晚餐时，我们漫步在建筑群旁边竖着栏杆的画廊里。西面，太阳像大红球一样淹没在淡淡的雾阑中。一年四季这雾阑都飘荡在华北大平原上。东面，黑暗中隐约可见一个附属山脉，几乎不低于我们所站的位置。向北延伸的其他山脊呈锯齿状，没有树木，黑暗的山间已经在夜间蒙上了面纱。在南面，地面开始逐渐倾斜，然后在悬崖、扶壁和峭壁的夹缝中急剧下降，一直延伸到下面的平原。万籁俱寂，宁静祥和，连微风也静了下来，头顶上的晴空，现在

① 作者将泰山神与玉皇大帝混淆了。

刚刚开始了闪烁的灯光,预示着一个寒冷的夜晚。道士告诉我们,事实上,虽然10月还没有过去一半,但山上已经下了一阵雪,不过很快就融化了。不久,一位年轻的道士给我们带来了晚餐,在一盏昏暗的灯笼的微光下,在原始祭坛前的一张粗糙的桌子上,我们用筷子挑着一大碗美味的面条汤,滚烫的,用大豆调味,旁边是最美味的酱汁。

然后,黑暗中,在头顶高耸的巨大塑像的注视下,我们在木板床架上转头睡了一夜。黎明来临,清脆明亮。一顿匆忙的早餐后,我们开始探索这座神圣的山顶。在寺庙正殿入口下方的露台上,矗立着一块高达16英尺高的石碑,顶部是一块屋顶形状的盖帽,上面有直檐线,中国所有的屋顶都是这样。直到几个世纪后,才出现上翘屋角的时尚。这座纪念碑上没有任何题词,它被认为是"始皇帝"所立。然而,近代认为显然是由汉武帝所立。汉武帝大约在恺撒大帝出生前十年左右在位。在山上找不到那种石头,将石头运送到这样的高度,难度肯定是相当巨大的。

东岳引起了我们的注意。这里曾有一个庄严的寺庙的围墙遗址,据记载,在公元前110年,汉武帝在这里举行了盛大的"封"的仪式。而这个仪式有一种神秘的东西,一个后来未能完全解开的谜。自武帝时代起,人们就普遍认为,这一习俗最初是由传说中的古代神帝舜在4000年前的神话时期开创的,然后武帝继承了这一习俗。然而,这一观念实际上是在公元前第二个世纪末首次公布的,目的是为汉武帝自己庆祝这一仪式提供一个先例。当然,在他的时代之前,在真正的有历史记载以来,从来没有举行过这样的仪式。他主持仪式的方式也有一种神秘的味道,因为除了他自己之外,只有一个官员被允许出席,这个人几天后就死了。世界各地都有一种流传甚广的观念,认为参加法术的仪式必须严格保密,以保证效力不丧失。这位皇帝的助手不幸离世,看起来很像是陛下不想泄露任何消息。

再往东一点,这座山在陡峭的悬崖上突然崩塌下去,形成巨大的悬崖,下面是万丈峡谷。穿过一个起伏,在最大的峭壁上筑起了一堵坚固的墙,上面写着"爱身崖"。对我们来讲,自杀几乎总是出于自私的原因,导致我们扮演自己刽子手角色的动机通常是希望摆脱某种不愉快的处境,在这种情况下,通过命运或愚蠢,他发现自己已经被安置。在中国却不是这样。有一个经常出现的动机,那就是把自己的生命作为一种替代性的牺牲,一种对某个所爱的人的生命的替代。认为人类命运的统治者即将剥夺某个人的生命的想法,可能会被另一个人的死亡所救赎。正是这种可悲的信仰,导致如此多的人在我们面前的悬崖投身赴死。守卫墙和威慑铭文已成为必要的。在爱身崖的南边,又有一条几百英尺深的裂缝,透过下面的薄雾隐约可见。在这个裂缝的另一边，在遥远的过去的某个时候，一个巨大的岩石柱倾覆了。被摔成几块巨大的长方形碎片，这些被某个幸运之神楔入的地方，形成了一个自然的台阶，台阶高达数米。这就是中国人所说的“仙人桥”——根据道教的教旨，那些在山上隐居的隐士和术士，他们通过禁欲和神圣的生活最终赢得了对肉体的绝对控制，以至于时空法则和地心引力失去了对他们的控制。它们在“西王母”的温柔支配下，在光明的王国里，从云层中翱翔而去，成为一种光荣的不朽。从圣山的南面看去，比这更迷人的景色很难找到。

在右边，当你俯瞰悬崖时，是一个朝圣者向上攀登的长长的山谷。几乎在正南，透过晨雾几乎什么也看不清，是平坦的矩形，这是泰安的城市与城墙。近在咫尺，在我们脚下的山坡上和悬崖上，有一大堆乱七八糟的岩石，破旧不堪，布满裂缝，不堪入目，但都是由炼金术师在灿烂的秋日修炼所致。

在我们周围，芳香的薄荷、深红色和粉红色的花、紫苑和风铃草吸引着成群的蝴蝶和蜜蜂。乌鸦、喜鹊和鸢在天空和高处盘旋、飞翔、栖息。难怪千百年来，人们来到这个宁静、与世无争的甜蜜世界，为自己的灵魂寻求和平、安宁和栖息之所。山顶的面积不大，几个小时就可以看完所有的遗迹，不过再多逗留一点也不遗憾。中午过后不久，我们开始了一个悠闲的下山，花了下午的大部分时间。当我们到达山谷的入口，也就是山脚的时候，太阳已经落山，寒冷的夜晚已经来临。左边，在黑暗神秘的山肩上，升起辉煌的满月，黑色的雪松树枝横穿了它血红色的脸。（见图 4-3 至图 4-10）

图 4-3　毕安祺《山东，中国的圣地》（第 9 页）中的泰山

图 4-4　毕安祺《山东，中国的圣地》（第 95 页）中的泰山

图 4-5　毕安祺《山东，中国的圣地》(第 97 页)中的泰山

图 4-6　毕安祺《山东，中国的圣地》(第 101 页)中的泰山

图 4-7　毕安祺《山东，中国的圣地》(第 103 页)中的泰山

图 4-8　毕安祺《山东，中国的圣地》(第 106 页)中的泰山

图 4-9　毕安祺《山东，中国的圣地》（第 109 页）中的泰山

图 4-10　毕安祺《山东，中国的圣地》（第 112 页）中的泰山

短评

作者在登泰山之前就作了历史文化的追溯，这是其他外文文献所不常见的现象，说明作者是有备而来，而且就所描述来讲，他充分了解了相应介绍，所以对于泰山信仰、香客等现象了如指掌。对登山途中所遇到的文化现象也能突出重点，着重讲述饱含文化内涵的现象。既联系历史又立足现实，将历史与现实密切结合起来，有理有据，引人入胜。

作者登泰山途中所见所感，均是站在人类学的角度去分析泰山所承载的东方文明，这是外文文献中非常难得鲜见的，值得细细品味。比如对爱身崖的描述，作者将东西方文明进行了对比探讨。西方的舍身是一种个人主义，自私地逃避现实，而舍身崖的舍身则是以自己的性命换取亲人的平安，看似愚昧实则是一种大义，一种大无畏的精神，所以无论作者站在人类学角度还是东西文明的角度，对中国文化的热爱和崇尚是作者的主旨。这也可以解释作者为什么回国后又两次率队返回中国进行考古活动。

虽然作者已经做了很多探索，但是部分文化现象有待考证，比如对“无字碑”“封”的仪式等还缺乏深刻的考察和论证。

四、费兰控[①]《伦敦新闻画报》[②]中的《漫游华北》[③](摘译)

原著泰山部分内容也在 1927 年 9 月 10 日的《伦敦新闻画报》(*The Illustrated London News*)上进行了图文报道,这里仅摘译报刊上的内容,图 4-11 至图 4-15 全部选自该画报第 126 页。

图 4-11　探海石

图 4-12　泰山刻字拓印

图 4-13　泰山轿夫

图 4-14　泰山台阶直通泰山山顶

① 费兰控(Harry Alverson Franck,1881～1962),美国旅行作家。

② 《伦敦新闻画报》(*The Illustrated London News*)是由英国人赫伯特·英格拉姆(Herbert Ingram)与他的朋友马克·雷蒙(Mark Lemon)创办于 1842 年的一份英国周刊。1971 年改为月刊,1989 年改为双月刊,2003 年停办。《伦敦新闻画报》广泛使用木刻和版画,是伦敦第一家采用插图的刊物,1912 年采用轮转凹版印刷。起初着重于报道英国社会生活,后来版面不断扩大,更包含了社会新闻与文化。1937 年 10 月到 1938 年 1 月,更开辟了"抗战现场",不断出现中国抗日战争的报道。

③ Harry A. Franck. *Wandering in Northern China*. The Century Co. New York & London, 1923. pp. 269-279、299. 此书记录了许多作者 1910 年旅行期间的重要见闻。

图 4-15　泰山乞丐

费兰控在《漫游华北》中引用了詹姆斯·亚瑟·穆勒在《亚洲》一书中关于泰山的描述："中国圣山之最神圣山脉，在圣山之上登山是最美妙的事情。这是一条古老的道路，用石头铺成，有石头壁垒，整齐的石阶层出不穷，有近7000阶。一直向上走，在古老的雪松和纪念拱门下，经过供奉着大大小小神仙的庙宇、道观和古朴的松树荫下的茶馆和商店，一路灯火通明，闪闪发着金色、银色光芒的纸锭是供朝圣客买了烧给泰山娘娘的……山顶海拔约5000英尺……你经过最后一棵树时，在你面前1000英尺高的地方，有一段几乎没有中断的台阶是天门。春天是朝圣的季节，长长的台阶上挤满了朝圣者。有些人跪着爬了4.5英里……我很高兴每段台阶都有一个小平台可以用来休息，欣赏下面的平原。我意识到中国的人口密度：泰安府本身就是一个3万人的城市，除此之外，我数了数，平原上还有146个村庄。从最顶端的山脊伸出一块奇怪的斜着的石头，一块奥林匹亚探海石直伸向寰宇。25世纪以前，孔子曾站在这块石头之上欣赏太阳跃出海面的壮观景色。在山顶的玉皇庙，一位被神化的术士骑在一条龙之上……他是道教的宙斯，虽然他的地位很高，但是他并不是这座山的主神，这座山的主神是泰山娘娘。据传说，泰山娘娘生于公元前143年，后来她决意成仙，于是她就到山上的一个洞穴内修炼，三年后得道成仙。她住在七座庙里最豪华的那座里面。……还有一座观音庙和孔子庙。它们能在这座道教的山上出现，显示了中国传统宗教信仰的神秘融合。"

短评

本文所摘选的内容，别具一格地采取图文并茂的方式展现泰山的形象和内涵，让读者对泰山的了解一目了然。每一幅照片均是对时代的记录，是珍贵的史料。

六、恩德斯夫人与泰山

恩德斯夫人与艾思柯，以及她们共同服务过的《字林西报》，均对泰山文化国际传播作出了重要的贡献。前面已经介绍过了《字林西报》和艾思柯，下面看看恩德斯夫人如何讲述泰山的。以下内容为摘译：

（一）泰山和玉女：道教最受欢迎的神

昨天下午英国妇女协会文学部恩德斯夫人在总部将泰山娘娘宗祠所在的泰山和那古怪蜿蜒让人望而却步的海拔描述得生动形象、引人共鸣。从她即将出版的一本书上读到了其中一章内容。

自从900年前宋真宗在圣山朝圣时在玉女池发现玉女像后，她就被认定是泰山神的女儿，从此就成为道教最受欢迎的神。从山脚到山顶需要爬6000级，数不清的妇女攀登上陡峭的台阶，到山上祈求子嗣连绵。每年，中国传统新年刚过，朝圣队伍就川流不息来泰山朝拜。

介绍完历史背景之后，恩德斯夫人讲述了她登泰山到达山顶的旅行。穿过天外村到达盘路，路两边都是寺庙、神龛，零星有朝圣客攀爬在那陡峭的石阶上，直到最后终于到达南天门。泰山娘娘神像、舍身崖、数不胜数的庙宇、下面的大平原等都被恩德斯夫人描绘在围绕中国历史上最神圣的山脉周围，充满了对其神秘、敬畏之情。

（《字林西报》1924年2月27日）

（二）泰山女神的家①

回到4000多年前朦胧的中国，在那久已遗忘的黄金时代，有一位叫舜的皇帝攀登上这座大山的顶峰祭祀上天。陡峭的台阶有4英里长，他不辞辛劳攀爬在这条笔直朝天的山路上，直到登上弥漫在云层里的顶峰，在那里以谦卑和崇高的姿态朝拜。接下来，经过几个漫长的世纪，这一记录已经模糊，随之而来的是一连串的故事，让我们以虔诚、敬畏的心态来阅读。皇帝和农民，富人和穷人，各个年龄段、各个阶层的人都行走在这条狭窄的“快活之

① Elizabeth Crump Enders. *Temple Bells and Silver Sails*. D. Appleton and Company, 1925.

路”上。在这些无穷的岁月中，数百万脚步踏在这条通往泰山的山路上，尽管它怪异、风蚀、忧郁、陡峭。在中国农历新年伊始，会有更多进香者队伍浩浩荡荡从山脚一直连绵不断，费力攀爬在这条进香之路上去朝拜寺庙、神龛，获得功德，完成誓愿。这一进香活动将持续三个月或更长时间。在早期，人们只朝拜一个神，但后来又朝拜许多神，如掌管河流、湖泊、云、雷、风和雨的神。因此，这座伟大的山——泰山，被认作是承载着某种神圣的精神，以一种微妙的方式将人们的祷告传达到上天最高的主宰之神那里。即使拥有双瞳四目的伟大舜帝，也在它面前屈膝而跪，柴祭上天，“望”国内山川。

因此，几个世纪以来，“东岳泰山”一直是汇云聚雨，掌管着土地、溪流、宇宙万物——太阳、光、热赋予生命的地方。也是人死后灵魂所托付之所，是地狱世界的审判法官。不足为奇的是，我们发现虔诚的皇帝们会在山地跪拜，携随从登上山顶，在祭坛前以牺牲祭祀上帝。在每一个重要的城市都会有祭祀泰山神的庙宇。庙宇的石碑上镌刻着关于泰山神的无数神话传说，如“泰山神审判毫厘不差”“此处不可欺”等。几个世纪以来，有一段时间信仰一直以佛教为主，但是九百年前，有一位真宗皇帝，宽厚仁慈、爱民如子，完全被道教的术士所控制。他信仰之深以至于将自己当作是上天的直接代言人。他说，这些信件是至高无上的玉皇大帝通过一个逝去的祖先传达给他。山上很多地方都惊现“天书”。皇帝相信它们应该刻在玉片上并埋在山上，然后在掩埋之地虔诚地建立寺庙。当然这些故事迅速蔓延到整个国家，甚至在山东省的一些茶馆里，人们对这个神奇现象广泛热议。他们的皇帝肯定非常神圣，才能得到崇高的玉皇大帝的青睐，因此，他难道不应该立刻回信吗？所以，最后有1200名老人被选中到都城汴梁去恳求“天子”到圣山封禅。答复是：立即颁布一项法令，在泰山举行一个盛大的仪式。官员们被差遣到各地策告苍天、后土、社稷、祖宗之神灵所在的宗祠、岱岳庙和都城各庙宇。毫无疑问，这一盛大隆重的仪式所产生的最重要的影响就是发现了“玉女像”。据说在山顶的水池中，真宗皇帝发现了玉女的大理石像，并宣称她是泰山的女儿。而后皇帝下令在发现她神像的地方建一座宏伟的寺庙，安放她的神像：坐立于庙中。在道教的影响下，她的人气甚至超过了泰山神本身。也许是因为泰山女神与佛教里的观音一样可以带给崇拜她的人以子孙延绵。这种思想极大地植根于中国人的心中。无论如何，她的流行从未减弱过。那些不计其数裹着小脚的妇人们怀着虔诚的崇敬之心，攀爬着起伏的山路，历经6000多级台阶来到泰山女神的庙宇前磕头祈愿。

在清凉、云雾缭绕的清晨，我们的“蓝色快车”停在泰安站，这个小站看起来很现代，因为有新的水泥建筑。我们走了几步就到了一个新建的耀眼的小旅馆。当我们被带进白色瓷砖浴室的豪华房间时，感觉这似乎不可能是在中国，尤其是山东这一进香圣地。但是没有时间留给我们去思考，我们得很快吃完早餐，因为山轿早已经备好了。我们早就听说过这些要抬我们上山的轿夫，于是津津有味地看着他们在酒店门口等着我们。他们都是穆斯林，几代人都从事这种生计，并因其上、下山稳当无闪失而获得了广泛的赞誉。“我们从没被绊倒过！”是他们自豪的荣耀。实际上很少有人知道他们是否被绊倒过。沿着一条狭窄的道路前行，两旁挤满了污浊的房屋和商店。一些敞开的店铺门口可以看到黑鬃的猪群在垃圾堆中摇晃着身体来回逛游，散发出阵阵恶臭。在这恶心的气味中，脏兮兮的孩子们却玩得很快乐。几乎每个低矮的房屋都敞开着，门上挂着不同样式的鸟笼。笼子里可以瞥见五颜六色羽毛的鸟，鸣唱着不同的调子从脏兮兮的笼子里传出。出了城，我们进入一片空地，又经过种植过玉米和豆类的田地。地里的庄稼都收割完了，只留下一片光秃秃的黄土。缓慢穿过一个平坦的村子，孩子们正在放成群的鹅和到处乱窜的山羊，后来我们就到了山脚下的三层牌坊岱宗坊。虽然我们已经走了1/3，但到达山顶仍然需要5个小时。轿夫们非常轻松地迈着节拍，有时还会哼唱或闲聊几句。经过了很长一段山路，两旁是兜售香火、吉祥物件和蜡烛的小店。老年妇女和小孩子们挤在山路上磕头，几乎挡住了香客的去路，后面是像鹦鹉学舌一般，异口同声地祈求施舍铜板的声音。山路两边是长长的柏树林，旁边是宽阔的山涧，但是这个月几乎是干涸的。纵深的树林峡谷，突兀尖锐的山涧沟壑，巨大无比的石块都标志着自己的存在；香客们在巨大的洞穴里祷告，高耸的瀑布，潺潺的溪流在古老的灰色岩壁上闪闪发光。四面八方都是大大小小的神龛庙宇，许多都是大门敞开，从中可以看到粗制的石膏神像披着各种花哨的长袍。在我们之上，直到天堂，似乎是4000年前舜帝所攀爬的道路！山脉把我们围了起来；巨石下面是溪水冲刷过的凹凸不平的河床；沿途的每个地方都有大小石头垒成的低矮的洞穴，是香客们新年上香期间避寒、休息的场所。那些乞丐一直跟着我们，脸颊胖胖的，泛着红晕的孩子们簇拥在他们母亲的脚下，在一片尘土中被授以如何在我们面前下跪、将他们的小脑袋伏到地上叩头，一些年纪大的孩子们一直在嘟囔抱怨。当我们经过时，他们穿着一团破布，抖漏下一片灰尘，追在我们的轿夫后面，瘦骨嶙峋的男人和女人们坐在破烂的衣服里，伸出枯槁如鸡爪般的双手。山上的地盘被自然地划分成各自的“势力范围”，每一群人都有自己的一块地盘，从来不会相互逾越侵犯边界。所以能迅速制止接连不断的啼哭声和乞讨声的办法只有我们迅速散发铜板。中天门是一块巨大的石拱门，我们在此休息，轿夫们停下来喝茶。和我们一样在路边休息的有一个老人和他的儿子、女儿。他们用自己的小水壶煮茶、吃东西，同时又怀着极大的兴趣端详着我们。女儿接近中年，裹着那种最小的脚，穿着向上翘的缎子鞋，这么小我不能想象她是怎么走路的。儿子更年轻些，看起来陶醉在梦幻中。他精致锐利的脸庞上闪现着一双充满向往的大眼睛，与常见的倾斜的杏仁型眼睛有所不同。我确信，这是来自遥远的异族血统——很久很久以前的血统。我知道他的想法集中在他们想到达的目标上，不过他必须与他的老父亲一起慢慢到达。此时他父亲正靠着一位仆人，他们旁边的扁担上挂着厚厚的铺盖卷，这个儿子要挑到山顶上。我猜测他们的旅程一定很漫长，因为他们的黑色的棉衣上都沾满了灰尘，老人也看起来疲惫不堪。不久，我们重新坐上舒适的轿椅，进入一个小峡谷之后，感觉山路开始变得陡峭，轿夫们也随着山势放慢脚步试探着前进。浓密的柏树林慢慢由稀稀拉拉的松树林取代，路上也看不到成排的小村庄了，孤独的流浪儿童站在岩石高处看护着他们的山羊。我们穿过深沟，经过黑暗的洞穴，那些熏黑的石头和柴草的灰烬表明这里曾经有香客烧火饮食。2000年前垒建的巨大石头台阶[①]仍然向上延伸着。轿夫们侧着身子，与台阶平行，像螃蟹一样一步一步向上爬行。行进过程中他们紧紧盯着台阶并且非常频繁地找机会休息。盘路有10～15英尺宽。跨越崎岖的沟壑和寺庙，看到了记录在我们之前无数来此朝圣的香客们作的石刻铭文。古老的书法是通往被遗忘历史经久不衰的钥匙，被凿进灰色的岩壁内，以巨幅字体呈现在世人面前。用以号召某种精神或纪念某位神灵的近代字体，还依稀可辨："药王庙""云海""关公祠""万仙楼""观音菩萨"。虽然阳光普照，但是整个世界灰蒙蒙的，呈现一片永无止境的忧郁。忧伤的、孤独的岩石与人类生活隔绝，融入天际，直到永恒。面前，一条"路"垂直而下，在其两侧雕刻了一条又长又直的灰色石梯。在两排石梯上爬动的斑点是香客们，跟我们一样。远处山顶之上只有一点闪闪发光的色彩，那里是"南天门"，正在欢迎所有到达顶峰的人。皮埃尔的轿椅和我的挨得很近，看着轿夫那紧张的肌肉，我觉得不能让他们再多走一步了。因此，在沉默和雾气弥漫的阴影中，我们爬上了最后300步。黑色的铁链沿着台阶两侧悬挂着的，我紧紧地抓着它们作为支撑，向上攀爬。呼吸变得困难，我们走走停停。我觉得有点眩晕，但是很快就过去了。最后，我们终于到达了"天堂之门"。在这里，尤尼斯·蒂金斯的话萦绕耳边，我又吟诵给皮埃尔：

---

① 根据《汉官仪》记录，泰山盘道最早可追溯到汉光武帝时期，后来不同朝代均有增补，一直持续到清朝。看得出，恩德斯夫人对泰山的研究非常细致准确。

Space, and the twelve clean winds of heaven, And this sharp exhalation, like a cry, after the slow six thousand steps of climbing. This is T'ai Shan, the beautiful, the most holy.

空灵的天空和十二级天堂之风，呼啸而来，就像一声声呐喊，越过的六千步阶梯。这就是美丽的，最神圣的泰山。

我们走进南天门，这座经年累月如同忠实的哨兵一样俯视着原子微粒般渺小的人们从不间断、不辞劳苦地上上下下这座圣山。人们来此祈求缓解疾病的痛苦，恳求获得上天赐予的恩德，并渴望消除他们的罪恶。我们知道，我们所踏过的每一步对中国人来说都被视为神圣之路。最经典之处是有铁屋顶的玉皇庙，其历史可以填满很多书籍。庙宇所处之地是曾经古老的祭坛，数个世纪以来，文人墨客、大小官员，当然还有皇帝来此祭祀。在这里，白天天空非常神秘地盘旋着一片祥云，夜晚射出一束光线；在这里，孔子曾登高驻足，望吴门马、小天下；在这里，曾掩藏着道教的忠实拥护者——汉武帝的秘密。在这荒凉寒冷的山峰之上进行如此神秘的皇家祭祀，竟然只有一位官员陪同他完成。据传，这位官员几天之后就去世了，那“天子”举行的神秘仪式世人也就无从知晓了。另一位皇帝玄宗骑白骡上山祭祀，白骡在完成任务后，没有任何劳累迹象地倒下死去。皇帝说“它达到了骡子所能达到的最大高度”，因此封其为“白骡将军”，并下令为其修建一座漂亮的墓塚。向下走几级台阶，就看到了一座漂亮的纪念碑。一整块巨石有 15 英尺高，上面盖着一块水平的石冠，侧面曾经只刻了一个字“神”。历史学家们一直在研究设想这座石碑的来历，但是很多人都认为这是那个 2000 年前建造万里长城的皇帝——秦始皇命人所立。这里还有一座碧霞祠，巨大的牌坊，宽阔的台阶，厚重的铁瓦片。寺庙里面，碧霞元君被供奉在神龛里，她的侍奉者和随从都围绕在左右供香客们祭拜。下面不远处是低矮的草房供香客们在农历新年吃饭睡觉。可以想象夜晚那烧火做饭的噼啪声和各种噪声，天空中的星星发出蒙蒙的清冷的光。让我最感兴趣的是这座荒废的小庙里坐落着泰山娘娘的华丽塑像：身穿玫瑰色刺绣长袍，内着红色丝绸衬衣。塑金的脸庞，高高束起的头发配以金冠装饰。一双裹起的小脚穿着绿松石流苏、大红色尖头鞋，镀金的双手放在膝盖上面红色缎子的小衬垫上，坐在红色和金色搭配的“龙椅”宝座上。左右的随从面容被涂绘过，衣服被烟熏黑了，脏乎乎的，周围还起伏着许多绿色丝绸褶皱。这是人们爱戴的泰山娘娘神像。新年之际，每天晚上她会被道士伺候宽衣入睡，第二天清晨醒来又会被伺候穿衣、登上那失去光泽的宝座。在寒冷、潮湿的房间里，我们站在那里，看着她微笑着洞察一切，似乎在思索着下一个朝圣季，一天到晚会有成千上万的女香客们蜂拥至她的庙宇。接着，她会再次聆听那隐藏在人们内心的渴望和呼唤，来保佑他们的家园。这一祈求本来是子孙后代要在先人的坟墓前敬拜时祈祷的。我帮她戴上那失去光泽的皇冠，又从她漂亮的裙子上抖下厚厚的灰尘，在那细长的手下拉直了垫子，并离开了，留下她独自冥想几个月。

我们去了另一个地点，是一个悬崖。在过去，进香者为了挽救垂死的亲人而舍身投崖。我们站在悬崖边上凝视远方，至少能看到1英里以下；一座山就像一把大刀子从上面切下来一样干净利落地被劈开。远处广阔的平原上点缀着大大小小的村落，天空下依稀可辨一条连绵起伏的山脉。远处30英里外是龙山，那里还住着匪徒；我们得知Paotseku[①]还有3000人仍然盘踞在最高处，距离我们站立的地方只有100英里。刚到下午就显得格外冷清，整个空气都是冰冷的，我们还想看更多地方——尤其是听说过的一个镀金的干尸道士——所以皮埃尔出发去找我们的轿夫以便能快点下山。很快他们又将我们抬在肩上，摇晃着穿过了“南天门”。他们彼此没有交流，步调完全一致地移动，一路奔跑到半山腰。我屏住呼吸，希望他们在落脚点会停下。但是，他们丝毫没有停下来的意思，并且每一步都坚实自信。一旦出错，我们所有人都会掉入可怕的深渊，必定难逃一死；但是他们悄无声息地一路小跑，步调一致就像是一个人在动，而他们的脚本能地遵从他们审视的眼睛。夜晚降临在山上，星星出来了。我们的轿夫即使蒙着眼睛也能找到路——并且知道我们的目的地是西边的玉皇庙。他们在门口大声喊了很长时间，直到最后一个小男孩出现了，惊恐地看着我们，然后跑去找一个道士。可能这是他们的晚餐时间，没有人在寺庙，等了好长一段时间终于有个人踉踉跄跄地走过来——很明显，他是喝醉了。得知我们是来看那具“干尸”的，他就提着灯笼带我们穿过一个院子，打开一扇小小的吱吱作响的门，进入一间低矮、充满难闻气味的房间。黑暗中，在一个破旧的祭坛上卧着一具人形骨架，外面覆盖着黄色绸缎长袍。干瘪的头向下弯着，一张镀金的脸上有一双眯缝的眼睛；膝盖上托着一双交叉的黄色皮包骨的手。手里抚着泛黑的羊皮纸书。灯笼摇摆不稳，不时地在他脸上投下一片跃动的黑影！皮埃尔掀起他的长袍，看到两条腿和两只脚的骨架，像他的双手一样也交叉着，呈东方人坐着的姿势。他叫孙真人，220年前生活在这座寺庙里，94岁时去世，很多年后得到人们不间断的瞻仰祭拜。道士说他是一个非常神圣的人，并且他的身体经过特殊的处理和盐的包裹，就像古埃及人处理尸体的方式一

① 编者注：原文作者用的“Pautseku”这个词，无法考证。

样，来存放生前神圣之人。之后，他以某种秘密的方式羽化升仙，人们把他的脸镀金以承受时光和各种物质的侵蚀。因此，几百年来，香客们来瞻仰他干瘪的身体凝神冥想，进香之后回家在茶楼等告诉邻居们他们看到了孙真人。

像中国这样拥有2000年历史的伟大国家，生活在其中心地带，我认为人是从来不会离世的！就像孔子，他们伟大的圣人，可能更应该说他活在人们的精神中而不是心中；因为是他理性与道德的智慧在吸引人而不是心理情感层面。数千年来，孔子并非是在教义和信仰上与佛教和道教相对立，而是作为一个伟大的高瞻远瞩的圣人，无论人们信仰如何都会协助他们。关于他的故事数不胜数，随着时间的推移充斥在厚重的书籍中，活在世代人们的思想中。因此，怀着对他深深的敬意和由衷想去看看他的安息之地，那个小村庄至今都住着他的后人，我们离开泰安去曲阜，泰安以南30英里的地方。我们再次找了一家小而舒适的旅馆休息。

我们和他们交谈了一会儿，了解到泰山南边有一个小山，那是人死后归属的神圣之地，继续向前就是冥界。一些家族和村庄在那里立了很多石碑来纪念和祭祀先人的魂魄。他们说那里确实是神圣之地，接着他们裹着小脚的女儿艰难地站起身，带着我走向了一个货摊，那里正在售卖碑帖。她说，她有一个爱女嫁到了湖南——非常远的一个省。她女儿得了病不能来看她，但她可以购买一些符咒和护身符带给她女儿。这些符咒和护身符带有泰山的灵气可以治好她女儿的顽疾。她从衣服内袋拿出一张卷着的图，上面绘着奇怪的五岳之图[①]；他们房子的外墙放着一块石头，上面刻着神秘的字体“泰山石敢当”。除了这些护身符之外，她还希望买一些神圣的大石头的拓纸，很久以前石头的两侧都刻有神圣的表意文字。她觉得这肯定可以缓解疾病，让她的小女儿恢复健康。

短评

第一篇文章讲述了从宋真宗发现玉女神像到泰山变成最神圣山的变化。天外村、寺庙、神龛、蜂拥的乞丐、陡峭的石阶、艰难前行的香客、南天门、舍身崖等等这些都使泰山变成最神圣、最神秘、最令人敬畏的中国圣山。英国妇女公会[②]成员的成果丰厚，其中艾思柯夫人不仅有专门的泰山研究，还在之后翻译了很多关于中国的诗歌。

第二篇文章选自恩德斯夫人的《庙铃与银帆》的第十一章，内容准确翔

---

① 推测这里指的是五岳真形图。

② 英国妇女公会(British Women's Association)是在上海的一个高端妇女组织，研究中国政治、经济、文化等信息。她们对泰山文化极为热衷，分别有诗歌、游记和专门的研究作品。

实，看得出作者是位细心细致的中国文化爱好者。艾思柯、恩德斯夫人、《字林西报》所讲述的泰山文化，都为传播泰山文化作出了贡献，足以将人们聚焦在这座历史悠久的圣山中。

七、《阿伯丁新闻和杂志》[1]中的《中国的圣山——艾米丽·乔治亚娜·坎普小姐[2]的旅行》（摘译）

昨晚，大量的听众怀着对东方神秘主义的兴趣来到阿伯丁的报告厅听取了坎普小姐关于"中国圣山"的演讲。演讲由苏格兰皇家地理学会的阿伯丁中心赞助。库克主席介绍坎普小姐不仅是一位演讲家和作家，还是一位艺术家。在之前的讲座中已经看到了她的一些照片，他们会很高兴看到更多的照片。她去过中国六次，写过五本关于旅行的书。他记得在她的一本书中读到了一位中国大使的介绍，说坎普小姐没有写中国的贸易港口，而是写了一些关于未知的、未经探索的中国土地，因此也更加有趣。坎普小姐在她的开场白中说基督教在中国传播得很快。很明显，在中国的妇女中，她们有着强烈的求学热情，她们以极大的热切和热忱去追求基督教。她开始迷恋这个国家的美丽和色彩。她觉得普通的照片无法充分了解这个国家是什么样子的，因此她提议展示一些素描，这些素描是她最后一次访问中国所画。那里的寺庙生活非常有趣，有着特殊的魅力，说明了人性中的普遍特征，即通过自然以崇高的形式与神接触的深切愿望。

坎普小姐接着描述了圣山，在那里朝圣者仍然去崇拜他们的神。她有许多回忆是关于参观修道院和寺庙的故事。从开始到结束，人们始终津津有味地聆听她的讲座。她的描述辅以大量的素描幻灯片，非常吸引人，不仅是因为这些是她的演讲插图，更因为这是她的艺术作品。最后，由休·F. 坎贝尔先生提议对演讲者致以由衷的感谢。

附记：

坎普关于泰山的描述也出现在另一本书《中国面容》（*The Face of China*. Duffield Company, New York. 1909）中。

---

① 《阿伯丁新闻和杂志》（*Aberdeen Press and Journal*）1924 年 11 月 26 日。该杂志为苏格兰北部和苏格兰高地提供服务，包括阿伯丁和因弗内斯等城市。它成立于 1747 年，是苏格兰最古老的日报，也是世界上历史最悠久的报纸之一。

② 艾米丽·乔治亚娜·坎普（Emily Georgiana Kemp，1860～1939）是英国牛津大学萨莫维尔学院的首批学生，后来开始探险生活，尤其是在亚洲的探险留下了多部游历作品和画作 。1909 年在两次游历中国的部分省份后出版游记作品《中国面容》（*The Face of China*）。作者从上海出发到达青岛，乘火车沿途经潍县、周村、济南到达泰山。

短评

坎普曾游历泰山并著有《中国面容》一书，对泰山的描述也充满趣味，并配以画作，让人记忆犹新。110多年过去了，在她的影响和传播带动下，泰山又一次被聚焦，成为西方人了解泰山，了解中国的重要窗口。看得出，传播者和书籍对泰山文化的传播带来了重要的契机，使处于世界视野下的泰山更富有魅力和神秘感。

八、贝克尔[①]《泰山：中国东岳》[②]（摘译）

这本书共225页，分为11个章节和索引在内的12个部分，内容分别如下：

第一章：简介。主要介绍泰山的历史地位和地理位置。论述泰山的历史地位用神圣和可敬作为关键词。神圣是因为他是元始首领祭祀上天的地方，是中世纪道教信仰盛行的地方，是当时的香客祈求幸福和长生的地方。可敬是因为天下的文人都称之为“丈人峰”。他坐落在中国的东部，是生命本初的地方，据说尧舜之前72位天之骄子都曾祭拜泰山。他为黄河岸边的人们提供庇护，是中国的“希望之乡”。圣人孔子在鲁国创造了传统文化，而泰山则因得到献祭而产生了新的文明。他是五岳之首，并且是生发之帝垂青的地方。从地理上，他在津浦铁路的主线上，处于济南和曲阜的中心，是“希望之乡”的心脏地带。铁路站南部有宝塔山（社首山）和阎罗殿。从铁路宾馆到泰山会经过乡间小路、天主教堂、圣公会教堂、岱庙、清真寺、迎仙桥、三教塔，然后到达登山的盘道。像《坎特伯雷故事集》里一样，朝圣的香客们有坐轿子的年轻乡绅，着装光鲜的和尚，穿着破旧的小职员。还有一些年轻的学生，他们熟知历史，爬山是为了像孔子一样“登泰山而小天下”。遇到最多的是农民，他们来泰山焚纸燃香，表达对泰山保佑他们五谷丰登的感激之

---

① 贝克尔(Dwight Condo Baker，1892～1971)，美国人，美以美会传教士，1920年被派驻泰安。到达后，他首先学习语言，接着参与一些教会的教学和管理工作，1921年成为泰安教区传教士并且成为当时泰安教区教会小学的总校长。资料显示，他在泰安教区一直工作到1924年才回国，并于1927年在加利福尼亚大学伯克利分校获得博士学位。在传教期间，他结识了教区负责人也是好朋友的赖恒利（Henry S. Leitzel，1886～1923），在其启发和协助下（贝克尔在前言中提到《泰山》这本书是由赖恒利开始的，但是中途赖不幸去世。实际上，赖恒利已经着手翻译十二卷的《泰山志》了。他还拍摄整理了登山途中盘道两侧的历史建筑的珍贵照片，这些照片在这本书中都有呈现），于1924年圣诞节著成《泰山：中国东岳》(*T'ai Shan：An Account Of The Sacred Eastern Peak Of China*)一书，接着由商务印书馆在1925年印刷出版。

② Dwight Condo Baker. *T'ai Shan：An Account Of The Sacred Eastern Peak Of China*. Shanghai：The Commercial Press，1925.

情。东方的巴斯夫人也是随处可见的，她们裹着小脚，走不了多远，但是坚持去给山顶的泰山老奶奶贡献祭品，这是一种功德。春天里，因为铁路和大运河的便利，很多来自开封府、苏州府等的朝圣队伍也是随处可见。朝圣的历史在任何泰山的文学作品里都有呈现，因为香客们都知道这是世上最古老的山脉，也是名君尧和舜治理过的疆土。中国是包容的，新旧没有任何冲突，反而新事物是向旧事物致敬的。那些高耸在悬崖峭壁上星罗散布的寺庙群充分代表了中国的特质：古老、耐心、包容、吸收新事物，尊重旧事物，像一块永久磁力的磁铁一样吸收越来越新的力量来延续传统中的保守主义。

第二章：盘路。这一章是登山盘路的起点，首先是岱宗坊里"岱宗"的出处，《尚书·舜典》记载："岁二月，东巡狩，至于岱宗，柴。望秩于山川。"接着描写丰都庙，并且提到道教里的阎罗就是西方的冥王，而十殿阎罗里泰山王是在大海之底的第七殿，掌管人死后的命运。因此"魂归泰山"(这一说法可以追溯到255年)成了人们离世的委婉语。这一部分还提到了火车站附近的宝塔山(社首山)是冥殿的入口。袁世凯在山东主政期间，义和团曾在此处举行仪式以便获得冥界的力量。岱宗坊西侧的泰山行宫是一个特殊的祭祀地点。岱宗坊北部有三皇庙：中间是伏羲，东侧是神农，西侧是黄帝。盘路的东侧曾经有先医庙，后来叫升元殿，并有石碑记载历史。接下来是白鹅泉、仙人洞、玉皇阁。玉皇阁里的雷神手拿斧头和剪刀象征力量，然而却有鸟的喙和爪，像是模仿的印度教里的神，尤其像哥鲁达(引自沙畹)。北斗殿的下殿和斗母宫、北斗台一脉相承，也在节日里受到供奉。金龙四大王庙讲述了南宋谢绪的故事，后来被认为是降雨的龙王而广为祭拜。老君堂里供奉着道教的祖先老子。接下来是王母池、吕祖洞、东西眼光殿、虬仙洞、回龙峪。关帝庙来源于三国时期的忠义关羽的故事。1594年，他被尊奉为武圣人，和文圣人孔子相对应。一天门有不同的解读：民间认为是攀登东岳的第一阶段，也是最开始尝到成功的欣喜阶段；文化人认为这是登山的一个阶段。孔子登临处是"孔子登东山而小鲁，登泰山而小天下"(《孟子》)的地方。理雅各又增加了对东山的注：一些人认为是指曲阜的房山；另一些人认为是费县的蒙山。另外此地还有孔子望吴门马的传说。

第三章：桃花源。本章首先写了红门宫，这是元君庙的中庙，上庙是碧霞祠，下庙是灵应宫。接下来是更衣亭、天街坊、合云亭、且止亭。观音阁是一座红色的塔，连接红门宫，之后是天关、大龙口。美国地质学家贝利·维理斯带领卡耐基探险队作中国的地理研究的时候，对此地作出了特别研究，认为这里曾是亚洲最早的地质年代寒武纪前的地质。现在留下的是山的骨架，曾经跟阿勒山和西奈山一样受到大批信众的佑护。山顶像一个巨大的新月形，顶点指向南方，北方是陡峭的山崖，山脊上有深深的裂缝。整座山体曾经只剩下一面墙的样子，突起的小山峰像是被废弃城堡的一个小尖塔。随着风蚀的作用，现在的人们只能想象它当时的样子了。在这里又找到了一座佛教的神像：观音菩萨（南海大士）。然后是与唐玄宗相关的白骡冢、万仙楼、隐真洞。斗母宫是另一座受佛教影响的道观：斗母的整体形象就是佛教形象，闪着红色的光芒，两侧分别有48只手臂，头上有金色三重冠，上面分布着很多小的人头。她的两侧共有20个星座形成的侍从。斗母是大熊星座的母亲，而大熊星座掌管着考试升迁，因此斗母得到供奉。三官庙里供奉的是道教里的天、地、水三位尊神。接下来是水帘洞、登仙桥、鹁鸪崖、歇马崖、经石峪。经石峪上的石刻金刚经是六世纪北齐时候的作品，已被水蚀。紧接着是壶天阁、天关、异仙阁、元君殿、倚山亭、回马岭、瑞仙崖、药王殿、金星亭。三大士殿供奉着文殊、观音和普贤菩萨。三大士分别在五台山、普陀山和峨眉山供奉，而最为人们熟知的是观音菩萨。接下来的一段路被称为十二盘，接着就到了二天门，表示登山已经到了一半的路程了。

第四章：快乐山峰。这一章景色多而优美，因此作者作了诸多描述。过了二天门就是黄岘岭、灵官庙、二虎庙、倒三盘、快活三里、黄西河、跨虹桥、增福庙、回龙桥、雪花桥、护驾泉、百丈崖、拦住山、弄月崖、半山亭、君子峰、卧马峰、三尖峰、傲来山、上桃峪、九女寨。黄西河附近景色最为优美，有黑龙潭、百丈崖、元始庙、长寿桥、馍馍石。接下来是御帐屏、雪花桥（榆木桥）、观瀑亭、飞来石。五大夫松曾被不熟悉真实历史的人称为“五棵松树”。但是五大夫松却着实是泰山文化的最真实点滴之一。当来自西方的暴君（指秦始皇）灭掉周朝登顶王位的时候，他想借封禅泰山来向上天汇报他的功德，就像尧、舜、禹、成汤、周成王封禅泰山宣告朝代更替一样。但是冒充和级别不够的天子从来不敢进行封禅，直到孔子提到一个痛心疾首的事实：季氏“旅于泰山”。这在孔子看来是非常僭越的行为，是对泰山的亵渎。管仲曾告诉齐桓公不要封禅泰山（因为祥瑞不够），古代七十二位明君才有资格。但是焚书坑儒的秦始皇不顾这些，下令李斯安排到泰山和梁父山的封禅。有儒生建议：不能坐车上山否则会因毁坏林木而对泰山不敬；封只能用简单的器皿和仪式。但是，这位暴君震怒并驱散了儒生，执意浩浩荡荡乘车上山。由于受到儒生的指指点点，秦始皇的封禅秘而不宣。下山中途遭遇大暴雨，他不得不在一个大松树下躲雨，雨过之后，为了蔑视儒生，秦始皇就给这棵松树封衔——五大夫。但这更激怒了文人，他们认为这更不合规制，因此，他们觉得秦始皇缺少明君的德行，受到了泰山的惩罚。在此影响下，1008年宋真宗封禅泰山时，将帐篷扎在五大夫松之下的大石头上（御帐屏）。

接下来是朝阳洞，又叫云阳洞。“云根”两个大字表明这里曾是农民祈雨的地方。朝阳洞前面是元君庙，而乾隆皇帝曾受感动写下诗句，被称为“万丈碑”。接下来是对松山、万松山、白云洞、莲花峰、老人寨、梦仙庙。

第五章：南天门。这一部分从处士松开始，重要地点有望驾石、憩客亭、驻跸亭、但仙亭、凌虚阁、振衣亭、圣水桥、龙门坊、升仙坊、慢十八盘、快十八盘（引用切佩的话，“每三四步就要停下来喘口气，以前只是读到这里，而现实体验教会我更多”）。南天门是盘道的终点，山顶的入口，这里应该是山顶最有名气的路标。它还有一个神秘的称呼叫摩空阁，即进入空灵世界。泰山被认定是离上天最近的地方，这一信仰从舜和禹到泰山顶上燔柴祭天就已经被继承下来了。接下来是凤凰山、关帝庙、御座、月观峰、秦观峰、天街麓、五贤堂、云巢、万福泉、后石坞、元君庙、蔚然阁、丈人峰、周观峰、围屏峰、虎头峰、老鸦峰。虎头峰上有佛教的寺庙万寿殿和御香殿，是在明末道教对于满族的入侵毫无助力的情况下建的。1641 年，智上菩萨像、钟和一些供奉在此呈现，然而来自印度的神比当地的神灵所起的作用更有限。当满族开始统治中国的时候，信仰又开始从虎头峰转向道教的东岳大帝和碧霞元君。在唐朝，丈人是岳父的意思，是五岳之首，它地处神圣的东方，其他的四岳都更年轻，不像泰山那样受到从舜、禹到孔子至今以来的祈佑和崇尚，更没有逝后神灵的庇护。泰山作为“丈人”的说法在唐朝的文学作品《酉阳杂俎》（作者：段成式）里就有出现。而“泰山”的另一层意思跟“去世”有关，这在另一部文学作品里出现过，所以“魂归泰山”是因为泰山之巅与丰都（地狱）紧密相连。

第六章：东方保护神。碧霞元君宫（碧霞祠）在天街的尽头，是泰山极顶最重要、最大、最富丽的和保护最完整的建筑群。前院建于 1661 年，南面较低的院落是个歌舞楼，左右两侧有鼓楼和钟楼。入正门（南神门），原有金阙供奉的元君铜像，是万历皇帝为了治疗自己母亲的眼睛而建，后来一场大火，这个铜像和铜亭就被移到了火车站附近的灵应宫。祠外的火池是香客焚香烧纸进献给元君供品的地方。上面院落（北院）设有很多神龛，中间一座是双层黄色屋檐的亭子，屋檐样式显示出皇帝一样的待遇。透过敞开的房门就能看到碧霞元君，穿着丝绸做的华丽衣服端坐在那里，祭坛上有一铁碗供海内外游客投放钱币。虔诚的香客尤其是遭遇疾病和干旱困扰的人们会在此跪地磕头三下以示敬意，并向其祈祷。一个大石碑上面刻字“感福应庇”。亭子北面是主殿：青铜瓦片，大门紧闭，只有紧贴在门口才能望见里面。长方形的院子里铺满了几英寸的香客的祭品：馒头、泥娃娃、钱币和妇女的绣花鞋。这些物品都是人们通过紧闩的大门扔进来的：如果祭品被扔进来了就说明被元君接受了，就会有好运；反之则是被拒绝。在那昏暗的房间里，我们能看到碧霞元君端坐在红色的宝座上，头上有照妖镜，降妖辟邪，头饰和普通的中国妇女一样，手持圭宣示权力，左右两侧分别伴有眼光奶奶和送子奶奶。眼光奶奶对于治疗眼疾有神奇效果，只需触摸她的神像然后揉揉眼睛就会立竿见影。而那些想延绵子嗣的需要到送子奶奶脚下拴娃娃。碧霞元君的信仰可以追溯到宋真宗时期，但这位女神拥有比东岳大帝多得多的信众。碧霞元君的起源有很多传说，有的说是唐朝李太白和刘禹锡的诗歌里呈现的五仙女之一就是元君，有的说元君是黄帝的化身，有的说元君是穿着羽毛的仙女，要去西方觐见王母娘娘。但是真正有历史记载的是公元1008年宋真宗在玉女池发现元君神像，据说这神像是1000年前汉朝的物品。就像天空象征天堂一样，五彩祥云是诗意的中国人给予东岳女神的最好称呼，也代表了她能给这饥渴的土地带来风调雨顺。接下来的更衣亭在明朝正统年间是征收香税的地方，另外还有遥参亭和济南方向的北天门，后来雍正废止了香税制度。东岳庙是东岳大帝的上庙，下庙是岱庙，中庙（老君堂旁边）已经消失。然后是摩崖，当属唐朝大观峰最为壮观。青帝威震东方又称广生帝君，被认为掌管生长和孕育。彭安多认为他是司春之神。而沙畹则认为他是五帝之一，这早在秦国时期就已经发展和衍生下来了。在古代中国，五是指五种元素：水、火、木、金、土。而在玄学里，这五种元素又称"五方"，接着又产生了五色，五官，五味，五帝。而青帝被人供奉似乎还在这些"五"的思想之前，因为在公元前7世纪的东周时期就有对青帝的祭祀，在公元前五世纪的秦国出现了黄帝和白帝的形象，后来在汉朝又出现了红帝和黑帝，这样五帝就齐全了。到了宋真宗时期，青帝被封为广生帝君，一跃成为道教的神明第一阶。青帝庙之后是元君寝宫，而最有趣的事情就是每年夏季唤醒元君换衣。

第七章：二神圣。玉皇观（玉皇顶）是泰山的最高点，这里享有最高荣耀，因为玉皇大帝是道教里最高的神灵，他是全天上最大的皇帝。院子里的极顶石预示着泰山的极顶就在此处。玉皇大帝掌管着东方这座奥林匹斯山也是非常合适的，因为他的祖庭在高不可及的昆仑山上，那里山顶终日被云环绕。玉帝的形象并非用玉石雕成而是在木头上重重的涂色雕刻，他手持金圭代表道教里的万神之神，头戴冕（一种像学士帽一样的长方形帽子，前后各垂下13条红色丝线，上面有绿的、红的、蓝的珠子）。13根丝线宣示他至高无上的权力。他镀金的袍子是传统的下垂样式。黑色的胡须和发髻表明他的尊贵和威严。玉皇观院子西侧是古登封台，东侧是燃香的祭坛，据说是古代皇帝埋藏封禅玉册的宝藏库。《山川典》第二章曾提到1510年成吉思汗派乔宇来泰山祭祀祈雨[1]，在玉皇观周围发现宋真宗封泰山的玉册盒子。1748年乾隆在此立下三块石碑赞美玉皇大帝（艾思柯夫人曾翻译这三块石碑）。有段关于玉皇大帝的历史传说：在凡间，他是位有名的中医，俗名张玉皇，治好了宋徽宗的病。后来张去世，宋徽宗赐他“玉皇”称号，再后来随着道教信徒对其信仰的不断扩大，就改称其为协天上帝。无字碑是玉皇观门口的独块巨石，上面光滑无字。石头是靠外力从别处搬上泰山的，就像建造埃及的金字塔和方尖碑一样。在形式和年代上，这块无字碑都可以和英国和美国的克娄巴特拉方尖碑相媲美。关于无字碑的来历众说纷纭，有的说是秦始皇公元前219年封禅泰山时所立，还有的说是汉武帝所立。但是记录秦始皇和秦二世来泰山封禅的石碑历经风蚀、挪移、损坏、烧毁，现已存放在泰安城的岱庙（即李斯碑）。孔子庙不起眼且朴素的建筑会让他的追随者失望。虽然全世界都知道孔子登泰山小天下，但是那是很多世纪之后人们对他的记忆。大概在15世纪建起一座过化亭，16世纪儒生们才决定在山顶给这位圣人建一座庙。这位圣人一直没有被当作神灵来对待，但是随着清朝统治的建立，儒家思想被当作一门宗教，且越来越多的具备其他宗教的特点，最后成了国家宗教，而孔子也成了满族统治者朝拜的，位列第一的神灵之一，他们认为孔子和天、地、清朝的祖先、土地神同等重要。

第八章：祭坛。吴观峰据说是孔子在此望见吴国都城苏州门口白马的故事，这在曲阜孔庙的第九十块石碑上也有记载。孔子问颜回在吴国的都城门口有什么？颜回揉揉眼睛说是一块白布。孔子说那不是一块白布，是一匹白马，并帮颜回揉揉眼睛然后再让他看，颜回这次说看到的确实是一匹白马。王充在《论衡》中嘲笑这个故事，并且补充说，颜回下山之后头发全白了，牙齿也掉光了，因为他试图努力达到像孔子一样有远见，但是未老先衰，中年早逝。王充这样批判是说人不可能从北方的泰山顶上看到遥远的苏州。北斗台建于明朝万历年间，台上有两根石柱叫辅和弼，一个是指大熊星座，一个是指泰山神，他们被认作是掌管天和地的最大神灵。接着是平顶峰、孔子小天下处、探海石。日观峰和月观峰相对应，也应该是皇帝祭天的古登封台。根据记载，公元666年唐高宗和1008年宋真宗在此封天。在此祭天的可能还有伏羲、尧、舜、禹、成汤、周成王、秦始皇、汉章帝、汉安帝、三国时期明帝、北魏太武帝、隋文帝、唐玄宗。这里是泰山上最神圣的地方。成化年间（1482），这里发现了石盒里的玉册，据说是在洪武年间（1368～1398）就被挖了出来，但是明朝皇帝怕打扰了山上的神灵，玉册又被重新埋

---

① 此处有误，应是明朝正德五年（1510），遣户部左侍郎乔宇祭泰山祈雨。

了起来。直到乾隆时期(1747),玉册被发掘并送至北京成了乾隆的珍藏,据说有两个盒子。1923年,在明堂发现了新的祭品,是周朝和汉朝天子封禅的祭器。爱身崖是人们献身的象征,是替人赎罪的地方,它总会让人想起日本的日光市和玛雅的尤卡坦(均以自杀出名)。爱身崖的初衷是尽孝道——通过儿子或女儿的牺牲换取父母亲的康复或平安。因此爱身崖之前的称呼是舍身崖。官方曾试图禁止舍身,并且建起高墙,然而这后来证明是徒劳的。高墙和警告并不能阻止不可名状力量的召唤,就像勇猛的奥德赛人阻挡不了西西里的海妖的诱惑,船员禁不住莱茵河的女妖的吸引一样。人们来此朝圣、纵身一跃为的也可能是一种功德,因为站在悬崖上,心是空的,全身虚脱,万念俱灰,烧纸燃香也不能奏效。另外,如果有宠爱加利利的主人存在的话(上帝宠爱加利利)就不会有舍身的问题了,更不需要官方下令不准在此处舍身的问题了。当然,正常思维的民众踏着学者、皇帝、诗人和农民所成就的伟大中国历史的脚步来到泰山,每一步都充满渴望,这是登山带来的快乐。只需一瞥全景,大自然在这座山上绽放的美丽就是对登山者不辞辛苦攀越盘道的回报。山南远眺就是孔子、颜回、孟子的家乡;汶河之水犹若黄色巨龙在齐鲁大地蜿蜒;山脚之下便是四四方方的平安之城——泰安。西侧,铁路旁边就是宝塔山,我们背后崇山峻岭之间隐约可见黄河。这里就是诗人们提到的泰山之安。

第九章:古代神龛。不到泰安城内供奉泰山神的庙宇看看,整个登山是不完整的。古老的信仰在岱庙并未消散,因为岱庙每年在朝圣季都会迎来成千上万的香客,而且直到现在逐年递增。对于一个国外的游客来说,更得到满足的是看到废弃的城墙里散发出的古树清香。在汉柏唐槐和宋金建筑里,人们依稀感觉到历史的波澜壮阔,并为之肃然起敬。岱庙的称呼来自《书经》里的"岱岳",而康熙皇帝又将它升格为万庙之庙。岱庙位于泰安城的西北角,占据1/4的面积,周长大约1英里,庙墙高13英尺,在城墙和六扇门分别有八个俯视全局的塔。正阳门南是东岳坊、遥参亭。进入正阳门是配天门(左右分别是青龙、白虎)、三灵侯殿(宋真宗在南天门遇到的三位周朝的官员)、三茅殿、仁安门、峻极殿、碑林、雨花道院、藏经阁、鲁班殿、寝宫、汉柏、唐槐。东侧有座遗忘的泰山家族的殿:他的儿子和继承人,也是美丽并且威震四方的碧霞仙子的父亲①。令人惊奇的是,这位赫赫有名的人物住所竟没有屋顶、破烂不堪,而他的女儿却住在山顶豪华的宫殿里受到众人庇佑。这个儿子就是炳灵王。围着他的是18个伤心的形象,代表当时的18个

---

① 此处与考证有出入。

省，曾是泰安府18个县的神。传说，这里的炳灵就是后汉曾被遗忘的历史人物炳灵将军，但和王钦若（宋真宗时期宰相，据说伪造了“天书”）的交谈使他一夜之间成名，并成了东岳大帝的第三子。

第十章：泰山编年史。

第十一章：附录。

索引

短评

首先，《泰山：中国东岳》一书中诗歌、图片相得益彰，美轮美奂。书内共计65幅图，从不同角度记录了泰山的不同场景，给描述增加了背景，也为了解当时的泰山提供了最直接的图像资料。这些诗歌大部分是汉学家翻译的优秀诗歌，使得整部书锦上添花。如作者在开篇用了美国诗人蒂金斯写的《最神圣的山》（*The Most Sacred Mountain*）。诗歌鉴赏家对此评论是：“在她的诗中，泰山展现出了疾速的白色祥和的空灵之感，一种初来乍到为之一振的新鲜感。”[①]第一章开篇诗是由韦利翻译的《泰山吟》[②]（*Climbing The Eastern Peak*），这首诗原作写得气势磅礴，翻译也是惟妙惟肖，恰到好处，将泰山的气势、景色和诗人的感情融为一体。杜甫的名篇《望岳》由佛来遮（W. J. B. Fletcher）翻译而成，保留了原作的精彩，增加了英语的押韵，绘声绘色。另外，也有从《诗经》《孟子》等摘录翻译的诗歌典故来赞美泰山的壮美和神圣。理雅各、巴德[③]等的英语诗歌作品也在这本书中精彩呈现。

其次，泰山与泰山的历史文化交相辉映。这部作品不只是游记，更重要的是对每个充满历史和文化的地点予以考证和引经据典，《泰山志》《泰山道里记》《岱览》《诗经》《史记》《礼记》《孟子》《尚书》等均有涉猎。不仅如此，还引用了诸如沙畹、彭安多、贝利·维理斯、法思远等西方人士的考证和观点。比如在提到泰山早期的面貌引用美国植物学家梅耶[④]的话说：在最起初，泰山是被森林覆盖的，包括松树、白蜡树、石灰树。松和柏树在孔子之前的年代就已经生长在徂徕和新甫山上了（这句话出自《诗经·閟宫》：徂徕之松，新甫之柏）；引用《论语·八佾》来讲述孔子讥讽季氏将祭祀泰山的事情；引用

① 曾繁健、魏琳：《英诗中国元素赏析》，冶金工业出版社2012年版，第179页。

② 原诗作者谢道韫，晋陈郡阳夏（今河南太康）人。为谢安侄女，王凝之之妻。《泰山吟》：“峨峨东岳高，秀极冲青天。岩中间虚宇，寂寞幽以玄。非工复非匠，云构发自然。器象尔何物？遂令我屡迁。逝将宅斯宇，可以尽天年。”

③ 巴德（Charles Budd，1795～1884），加拿大汉学家，1912年出版的译著《中国诗》（*Chinese Poems*）。

④ 梅耶：由美国农业部派遣来中国调查农业和资源植物。

《中国寓言和民间故事》(*Chinese Fables and Folk Stories by Mary Hayes Davis*)里的故事来讲述泰山和昆仑山的差别。

除了考证和引用,作者也有自己的推论。如提到泰山受崇敬的地位,他直接将丈人峰搬到世人面前,认为他是天下文人的丈人。通过描述途经的清真寺闪耀在这道教名山中、山上的儒释道建筑互不排斥来说明泰山的包容性、海纳百川、不辞土壤、不择溪流的博大精深和万物和谐共处。通过描写雷神的形象和斗母的形象来表达这是受到佛教影响的两位神像,并且指出雷神的喙和爪实际更像印度教里的哥鲁达,而斗母有四十八只手臂,三重冠上托着更小的头(俗称"千手千眼佛"),形象更是佛教里的形象。通过这两例,作者推断说这是道教的神灵受到佛教影响的例子。

另外作者在表达自己观点时也用到了对比或类比的方式。将众人来泰山的祭祀和朝拜称为西方的朝圣,自然联系到乔叟(Chaucer)及其作品《坎特伯雷故事集》的人物,而且这两组人物竟然有很多相似处。比如提到东方的巴斯夫人,裹着小脚,不畏辛苦继续前行。这里巴斯夫人就是乔叟作品的人物。像衣着华丽的僧人、小职员都有类似形象。另外将无字碑同埃及的克氏针(Cleopatra's Needle)相比较。二者在历史和文化上均可媲美,均是文化符号的代表。只不过克氏针是一对,其中一块运到了英国伦敦,另一块运到了美国纽约。而无字碑在历史考证上也出现过到底是秦始皇所立还是汉武帝所立的问题,这块大石碑是如何搬运到山顶的问题,作者均给出了不同的历史渊源记述。

最后,英语思维里的泰山文化表达方式。这部书里的泰山各个地点、历史和人物名称均以音译和阐释的方式呈现,而在书的索引部分也都提供了中文词语的对应,这对理解英语里的汉语名词、名称、地点、方位都提高了可读性,使得文章理解起来比较轻松。但是基于英语发音和汉语发音的不同,也有一些比较难辨,比如:Ch'a Chih-lung, Ch'ang Ch'ien, Chang Chih-ch'uan, Chang Jen Feng, Ch'ien-Lung, Chin Ch'iu, Han Pei 等。如果不了解发音方式和规则,再没有泰山文化的相应背景,这些词语理解起来也挺困难。就上面事例中提到的"ch"就代表不同的发音,有的是汉语拼音的"zh",有的是"ch",有的是"sh",有的是"q",有的是"j"等。理解这些发音方式和规则,加上泰山文化的背景知识,或者通过英文的相应解释才能更准确地理解好这些文化名词。

英语词语的泰山文化表达并不是那么容易辨认,而相应的文化层面的信息表述也有差异。比如:朝圣。英文表达"pilgrimage"是指教徒朝拜圣地的宗教活动。朝圣是一项具有重大的道德或灵性意义的旅程或探寻。而在泰山的"朝圣"实际外延更广，它不仅包括信仰、道德灵性的宗教朝拜，还包括皇帝封禅、文人的自我提升、老百姓的普通诉求、家族的香火延续、普通妇女的地位需求等等。因此，虽然贝克尔认为泰山是"神圣"(holy，sacred)之山，但其表述里远远没有表达出泰山文化的深度。另外，文中提到"Taoist brothers"，也是在西方宗教下的汉语文化，作者这里将有信仰的信众都看作是自己的兄弟们了。在提到石敢当的时候，作者用"Stones of Taishan Who Dare"，如果只看英语字面意思，便会理解成"大胆的泰山石头"。有意思的是石敢当在坎普(Emily Kemp)的作品里解释为"Stones from Taishan Take Responsibilities"。这个解释似乎更接近石敢当的本来意思，但是文化内涵亦相差甚远。提到孔子的弟子颜回时，用"disciple"指这位学生，也是耐人寻味的，因为"disciple "指的是有信仰的信众或信徒追随者们，这样就很容易将"Confucism"看作是一门宗教了。

另外，文中也有一些地方尚待考证，比如《山川典》第二章曾提到1510年蒙古皇帝成吉思汗派乔宇来泰山祭祀祈雨的历史，因为1510年为明朝正德五年，在位的是明武宗而非成吉思汗。另外提到碧霞元君和和炳灵王的关系也缺少史据，有待进一步研究。

九、盖尔[①]《中国五岳》[②](摘译)

作者怀着极大的兴趣对中国神圣的"五"进行了探索，并对著名的五岳进行了细致的描述，泰山处于"五岳独尊"的位置，因此作者也在书中将泰山排在第一位，取名"东岳泰山"。原文共三章，第一章叙述了到达泰山脚下的情况以及泰安城、神圣泰山、泰山朝圣和泰山纪年；第二章作者登临泰山，描述了朝圣路上的天门：一天门、二天门、小天门、南天门；第三章是五个有关泰山的组成部分：山顶、无字碑、蒿里山、舍身崖和山顶过夜。有意思的是作者将每个章节按五个部分来写，充满了客观描述、历史考证和主观反思。作者客观描述的是泰安城、泰山上下；考证的是历史典故、古迹的来龙去脉；反思的是历史和现实，更潜移默化地加入了作者的身份认知。总之，这是一本具有历史感的著作，后来几篇发表在重要期刊上的报道都有这本书中泰山的身影。这本英文原著已经有了汉译本，详见《中国五岳》(2006)，此处不再赘述。以下摘译三则报刊上的介绍：

---

① 盖尔(William Edgar Geil，1865～1925)，没有按立的美国牧师，来华后便转向旅行和写作。对中国的长江、长城、十八省府和五岳进行了广泛而深入的考察，著有《中国五岳》《中国十八省》等。

② William Edgar Geil. *The Sacred* 5 *Of China*. London：John Murray，Albemarle Street，W.，1926.

(一)《全球》[①]:一天门

已经有大量关于中国题材作品问世的盖尔博士显然对中国的数字"五"情有独钟。他也相信东方的"神秘主义"。《中国五岳》这本书讲述了五岳——泰山、衡山、嵩山、华山和恒山。盖尔称第一座是绿色的东岳;第二座是红色的南岳;第三座是黄色的中岳;第四座是白色的西岳;第五座是黑色的北岳。他登上了这五座山脉,并且详细描述了攀爬的路程、山脉的历史和围绕它们产生的神话。这部书充满了让人好奇的兴趣和东方知识,对于学习中国古代风俗的学生来讲应该是极具价值的。

(二)神圣之地:中国的朝圣之路《中国五岳》[②]

与西方的七圣、基督教的七大拥护者、七大奇迹、七种感官、炼金术中人体的七种形式以及所有其他在西方世界永存的七世远远不同,中国人对以"五"为单位的形式,即神秘的"五"俯首膜拜。他们有五颗行星、五种元素、五种自然颜色——红、黄、白、黑,还有大自然的绿色。有人类框架的五个组成部分:肌肉、静脉、骨骼、皮肤和毛发。有五个方向——东、南、中、西、北;五部经典、五大美德、五项惩罚、国旗上的五条条带等等,穿过五座森林,到达神圣的五岳。

我们知道的是这样的:五岳是绿色的东岳泰山;红色的南岳衡山;黄色的中岳嵩山;白色的西岳华山;黑色的北岳恒山。对于每一座山,盖尔博士都遵循朝圣者的路线——他在参观中国后的"第五年的五月五日写下他在中国的第五部作品"。在每一幅作品上,他都发现了传说、冒险、美丽和智慧。"我只是一个游客,在永恒的山峰面前写下几句话,记录着一个旅行者不变的思想。"这是他引用的 Ching Jih-chen[③] 的话。但他不需要那种天赐的谦卑,那就是说:"至少点起火来是有用的。"这个人的眼睛并没有错过太多,他说:"我把这本书看完了,有幸在书的末尾刻上我的名字,像一只苍蝇附在一匹马的尾巴之上。"

旅程始于最可敬的泰山脚下。在和平之城泰安,有一个香炉,它的侧面环绕着岱庙。寺庙有五个南门,庭院像一个乡村集市,满是小饰品、护身符、泰山地图、导游书、巫术地图、石刻拓印,还有西洋镜和跳舞女郎等低俗表演。

---

① 选自《全球》(*The Sphere*)1926 年 5 月 1 日。该报是 1900 年 1 月 27 日至 1964 年 6 月 27 日发行的周报。

② 选自《伦敦新闻画报》(*The Illustrated London News*)1926 年 5 月 1 日。

③ 编者注:此处是一人名,具体信息无法考证。

然后登山——分五个阶段到达山顶，这是一个适合崇拜至尊上帝的山脉。“这条登山盘路上覆盖着几个世纪来不断践踏的石块……山轿里抬着老人或骄横的人，游客穿着皮靴踏在山路上，朝圣者光着脚走在圣地上，或更谦卑地跪着向上爬。”这是从天门开始铺就的精彩盘道，一直向上蜿蜒数英里，可能道路的弯曲处是有规划的，目的是为了阻碍那些旅途中的恶魔，因为它们只会急速前进，根本不知道拐弯。如果一直沿着护墙向上，就可能会很容易地冲出悬崖。接着到了王母池；长生洞，据说是制作仙丹的地方；一天门，由康熙所重建，并泼墨题字作为识别。这里有一些专门产茶的寺庙，被冠以圣山的名字。一路上除了僧侣，也有乞丐，他们有自己的势力范围，坐在盘路正中间，每个人手里都拿着一个盘子……我们发现，在我们舒适的椅子上，抬轿子的人可以在乞丐的两边穿过。

从这里是可以到地狱之门的。剩下的38个珍贵的地方在二天门，过了小天门，跨越天桥，如此便到达山顶。“那里是大山最重要的地方”，“这是位于中国宗教中心的中心”。在这里，统治者代表整个国家向上天献祭，因为“九州之地向往仁慈”。这里有秦朝焚书坑儒的皇帝所立的神奇无字碑、孔子庙、观音庙、痘疹娘娘和子孙娘娘庙，还有最重要的碧霞祠：“玉女，黎明女神，天仙玉女，泰山神女儿，蒿里山女神”，这里还有舍身崖。

以上就是对五岳之首的简述。

（三）《苏格兰人报》[①]上的《中国五岳》片段

从远古时代开始，一些数字就被赋予了魔法属性。根据盖尔博士的观点，在中国，数字“五”就符合这一原则。盖尔博士在这一规则之下，于访问中国五岳之后的第五年的五月五日写了第五本书。五岳是：东岳泰山，“木与绿”；南岳衡山，对应“火与红”；中岳嵩山，对应“土与黄”；西岳华山，对应“金与白”；北岳恒山，对应“水与黑”——在道教产生很久之前就已经受到崇敬。每座山岳脚下都有一座城镇与山息息相关。每座圣城的城墙以内都有一座与圣山相关的寺庙。尽管信任这些迷信的人们或是到山上朝圣的人们的数量正在迅速减少，但依附于这些地方的古老迷信，又有许多地方是让人觉得好奇和有趣的。这些都被作者当作第一手并且明显是特殊研究的对象而并非只是寻常描述。他把中国人视为“世界上最伟大的民族”。这是一本引人入胜的读物，对比较神话的学生来说应该有非常巨大的重要性。

① 选自《苏格兰人报》(*The Scotsman*)1926年6月24日。该报是苏格兰爱丁堡发行的一份紧凑型日报，由约翰斯顿出版社所有，其姊妹报纸还有《爱丁堡晚报》和《苏格兰周日报》。

短评

首先,盖尔对泰山文化在内的中国文化情有独钟,他不仅写了《中国五岳》,还著有《中国十八省》,里面均有泰山的影子(第391页),这也为泰山文化的传播提供了平台。从诸如《伦敦新闻画报》等期刊的引用报道中可见一斑。

其次,盖尔将描述、考证和个人理解相结合。不是简单地记录旅游的所见所闻,而是有自己的看法在里面,最重要的是有考证在内,充分体现了作者的严谨态度和泰山文化的丰富内涵。这就把泰山文化的历史与现实都活灵活现地展现在世人面前。

最后,"五"的神圣概念是西方汉学家较少注意的情况,盖尔在书中的描述非常自然地将"五"的内涵与外延与世界的认识结合起来。在此基础上,古老的泰山及泰山文化也继续成为人们瞩目的焦点,影响力逐步扩大。从这两份报刊上泰山及泰山文化研究就能看出,泰山,就是世界之山。

十、鲍德里奇[①]《转向东方》[②]中的版画泰山

鲍德里奇曾于1919年游历泰山,并表达了他想带卡洛琳来泰山欣赏那"被抬着上泰山,经过南天门时那惊心动魄的时刻"。1922年,二人游历日本、朝鲜、中国。游历北京后,在去上海的路上在泰山短暂停留。1926年,二人共同合作《转向东方》(*Turn to the East*),卡洛琳用文字记录一些观察所得的具体人物故事,而鲍德里奇则用版画形式穿插其中,看起来并不一致,但是二人用两种风格和方式展现了游历过程。其中鲍德里奇用版画刻画了泰山的城门、一天门、南天门、山顶寺庙(玉皇庙)、岱庙等地方,并在必要的画作下面附加文字介绍:"提到泰山这一圣山,有7200级台阶和数不清的寺庙、门和观景台。"(见图4-16)

---

① 鲍德里奇(Cyrus Leroy Baldridge,1889～1977),美国著名插图画家、作家,20世纪20～30年代游历世界并有多部作品出版。卡洛琳·辛格(Caroline Singer,1888～1963),鲍德里奇的妻子,旅行家、探险家。

② Caroline Singer with illustrations by Cyrus Leroy Baldridge. *Turn to the East*. Minton, Balch & Co., 1926.

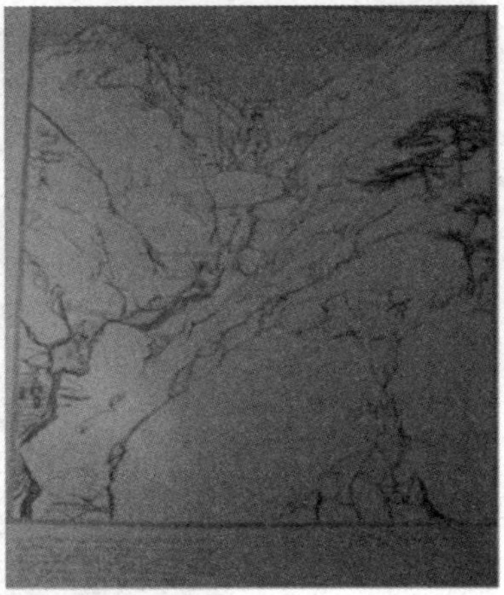

图 4-16　鲍德里奇《转向东方》中的版画泰山

另外，鲍德里奇曾为很多著名的书籍做过插图，其中包括为亚瑟韦利1941年重版的《古今诗赋》[①]作插图。图4-17是作者1937年作的版画“泰安府”，介绍的是泰安府的冬天，惟妙惟肖。

① Arthur Waley. *Translations from the Chinese*. A. A. Knopf, 1941.

图 4-17　鲍德里奇的版画“泰安府”(1937)

十一、玛丽·奥古斯塔·穆利金[①]《泰山,东方的圣山》[②]

因网络上已有汉译本,此处不再翻译,总结如下:

这是一篇游历作品,穆利金用了 20 页、18 幅图片描述了一路上的见闻,包括山轿、轿夫、乞丐、斗母宫、盘路和泰山顶上的古迹和人文。但是值得注意的是,这篇文章也是与众不同的。

提到泰山的地位,作者用尼罗河上诞生的图坦卡门和摩西在西奈山受诫作比较,指出泰山朝圣早于它们几千年。这样将泰山的历史地位放在世

① 玛丽·奥古斯塔·穆利金(Mary Augusta Mullikin,1874～1964),美国艺术联合会会员,画家。1920 年,随姐姐、姐夫来到天津并住在他们家里,一待就是 26 年。其间她游历中国并进行绘画创作。她热爱这个国家,用画笔描绘这里的人物和景色。1938 年,她向《国家地理杂志》投稿介绍中国的长城,里面包括很多插图;1945 年,她又在这本杂志上图文并茂介绍圣山泰山。她还曾与苏格兰艺术家、作家和艺术讲师安娜·玛丽·霍奇基斯(Anna Mary Hotchkis,1885～1985)合作出版《云冈石窟佛像雕塑》(*Buddhist sculptures at the Yun Kang*,1935)等。

② Mary Augusta Mullikin. *Taishan, Sacred Mountain of the East*. in The National Geographic. Washington, D. C.: The National Geographic Society. lxxxvii, June,1945. pp. 699-718.

界范围内来看，更能突出泰山神圣的源远流长。大家都很熟悉舜帝柴祭天下，孔子登泰山"小天下"，但是作者提到"公元前 2200 年舜帝在此接受'天子'的说法，尚不明确作者的信息来源如何，但是'天子'一词的确证明了泰山是古时君主与上天对话的制高点"。作者九次爬泰山，来中国的第三天就开始了第一次攀爬(第 699 页)，所以看得出她是特别钟爱泰山并了解泰山文化的，后续还有很多信息也证明这一点。

文章第 2 页提供了一幅英文标识的泰山地图。这幅地图没标明出处，猜测是作者自己根据已有的汉语地图画的。作者从小接受绘画专业教育，还到巴黎和伦敦拜师学艺。另外，作者在文中也多次提及自己的登山，这些都可以推测她完全有能力绘出这幅带英文的泰山地图。泰山地图的标识从早期的外文作品中就已经出现，比如 1905 年法文版《中国坤舆详志》上就明确标着"T'aishan"(泰山)，但是具体描述整个泰山的，还是出现在 1910 年沙畹的《泰山》上，这幅图不仅标注了泰山上的各个名胜古迹，还将泰安城的重要地点也都用英文标注。1945 年，这幅地图虽然有待证明是否是作者所绘，但是这幅图同样重点突出，一目了然。

穆利金在描述泰山时，注重细节，而这恰恰能给人一种不一样的感受。比如讲到进香的香客朝山进香时恰逢农历惊蛰刚过，成千上万蜂拥而上的香客就如刚苏醒一般兴奋地爬山许愿还愿，不同的人有不同的愿景，人们爬山时带着如同船型的纸钱，吃的馍馍和各种黄瓜、萝卜等，一片生机盎然。当然，泰山的轿夫、乞丐、茶铺也是作者重点描述的对象。盘路的介绍、非常到位的五大夫松的翻译"The Pine Tree of Fifth Degree"更彰显了作者是深刻了解泰山文化的爱好者。

文中也出现了罕见的信息。许多轶事极少在外文中出现，比如：会说"cash"的乞丐，这种现象仅在贝克尔(1925)的文中出现过；10 月 10 日所有的学生，男、女童子军，周边的士兵都要登泰山的事情；山上寺庙有人发出喊声，下面寺庙给予回应，用这种方式传递给泰山奶奶有人死亡的讯息；顽固的保守主义者反对将文物涂成蓝色；并非所有的女香客都裹脚；背老母亲上山的孝子；每隔两个台阶就磕一次头的香客；无字碑的石头并非出自泰山；遇到雇来守泰山的白俄士兵，等等。这些信息并不常出现，但是确实让学者了解到当时泰山的状况。

最后不得不说文章图文并茂，18 幅大图的阐释作用一目了然，即使读不懂文字，看图片也着实会对泰山有一种溢于言表的敬仰和佩服。这样的图片并不少见，但是每一张都显示出作者独特的视角，都能表达出那个角度泰山的美丽和壮观。以下选取两张，共赏之(见图 4-18、4-19)：

图 4-18　穆利金：泰山

图片来源：1945 年美国《国家地理杂志》(第 709 页)，为该杂志主编吉尔伯特·克罗斯维诺博士(Dr. Gilbert Grosvenor) 1937 年拍。

图 4-19　穆利金：泰山

图片来源：1945 年美国《国家地理杂志》(第 715 页)。

这篇文章发表之后引起强烈的反响，尤其是与安娜·玛丽·霍奇基斯(Anna Mary Hotchkis)再次合作书写了《中国九圣山巡礼》(*The Nine Sa-*

cred Mountains of China, Vetch & Lee, Hong Kong, 1973),里面圣山泰山必不可少。

另外,这篇文章6月份发表,其间被许多报纸转载,包括10月份的《伦敦新闻画报》(*The Illustrated London News*)①上,图文并茂,让人叹为观止。

除此之外,2013年克劳奇(James S. Crouch)在期刊《札记与问答》(*Notes & Queries*)②上提到特瑞尔(Carroll Terrel)③不能引用文中庞德④《比萨诗章》第一节⑤"舜在泰山上"。信中提到庞德所使用的《星条旗》(*Stars and Stripes*)和《时代》(*Time*)杂志信息来源都可能是其在比萨被关押时读的报纸,他并不知道来源应该是1945年《国家地理杂志》上穆利金的这篇《泰山:东方圣山》。所以特瑞尔也引用错了。另外,特瑞尔自己的表述也有错误,比如提到攀登泰山"没有路",这是不对的,泰山有山脚通往山顶的6700级石阶,大概15英里长。无论克劳奇是否质疑有误,也无论庞德当时是否读过这些期刊、杂志,泰山和舜的身影出现在了这些期刊、杂志上,也出现在了庞德的《诗章》里,甚至还出现在2013年权威的《札记与问答》的探讨中,可见泰山影响之深远,不得不赞叹。

十二、庞德《比萨诗章》⑥中的泰山

《比萨诗章》(1948)是庞德《诗章》的重要组成部分,也是庞德在比萨被关押在俘虏集中营(The Disciplinary Center, TDC)时所创作。《诗章》的第74章、83章均出现大量泰山身影。黄运特翻译的《庞德诗选:比萨诗章》⑦和庞德的朋友、学贯中西的著名汉学家方志彤所著《庞德〈诗章〉研究》⑧不仅帮

① *Tai Shan, most revered of the Five Sacred Mountains of China*, Illustrated London News, October 1945, pp. 423-425.

② James S. Crouch. *The Source for Pound's "Shun on Mt Taishan"?*. notes & queries, 2013 (2):298.

③ Carroll Terrel. *A Companion to the Cantos*. Berkeley & Los Angeles: University of California Press, 1984.

④ 埃兹拉·庞德(Ezra Pound,1885～1972),美国诗人和文学评论家,意象派诗歌运动的重要代表人物,美国艺术文学院成员,曾译过《大学》《中庸》《论语》等。Ezra Pound. *The Pisan Cantos*. A New Directions Book,1948.

⑤ 这里的第一节是指第74章的第一节。

⑥ Ezra Pound. *The Pisan Cantos*. A New Directions Book,1948, pp. 331-332.

⑦ [美]伊兹拉·庞德《庞德诗选:比萨诗章》,黄运特译,漓江出版社1998年版。

⑧ 方志彤:《庞德〈诗章〉研究》,中古书局2016年版。方志彤(Achilles Fang,1910～1995)是近代知识渊博、学通中西的大学者,被称为"百科全书式学人"。毕业于哈佛大学,曾任职于燕京学社。其与庞德之间的关系可以参见钱兆明等:《缘起缘落:方志彤与庞德后期儒家经典翻译考》,《浙江大学学报》(人文社会科学版)2015年第3期。

助人们去了解庞德，还让这些有文化内涵的文字更易于理解，更让人们对庞德的中国情结感慨万千。就庞德为什么在比萨期间会选择泰山话题，1993年帕里尼(Jay Parini)[①]在《哥伦比亚美国诗歌史》(*The Columbia History of American Poetry*)中也提道："对于被囚禁在比萨的埃兹拉·庞德来讲，他在附近看到的这座山与中国的圣山泰山非常相似，并且这两座山都与新罕布什尔州的乔库拉山如出一辙。那是威廉·詹姆斯最喜欢的地方，他曾在那里沉思着选择欧洲还是美国，灵魂为之痛苦而分裂。"[②]如果说帕里尼这段话恰恰说明了泰山的历史地位，那么接下来克劳奇这篇文章似乎说明了泰山是如何进入了庞德视野的。

十三、本章小结

这一阶段的泰山文化外文文献呈现以下特点：

首先，朝圣、进香、香客依旧是泰山的主题，泰山的神圣地位无可撼动。文献或只言片语追根溯源都在肯定泰山的历史地位，言语间是敬仰和崇拜。与朝圣相关的轿夫、庙宇、石敢当、无字碑等也经常被当作描述对象，从而渲染神秘而自然的气息，让读者不觉肃然起敬。

其次，这一阶段的研究更加深入、细致，出现了一人多篇的情况，并且每篇都在原来的基础上又加深或有所引用。最典型的是艾思柯、恩德斯夫人和斯太杰，他们的文章总会从不同的时期、不同的角度论述与泰山相关的一切，这是值得梳理、学习和深入探讨的。

再次，研究更加多元化。其中最主要的体现就是配图增多，这似乎与摄影设备的增加有关。这期间图文并茂的特点特别突出，还出现了摄影集，如柏石曼、莫里森和穆利金的摄影作品，版画泰山作品的出现也让受众眼前一亮。还有就是关于泰山的诗歌翻译和创作增加。韦利、洛厄尔、佛来遮等等汉学家的英译诗歌让泰山精神乘着翅膀飞翔。而蒂金斯的诗歌创作更是将泰山作为汉学的研究对象，表达意犹未尽。另外，文献作者不再集中在法、英、美等国，出现了比利时、加拿大和丹麦的作家，研究范围也有扩展。

最后，文献之间的引用和引证比较丰富、频繁，载体跨度大。典型的代表就是盖尔的《中国五岳》曾被面向其国内发表的多个期刊引用和发表。穆利金发表在《国家地理杂志》上的文章甚至到2013年还被认为是庞德所作舜帝、泰山话题的来源。而且这篇文章的图片介绍还被伦敦第一家画报社《伦

---

① 帕里尼(Jay Parini，1948～　)美国诗人、小说家、专栏作家，出生于匹斯堡。

② Jay Parini. *The Columbia History of American Poetry*. Columbia University Press，1993，p. 595.

敦新闻画报》刊发，影响力不容小觑。而像沙畹的作品被引用情况更是频繁，恩德斯夫人也曾吟诵蒂金斯的泰山诗歌，等等。这些无不说明，泰山话题的历史、文化和研究均是人们持续关注并热衷的方向。上千年来，泰山信仰始终如一，尽管近代泰山文化遭到前所未有的挑战，但是始终坚挺不变。这值得敬仰、赞颂、讴歌和传扬。

第五章 泰山文化外文文献专题研究

本章要介绍的文献作品从20世纪中后期到21世纪，内容题材更加多元化，研究性内容更加集中，大多聚焦在某一专题的深度研究上，每一小节内容都节选自不同文献史料中关于泰山的部分。下面主要是对这一时期的海外文献进行整理、介绍并进行总结评述。

一、文献梳理

(一)戴密微[①]笔下的泰山

1973年戴密微关于泰山的两篇文章被同时收录到《戴密微汉学论文选》[②]一书中。一篇文章是1924年戴密微在《阿尔卑斯回声报》(*L'echo des Alpes*)上发表的《泰山，舍身之山》(Le T'ai-Chan Ou Montagne du Suicide)[③]。文中论述了泰山的地理位置和历史地位，并介绍了泰山作为舍身之

① 保罗·戴密微(Paul Demiéville，1894～1979)，法国汉学家，敦煌学著名研究学者。1894年9月13日生于瑞士洛桑。1915年，在伦敦开始学习汉语，然后到法国国立东方语言文化学院，师从沙畹继续学习汉语，并跟随列维学习梵语。1920～1924年，在越南河内法国远东学院工作，1924～1926年，在厦门大学教授梵文和文献学。1926～1930年，在日本东京法国会馆工作，并担任佛学词典《法宝义林》的主编。1930年，回到法国并加入法国国籍，1931年，在国立东方现代语言学院任教。1946年，被任命为法兰西公学院中国语言文学讲席教授，直到1964年退休。1945～1975年，任《通报》主任。

② Paul Demiéville, *Choix d'études sinologiques*: 1921～1970. BRILL, 1973.

③ Paul Demiéville. *L'echo des Alpes*. Publication des Sections Romandes du Club Alpin Suisse N°10, 1924.

山的原因。作者登上泰山并对一些碑刻进行了描述和解释。另外一篇是1965年戴密微在其所著的《中国文学艺术里的山脉》(*La Montagne dans L'art Littérature Chinois*)里面描述了泰山在文学作品里的形象,还引用了孔子"登泰山而小天下"的名句。

(二)斯诺[1]与泰山

斯诺与中国关系密切,一直在以记者身份报道中国。关于他的自传和回忆录里,也经常出现泰山的身影。1981年,《埃德加·斯诺的中国》[2]里记录了斯诺于1929年在泰山的照片,并论述了泰山的地位。1988年,《埃德加·斯诺传记》[3]里记叙斯诺登上6000级台阶的圣山泰山,非常寒冷却极度兴奋。然而,当在寒风凛冽中爬上泰山时,却看到生活在比狗窝还小的稻草堆里颤抖的乞丐们,充满了对乞丐的同情。同一本书于2003年再版。

(三)富地博物馆藏拓本《拓本聚英》[4]上的泰山

1981年《拓本聚英》记载了富地博物馆藏拓本约4000份,绝大多数是劳费尔[5]在中国考察探险期间搜集。其中记载词条及简介10条,分别是:32.泰山全图;82.秦泰山残字;774.登泰山谢天书述二圣功德之铭;1119.来复铭;1120.来复铭碑阴;1268.重修清真寺记;1544.恩纶;1545.雍正恩纶碑阴;1636.流芳百世;1912.重修南讲堂碑志。除此之外,这本书附录二还记载了劳费尔私人记录的相关拓本词条,以龙门拓片和全套泰山拓片为主。其中关于泰山的词条信息有:1635~1638宋朝拓本4幅;1639~1644岱庙拓片6幅;1854~1858泰山石刻拓片5幅;1869~1860泰山石刻拓片2幅;

---

① 斯诺(Edgar Snow,1905~1972),美国著名记者,于1928年来华,曾任欧美几家报社驻华记者、通讯员。1933年4月至1935年6月,斯诺同时兼任北平燕京大学新闻系讲师。1936年6月,斯诺访问陕甘宁边区,写了大量通讯报道,成为第一个采访红区的西方记者。抗日战争爆发后,又任《每日先驱报》和美国《星期六晚邮报》驻华战地记者。1942年,去中亚和苏联前线采访,离开中国。新中国成立后,曾三次来华访问。1972年去世后,遗愿将一部分骨灰埋在中国。

② Lois Wheeler Snow. *Edgar Snow's China*. Random House,1981.

③ John Maxwell Hamilton. *Edgar Snow, a biography*. Bloomington : Indiana University Press,1988.

④ Hartmut Walravens. *Catalogue Of Chinese Rubbings From Field Museum*. Field Museum of Natural History, 1981.

⑤ 劳费尔(Berthold Laufer,1874~1934),美籍德国人类学家、语言学家。生于德国科隆市,肄业于柏林大学,1897年在莱比锡大学获博士学位。通达波斯文、梵文、巴利文、马来语、汉语、藏语、蒙古语、满语和日语。1898年,移居美国,参加基撒普组织的北太平洋探险队,到库页岛及西伯利亚一带考察。1901年,参加美国席福出资的考察队到中国考察。1908~1910年,又参加美国布拉克斯顿夫人组织的考察队到青藏高原考察。从1910年起到美国芝加哥富地自然历史博物馆(The Field Museum of Natural History)工作,任该馆人类学部主任达20多年。劳费尔的《中国伊朗编》一书,自称是研究"中国对古代伊朗文明史的贡献"以及"着重于栽培植物及产品之历史"的一部科学史专著。

1861 岱庙泰山地图拓片；1862 岱庙宋代拓片；1863～1867、1775 泰山赞碑拓片；1868～1871 石画拓片；1872～1974 泰山全套拓片；1975～1979 泰山拓片；1998～2005 岱庙拓片。这些都是非常重要的信息，需要进一步查证、研究。而这本书的作者瓦尔拉文斯（Hartmut Walravens，1944～ ）是德国著名的汉学家和图书馆学家，长期致力于世界各国所藏中国文献的整理与研究工作。

（四）安娜·赛德尔[①]《汉墓里的神仙符号》[②]中的泰山

1982 年，安娜·赛德尔在其《汉墓里的神仙符号》里探讨了魂魄所归的情形，描述了在汉朝诗歌《蒿里》和史书《后汉书》等文学和史书作品中蒿里山在道教中的地位和作用。公元 3～4 世纪，蒿里山、泰山神等故事更多出现在了文学作品里。泰山神掌管人死后的魂魄所依，不仅大量出现在故事情节里，还表现在人们对此趋之若鹜的信仰。泰山附近汉朝坟墓的各种表示阴间住宅的符号无不显示出对这种信仰的追求，这也是人们开始朝圣泰山的初衷。泰山神审判魂灵这样的信仰使得两汉时期的道教给了灵魂栖息之所，这弥补了公元前 2 世纪《蒿里》诗歌对人生苦短的慨叹。赛德尔的这份研究是泰山外文文献中鲜有涉及的话题，提供了外文作品里涉及泰山的又一重要研究话题，亟待深入探讨。

（五）奥地利琼斯《泰山：七千级台阶通往中国最神圣之山》

1982 年，奥地利民俗学家琼斯（Günther Jontes）用图片形式记录了泰山风景和文化，取名《泰山：七千级台阶通往中国最神圣之山》（*Tai Shan：7000 Stairs to the Top of The Most Holy Mountain of China*），前言部分主要介绍了泰山的历史地位，接着用几十张彩色照片记录了作者登山过程中看到的人文、碑石和自然景观。有的地方会简短介绍，图文并茂，呈现了一个直观的泰山。

---

① 安娜·赛德尔（Anna Katharina Seidel，1938～1991），德国汉学家，被认为是道教研究的权威。1969 年，赛德尔当选为法国东方高等学校的会员，并被派往日本古都京都。1985 年，她创办了双语期刊《远东研究纪要》（*Cahiers d'Extreme-Asie*），后来成为东亚宗教研究的重要出版物。

② Anna Seidel and Marc Kalinowski. *Tokens of Immortality in Han Graves* (*With an Appendix*), Numen, Vol. 29, No. 1, 1982, pp. 108-110.

（六）柯睿[①]《通报》上发表的《高处的诗歌：登泰山诗歌集》[②]

1983年，柯睿（Paul W. Kroll）在《通报》上发表文章《高处的诗歌：登泰山诗歌集》。文中从沙畹论述泰山的地位开始，介绍了不同时期的泰山诗歌，像葛洪《抱朴子》上的泰山、《书经》的泰山、陆机的《泰山吟》等等，作者信手拈来，讲解充分。然而作者并未停留在诗歌的介绍上，而是将历史、宗教、文化、社会等背景运用到诗歌赏析中。作者不仅在赏析诗歌，而且以泰山为承载，诗歌为表现形式，突出了历史背景下的人物形象、宗教状态和社会环境。比如封禅、五岳真形图等文化材料的加入，汉武帝、唐太宗等历史人物的关联，道教信仰的影响等等，都使得泰山诗歌承载了源远流长、博大精深的中国传统文化。作者对历史和文化的驾驭能力，对诗歌文学的理解能力堪称一绝。不得不说这是一篇以泰山为主题的现代研究中时间跨度大、历史文化深、文字掌控能力强，举足轻重的一篇，值得细细品味。

（七）汤普森[③]《中国宗教指南》[④]上的泰山

1985年，汤普森（Laurence G. Thompson）在《中国宗教指南》（*Guide to Chinese Religion*）一书第七节收录了艾约瑟1878年的《中国宗教》和沙畹1910年的《泰山》；第10节收录了艾思柯1917年的《东岳泰山》、1925年贝克尔的《中国东岳》和禄是遒的《五岳》。

（八）泰勒[⑤]《天堂之路：孔子宗教生活简介》[⑥]

1986年，泰勒（Rodney Leon Taylor）的《天堂之路：孔子宗教生活简介》从国家祭祀的角度指出，泰山是中国最神圣的山，最终成为孔子思想的源泉。泰山脚下的明堂是最重要的国家祭祀之地。《史记》记载，伏羲、神农和

① 柯睿（Paul W. Kroll），美国科罗拉多大学波德分校（University of Colorado，Boulder）荣休教授。研究领域涉及中古中国文学、语言、历史与宗教。最近发表的是《翻译或汉学：目的与结果》（*Translation，or Sinology：Problems of Aims and Results*，Journal of the American Oriental Society，2018）。

② Paul W. Kroll，*Verses from on High：The Ascent of T'ai Shan*. in T'oung Pao，vol. 69，no. 4/5，1983，pp. 223-260.

③ 汤普森（Laurence G. Thompson，1920～2005），美国人，一生对东方文化热爱并致力于中国宗教研究。他参与筹划建立了国际中国宗教研究学会，担任其两届主席。此外，他还领导过多种亚洲、东亚及中国研究协会（学会）的工作。编辑出版《中国宗教丛书》（*Chinese Religions：Publications in Western Languages*）四集，并发表文章数篇。

④ David C. Yu with Contributions by Laurence G. Thompson. *Guide to Chinese Religion*. Boston：G. K L Hall. 1985

⑤ 泰勒（Rodney Leon Taylor，1944～ ），美国人。

⑥ Rodney Leon Taylor. *The Way of Heaven：An Introduction to The Confucian religious Life*. Leiden：E. J. Brill，1986. pp. 8-9.

黄帝均升封泰山。"封"就是向上天汇报功绩。秦皇汉武皆封禅泰山,但都咨询过儒生封禅仪式。看似孔子思想在封禅仪式上起的作用是最小的,然而朝廷在遇到如封天禅地这样涉及国家祭祀的大事上咨询儒生,说明孔子思想的影响并不容小觑。这是论述孔子和泰山封禅的关系,进而就是论述孔子和泰山封禅的关系,进而描写孔子就是和国家祭祀息息相关的,从而为孔子思想成为宗教埋下伏笔。

(九)尼尔·帕特[①]《泰山》歌曲

1987年,尼尔·帕特(Neil Peart)编写并演唱了《泰山》这首歌。这是受到中国古典音乐影响后的一个作曲实验,灵感来自他第一次在中国骑自行车旅行时偶然发现中国山东省的圣山泰山情景。歌曲里的泰山透着一股神秘、空灵的感觉。

(十)威廉斯罗德的诗歌《登泰山》

1987年,威廉斯罗德(William Slaughter)创作诗歌《登泰山》(*Climbing Tai Shan*),发表在1988年的《诗学》(*Poetry*)上,描述了作者登泰山、到南天门、见证孔子"小天下"、碧霞祠前温暖场面、呼唤历史等细节,表达了作者登山的豪迈。内心的崇拜和唤起历史的记忆,总之让人产生耳目一新的感觉。

(十一)杜德桥[②]《17世纪小说里的朝圣:泰山与〈醒世姻缘传〉》《泰山上的女香客:17世纪小说中的片段》

1991年杜德桥(Glen Dudbridge)发表的《17世纪小说里的朝圣:泰山与〈醒世姻缘传〉》[③],1992年又在韩书瑞[④]和于君方[⑤]共同主编的《进香》(*Pilgrims and Sacred Sites in China*)上发表《泰山上的女香客:17世纪小说中

---

① 尼尔·帕特(Neil Peart,1952～2020),一位加拿大音乐家和作家,摇滚乐队拉什(Rush)的鼓手和组建者。

② 杜德桥(Glen Dudbridge, 1938～2017),英国著名的汉学家,教授,一生致力于中国传统文学研究。

③ Glen Dudbridge. *A Pilgrimage in Seventeenth-Century Fiction: T'ai-Shan and the Hsing-Shih Yin-Yüan Chuan*, T'oung Pao, vol. 77, no. 4/5, 1991, pp. 226-252.

④ 韩书瑞(Susan Naquin),美国普林斯顿大学东亚系主任、历史系教授,是当代美国中国学界个性鲜明的代表性学者,在清史研究方面的成就尤为突出。

⑤ 于君方(Chun-fang Yu),美国哥伦比亚大学宗教学博士,专攻汉传佛教研究。1972～2004年间任教于罗格斯大学宗教学系,现任哥伦比亚大学宗教学系、东亚语言文化学系,致力于指导汉传佛教的博士研究生。

的片段》[①]。这两篇文章的共同特点是描述了17世纪进香的情景，还原了一个17世纪民众进香的状况，不仅如此，作者还引经据典，讲述泰山碧霞元君信仰在不同文学作品的体现。《进香》同时还收录了吴佩仪(Pei-yi Wu)的《十七世纪矛盾的泰山香客》[②]一文，文中描述了泰山的地位、张岱登泰山、王世贞三次登泰山、东岳庙与、泰山神、碧霞元君信仰等情景。通过描述，展现了17世纪不同的人登泰山的愿景以及朝山进香的复杂情感。1994年，杜德桥的学生伯格(Daria Berg)在其博士论文《醒世姻缘传：17世纪中国语境下的乌托邦和世界观》[③]里提到泰山的地位、泰山圣母、"泰山娘娘宝卷"等内容，为其研究作了背景铺垫。韩书瑞除了出版《进香》，还在1996年发表《北京妙峰山进香之旅》，论述妙峰山碧霞庙信仰与泰山碧霞元君信仰的关系。这篇文章与2003年被译介在《民俗研究》上[④]。除此之外，1988年在韩书瑞和李世瑜先生共同编写的《保明寺：中国明清时期的宗教和皇权》(*The Baoming Temple：Religion and The Throne in Ming and Qing China*)[⑤]上，出现了"泰山东岳十王宝卷"内容，论述了宝卷在协调宗教和权力中的关系。

(十二)伯恩博《世界上的圣山》[⑥]

1997年，美国人伯恩博(Edwin Bernbaum)出版了《世界上的圣山》。其中中国的圣山必然有泰山的身影。作者介绍了泰山的历史、地位、象征、主题、隐喻以及在文学作品的表现形式，书中多处文献引用《诗经》《书经》、沙畹、赛德尔、戴密微、柯睿等关于泰山的信息，还借用了赛德尔所拍摄的碧霞元君像。通过书中描述来看，作者对世界山脉情有独钟，对泰山也有充分、充足的了解。

① Glen Dudbridge. "*Women Pilgrims to T'ai Shan：Some Pages from a Seventeenth-Century Novel*."Pilgrims and Sacred Sites in China.（Studies on China，number 15.）ed. By Susan Naquin & Chun-fang Yu. Berkeley and Los Angeles：University of California Press. 1992.

② Pei-yi Wu. *An Ambivalent Pilgrim to T'ai Shan in the Seventeenth Century*. Pilgrims and Sacred Sites in China.（Studies on China，number 15.）ed. By Susan Naquin & Chun-fang Yu. Berkeley and Los Angeles：University of California Press. 1992.

③ Daria Berg. *The Xingshi yinyuan Zhuan：A Study of Utopia and the Perception of the World in Seventeenth-Century Chinese Discourse*. Thesis (Ph. D.)—University of Oxford，1994. In 2 vols.

④ 韩书瑞(Susan Naquin)、周福岩、吴效群译：《北京妙峰山的进香之旅：宗教组织与圣地》，《民俗研究》2003年第1期。

⑤ Shiyu Li and Susan Naquin. *The Baoming Temple：Religion and The Throne in Ming and Qing China*. Harvard Journal of Asiatic Studies，Vol. 48，No. 1 (Jun.，1988)，pp. 131-188.

⑥ Edwin Bernbaum. Sacred mountains of the world. University of California Press，1997.

(十三)伊维德[1]《13、14世纪元杂剧里的泰山朝圣》[2]

1997年,伊维德(Wilt L. Idema)发表了《13、14世纪杂剧里的泰山朝圣》,主要讲述了像《汗衫记》《小孙屠》《看钱奴》《焚儿救母》等不同元杂剧作品中的泰山朝圣现象,反映了这个时代人们朝圣、泰山神崇拜到碧霞元君崇拜的变化、官方记载和民间信仰的差异以及暗含的民间对道德孝道的服从和遵守状况。这是一篇关于泰山信仰研究有深度的文章,值得细细研究。

(十四)彭慕兰[3]的泰山女神

1997年,彭慕兰发表《泰山女神信仰中的权力、性别和多元化》[4];2007年发表《正行、正统和泰山女神》[5];2009年发表《上下泰山——中国民间信仰政治中的碧霞元君(约公元1500～1949年)》[6]。这三篇文章各有侧重,第一篇结合了性别和宗教信仰;第二篇文章纳入了华琛(James Watson)的正行(Orthopraxy)和正统(Orthodoxy)观点,讨论了泰山女神信仰的兴衰;第三篇倾向阐释政治大背景下民间信仰——碧霞元君女神的兴衰。总之,三篇文章各有侧重,分别从不同的角度分析泰山女神信仰兴衰的表现及原因。

---

① 伊维德(Wilt L. Idema,1944～),荷兰达伦(Dalen)人,哈佛大学东亚语言与文学系荣休教授,荷兰皇家艺术和科学院院士。早年在莱顿大学学习中国语言与文学,以中国早期白话小说的研究,于1974年获得博士学位。1970～1999年,执教莱顿大学,2000年后转至哈佛大学,任东亚语言与文学系中国文学教授。主要研究方向为中国俗文学研究,除以英文发表大量论著外,还以荷兰文或德文发表数十种著作,主要中文专著有《朱有燉的杂剧》等。参与编著《剑桥中国文学史》,撰写"说唱文学"部分。

② Wilt L. Idema. *The Pilgrimage to Taishan in the Dramatic Literature of the Thirteenth and Fourteenth Centuries*. Chinese Literature: Essays, Articles, Reviews (CLEAR), Vol. 19 (Dec., 1997), pp. 23-57.

③ 彭慕兰(Kenneth Pomeranz,1958～),美国著名历史学家、汉学家。1988年,在耶鲁大学从师史景迁,获哲学博士,曾任为美国加利福尼亚大学尔湾分校历史系主任、历史和东亚语言文学教授。现任美国芝加哥大学历史系教授。

④ Kenneth Pomeranz. *Power, Gender, and Pluralism in the Cult of the Goddess of Taishan*, HUter, Theodre; Wong, R. Bin; Yu, Pauline, eds. Culture and State in Chinese History: Conventions, Accommodations, and Critiques (Standford, Calif.: Stanford University Press,1997), pp. 182-204.

⑤ Kenneth Pomeranz. *Orthopraxy, Orthodoxy, and the Goddess(es) of Taishan*. Modern China. Vol. 33, Number 1, January 2007. pp. 22-46.

⑥ [美]彭慕兰:《上下泰山——中国民间信仰政治中的碧霞元君(约公元1500～1949年)》,《新史学》2009年第24卷第4期。

(十五)达白安[①](Brian Russell Dott)与泰山研究专著

2004年,哈佛大学出版社出版了达白安(Brian Russell Dott)研究泰山的专著《身份的反观:帝国晚期的朝圣》[②]。这本书是当代最全面、最翔实、最深刻的泰山研究外文专著。

全书内容分成两大部分。第一部分是文化地层学[③],讲述了泰山作为圣地的石刻、碑、坊、庙等圣迹,自然崇拜,从舜的巡狩到帝王的泰山封禅仪式,历史,谜团,死,生,等级,到达山顶的开销。这一部分从历史、自然的角度描述泰山的多重身份。作为圣迹,泰山被赋予了超自然和神秘的元素,使得像"五大夫松""飞来石"这样的自然物都增加了历史内涵或自然崇拜。朝圣者登山除了祈求碧霞元君赐予子嗣外,还有一些仪式和泰山自然崇拜有关:朝圣的女客生育的仪式来源于早期的树木和山石崇拜;舍身崖将死亡和冥界联系了起来;朝圣男客除了来泰山祭祀祖先还会向碧霞元君祈求继承人;文人骚客除了关注历史遗迹还会通过祭拜泰山神、碧霞元君和孔子来和自然交流。作为生命起源、五岳独尊,泰山除了自然的身份外,还具有政治权力的意义。从先秦时代的巡狩到后来的封禅,泰山都代表民心所向、政治一统,这也是后来康熙皇帝祭拜泰山的重要原因。泰山的另一个身份是从公元前1世纪起主宰生命,也就是说泰山是通往冥界的入口,而在公元7世纪东岳大帝则成了冥界的神。本书的第二部分是关于帝国晚期的朝觐,共分为三个章节。第一章是讲香客的朝圣,第二章是讲朝代正统的朝圣,第三章是讲文学作品里的朝圣,这三章内容是对帝国晚期朝圣者身份的反观。其中男香客一方面要在传统道德体制下遵循孝道、崇拜祖先;另一方面还要陪伴妻子上山朝圣碧霞元君,为的是后继有人,来延续家中香火。女香客则是通过朝圣碧霞元君祈求子嗣来提高自己的身份地位,并形成一种"子宫家庭"[④]保证自己的安全感和幸福感。达白安引用朱迪(Ellen R. Judd)[⑤]的研究将这种朝圣称为"回娘家"来显示女香客对朝觐的盼望和兴奋。帝国晚期

① 达白安(Briar Russel Dott),美国惠特曼学院(Whitman College)历史系教授,研究方向为清史、中国民间信仰及泰山研究。

② Brian Russell Dott. *Identity Reflections: Pilgrimages to Mount Tai in Late Imperial China*. Cambridge, MA: Harvard University Asia Center, distributed by Harvard University Press, 2004.

③ Cultural Stratigraphy: Multiple Identities of a Sacred Site.

④ 子宫家庭(Uterine Family),也译作"阴性家庭",指的是在父权社会中,男主外女主内的情况下,母亲通过生育孩子使得孩子对母亲有认同感,并且产生了一个"女人的社会"。

⑤ Ellen R. Judd, *Niangjia: Chinese Women and Their Natal Families*. Journal of Asian Studies 48, no. 3., 1989.

满族皇帝康熙和乾隆的朝圣均是为了保证满族的正统地位,形成一脉相承的政治格局。但两位皇帝的朝圣也略有差别。康熙的朝圣带有双重性:既要形成"泰山—长白山"龙脉的地理观念,又要形成一统江山的政治格局,让满族和汉族自然地融为一体。而乾隆将自己塑造成满族的卫士、儒学的大家、中国的皇帝、道教的护佑、佛教的菩萨和慈父的形象,通过这些个人形象增添了朝圣的多重身份。值得一提的是,两位皇帝均没有封禅泰山,无意间使民众加深了对碧霞元君的信仰。文人的朝圣更多是用毛笔和凿子代替了燃香的烟雾,通过文学作品联系过去、现在和未来,为的是身份的自我完善并赢得将来的美誉。

这本书除了内容丰富翔实、有史有据外,文末所附的地名索引、参考文献、课文注解都非常详细,堪称外文研究泰山的翘楚作品。达白安后续有关泰山的作品有《纸钱:泰山的旅游和朝圣》[①]以及讲座"泰山与民族主义:一座圣地象征国家"(2015)和"康熙与泰山:满汉身份合一"(2019)。

(十六)瓦利《帝国时期圣山的封禅》[②]

2011年,墨西哥人类学家、历史学家瓦利(Walburga Wiesheu)发表了《帝国时期圣山的封禅》,引经据典讲述了泰山封禅的历史。参考了诸如司马迁《史记》以及沙畹、达白安等专家作品,从参考文献可以看出还有许多西班牙语泰山作品亟待发掘。

(十七)杰西卡《泰山和香客》[③]

当代许多外文文献中也有泰山的身影,比如:2012年西俄勒冈大学的杰西卡(Jessica Strawn)的论文《泰山和香客》(Taishan and its Pilgrims)梳理了香客朝圣泰山的历史,分析了其中的原因,还有自然与人的关系。

(十八)罗逸《道藏:周玄真道长〈太清玉简〉编撰史与明全真道地位》

2018年,巴西学者罗逸(Bony B. Schachter)在其论文《道藏:周玄真道长〈太清玉简〉编撰史与明全真道地位》(*Printing the Dao: Master Zhou Xuanzhen, The Editorial History of the Jade Slips of Great Clarity and*

① Dott RussellBrian. *Spirit Money: Tourism and Pilgrimage on the Sacred Slopes of Mount Tai in Faith on Display*. Edited by Tim Oakes and Donald S. Sutton. Rowman & Littlefield Publishers, INC.,2010.

② Walburga Wiesheu. *Ritos de La Corte Imperial China en La Montana Sagrada de Taishan*. 2011.

③ Strawn, Jessica, *Taishan and its Pilgrims* (2012). Student Theses, Papers and Projects (History). p. 257.

Ming Quanzhen Identity)①中提到了"代上泰山进香"(presented incense at Mount Tai on behalf of the Emperor),从而表达护国永宁的愿景。

二、本章小结

这一时期泰山外文文献更注重专题研究,分散性较小,集中在以下几个方面:

(一)特定时代的朝圣话题。作品的时代背景有的是13～14世纪,有的是17世纪,有的以元杂剧中泰山为主题,从某一个历史阶段看泰山文化,常见词是香客、上香、碧霞元君、东岳大帝等。

(二)多种传播媒介并用。文献作品不再仅限于文字的描述,增加了彩色图片,图文并茂,一目了然。

(三)一人一题多篇。对专门话题的研究,每位作家几乎都有多部作品呈现。作品从不同的角度论述,既有自己的特色,又相互联系,共同突出主题。

(四)泰山主题题材多样性。作者记录研究泰山的方式多种多样,有诗歌,有歌曲,更有专著。如果说诗和歌曲是作者有意和无意的见证历史、仰慕圣山之伟大,那么专著足见作者对历史、文化理解之深,影响力之大。

(五)文献之间互相引用、评价,继往开来。戴密微、彭慕兰、达白安的汉学研究总能给别人启示,因此被引用、评价者甚多,当代文献几乎无不引用。但是需要指出的是,从外文文献角度来研究泰山和泰山文化,肯定会存在一些视角、观点乃至文化失语或者冲突,抑或是对中国人人格的蔑视。因此,我们在学习和使用的过程中不能仅靠"拿来主义",更应该批判性地吸收、传承、创新和传播。

① Bony B. Schachter. *Printing the Dao: Master Zhou Xuanzhen, The Editorial History of the Jade Slips of Great Clarity and Ming Quanzhen Identity*. in Daoism: Religion, History and Society, No. 10 (2018), 1-86.

第六章 泰山文化外文文献解构

本章将所有掌握的外文文献作品进行了整体架构、解读，分析归纳了不同历史时期下外文文献里的泰山文化研究特点。作者也提到，这些作品在研究泰山的同时，也使得泰山文化在国际上得到了广泛传播，吸引了众多国际目光。同时，不可否认的是，这些文献作品由于时代、信仰、语言、文化等各种因素影响，存在文化失语和文化误读的现象。

一、文献作品解构

（一）简述

泰山及泰山文化研究一直是海外汉学家关注的重点，其外文文献作品大致分为早期发掘阶段、探索发展阶段、深入熟知阶段、持续发展阶段、专题研究阶段等。从17世纪起至今，文献以英、法、德语为主，文献的作者虽然来自不同国家，身份各异，但均是慕泰山之名前来，留下了大量史料，促成了泰山文化的国际传播。经过搜集和整理，作者掌握的有关作品有200件左右，其中书籍5部，文章186篇，摄影集4套，诗歌译作11篇，诗歌8首，画作6幅（包括黑白手绘和彩色作品），另外还有夹杂在书籍中的图片若干。这些作品都从不同侧面介绍泰山文化，极具价值。在文献搜集过程中发现许多法语、德语作品，还有的已经被译成了英文，为更好地呈现出西文泰山文献的状况，部分法语、德语文献作了综述处理，还有的为忠实原文期间，暂时未做译介，仅提供文献名字供读者参考、研究。这些德语、法语作品在整个英文文献框架下并不违和，所以一并收录进来，凸显整个西文文献里泰山研究的状况。

（二）泰山文化外文文献综述

1. 文献的作者大多数来自欧美国家，身份各异，所呈现的泰山文献也不尽相同。

从17世纪荷兰使臣纽霍夫起，来华的使臣、传教士、汉学家、旅行家、画家、摄影师、地质学家、动物学家、植物学家、政客等络绎不绝。他们有的著书立说，比如彭安多的德语作品《泰山及国家祭祀》(1906)；沙畹的法语作品《泰山》(1910)；贝克尔的英语作品《中国东岳》(1925)、盖尔的英语作品《中国的五岳》(1926)等；有的翻译经典，比如狄考文在其文章《泰山的宗庙和祭祀》(1879)中摘译了大部分《泰山道里记》的内容；有的游记图文并茂，比如坎普《晚清中国面容》(1909)、费舍尔《世界上最古老的圣地》(1916)、穆利金《东方圣山泰山》(1945)等都有配图讲述泰山；此外，他们还拍摄的大量珍藏照片，如现存岱庙的法国摄影师肯恩（Albert Kahn）的摄影作品（1909）和现存哈佛大学燕京图书馆的德国莫里森（Hedda Morrison）片影集（1942）等。

这些文献作品的呈现形式有的是书籍，如《泰山》(1910)、《中国东岳》(1925)等；有的发表在在华报纸杂志上供在华外国人相互传阅增强交流，如《字林西报上》就有30余篇与泰山相关的重要文章，其中有重要价值的如"东岳泰山(Taishan, the Peak of The East)""一次泰山之旅(A Visit to Taishan)"和"《泰山神话》(The Taishan Myth)"等；有的发表在华传教士的刊物上，如《中国丛报》(*The Chinese Repository*)、《教务杂志》(*Chinese Recorder*)、《皇家亚洲文会北华支会会刊》(*Journal of the North China Branch of the Royal Asiatic Society*)、《基督教倡导者》(*The Christian Advocate*)等均有大量涉及泰山的文章；有的发表在相应母国的区域性报纸上，如英国的《阿伯丁新闻和杂志》(*Aberdeen Press and Journal*)、美国蒙大拿州《蒙大拿比尤特标准报》(*Butte Montana Standard*)、加拿大的《圣约翰晚电报》(*Saint John's Evening Telegram*)、新西兰的《奥克兰每日南十字》(*Auckland Daily Southern Cross*)、澳大利亚的《每日标准报》(*Daily Standard*)等都有泰山的身影。

值得一提的是，早期的泰山文献对泰山文化的国际传播起到了重要的作用。比如，香港第二任总督戴维斯在游历中国之后于1841年出版《中国轮廓》，在山东章节介绍泰山是"山东著名的一座山脉，被华人称为泰山，大概是周围最高的山了"。1842年，《中国丛报》引用了戴维斯上述语句，介绍对泰山的初步印象。1844年，罗类思在《中国的传教》中用法语介绍了山东、泰山。对泰山的两段介绍以上香的香客为主，讲述了蜂拥的香客、素食的河南老年香客等情况均源自对泰山奶奶的信仰。这一信息比较之前的泰山介绍更加细致深刻。《中国丛报》第15卷(1846)将罗类思的这两段翻译成英语加以引用。后来,卫三畏在其《中国总论》(1848)中也借用了罗类思的这段论述。1870年,韦廉臣游历华北,并著有《华北、满洲里、东蒙之旅;一部分关于朝鲜》。该书分为两卷分别介绍了韦廉臣两次游泰山的信息。作者游岱庙逛庙会,登上泰山感知泰山,深刻体会泰山的历史地位和钟灵神秀的现状。这是当时最早、最详细的作品,吸引了很多慕名而来的访客。1899年,明恩溥①在《中国乡村生活之基于宗教的合作》中提及韦廉臣,"对于为什么那些距离相当远的香客会来泰山朝圣,韦廉臣已经说过,这是世界上历史最古老的山脉,到这里所需要的路费就是一大障碍"。所以,早期的外文泰山作品对外界了解泰山起着重要的作用。

2. 大量文献集中在19世纪中期到20世纪中期这百年时间段,对泰山的研究均是由浅入深、层层递进。

17世纪到19世纪早期这一时期的泰山研究还处于萌芽阶段,表现在两个方面:一是文献数量较少;二是主要以泰山的地位和基本印象为主。1665年,《荷使初访中国记》泰山部分信息是有关泰山的高度、景色、寺庙和道士。《有关中国的历史、地理及哲学介绍》(1795)和《荷兰使臣游记II》(1798)均是荷兰使臣又一次访华的见闻,涉及泰山的早期信仰状态和模糊的泰山身影。19世纪早期的泰山外文作品甚少,有的只是只言片语,如《中国丛报》在1842、1844、1846、1849年分别简短引用或侧面介绍了泰山地位的相关信息。

19世纪中期到20世纪中期,大量的泰山文化外文作品产生,有英语、法语、德语等文献。这时期与泰山相关的文章有176篇,专著4部。较之萌芽阶段,本阶段的泰山研究数量增多,研究更加深刻。比如,以泰山为主题的四部专著均产生于20世纪早、中期。像艾思柯、恩德斯夫人的文章不仅追本溯源,在内涵洞察上也值得推崇。

除此之外,这一时期文献作者对泰山的研究也有一个循序渐进的过程,比如艾约瑟。1859年,艾约瑟在《皇家亚洲文会北华支会会刊》发表《道教神话的现代形象简介》其中提到泰山:"……山东的高山——泰山的主神被称为东岳大帝,就是东部高山的伟大皇帝的意思……他掌管着过去和未来的惩戒。地狱两大体系都是他掌管的部门:一个是十殿阎罗之一;一个是三十六道鬼门之一。他秉承着上天的恩德,找出那些堕落的、欺诈的灵魂并拯救之……"1889年《中国评论》上,艾约瑟提到泰山的道教中心问题,详细引用

① Arthur Henderson Smith(1845～1932),美国早期公理会的传教士之一,著作颇丰。1906年接受罗斯福总统接见,向其建议将"庚子赔款"美国部分拿出来在中国捐资助学,一批人得以受益,而且清华学堂的建立也受益于此。

了顾炎武对"魂归泰山"的论述,并提到了辽东乌桓人的信仰,将中华的这些信仰归咎于波斯宗教的影响,这属于很深刻的理解和思考了。1890 年艾约瑟又发表《中国的建筑》两次提到泰山,引用了班固和《周礼》论述泰山的明堂的祭祀作用和泰山神的石头有避邪保平安的作用,并且提到了风水学说。毋庸置疑,艾约瑟对泰山的认识是逐步加深的。

20 世纪中期至今,外文泰山文化开始集中到更加具体话题,研究成果也更加深刻、细致,如:韩书瑞的《进香》(1992)、伊维德的《13、14 世纪杂剧里的泰山朝圣》(1997)和达白安的《身份的反观》(2004)。《进香》收录了两篇文章分别是杜德桥的《泰山上的女香客:17 世纪小说中的片段》和吴佩仪的《17 世纪矛盾的泰山香客》,均以 17 世纪小说为研究蓝本,以泰山香客为研究对象,探讨香客进香的多重诉求。伊维德承接进香话题,论述了 17 世纪的妇女上香活动。而达白安又继承了这一话题,继续探索不同阶层人们的不同的进香朝圣之路。所以,本阶段的文献研究更加深刻和具体,更有针对性,围绕某以话题进行了细致入微的探讨。

3. 所有文献虽然各有侧重,但是均对泰山地位予以肯定,关注泰山上的宗教信仰、寺庙、神灵和香客。

文献所涉及的泰山内容无论是书籍、文章,还是只言片语,与泰山同时出现,频率最多的修饰性词语就是 Five Yo(yue), five sacred mountains, sacred, highest, celebrated, everlasting peak, Great Mountain 等。谈到泰山的地理地貌时,经常出现的词语是 cliff, precipitous, steep, broad, 5 miles in height, barren, rocky, highest, 45-le, 5000 feet, 5,050 feet, 4780 feet 等。当谈及泰山历史时,出现最多的词语是 Yao, Shun, B. C. 2272, b. c. 2281, 2255 b. c., ancient, historical, 4000 years 等。当谈到泰山上的宗祠庙宇时,经常出现的是 Temples, shrines, priests, idol, pagodas, magnificent temple, sacrifice, God, Heaven, Supreme Ruler, Taoism, Buddhism, Confucianism 等。当论述神灵时,出现次数最多的是 Taishan nainai, Lady Taishan, Goddess of Taishan, Bixiayuanjun, God of Taishan, Tai-Shan-Shih, stones from TaiShan 等。而数量众多的香客除了用 Pilgrim,进香行为用 pilgrimage 之外,香客的修饰语往往是 thousands of, swarms of, toiling up, devout, pious, aged, women 等。

仔细观察这些词语不难看出,一方面文献作者对泰山的历史地位表现出肯定和接受,从而使得泰山的神圣性可窥一斑;另一方面也足以说明泰山具有独特魅力,使得访客用词大同小异,这也是泰山的影响力。

4. 外文文献促进了泰山文化的国际传播,并且得到了受众的积极回应。

这些外文文献通过报纸、杂志等媒介传播的受众有的是在华外国人，有的是母国当地人，因此很多人慕名而来拜访这座中国的圣山，泰山文化因此获得了世界范围内的传播。比如上述提及的罗类思、韦廉臣、卫三畏的早期泰山作品就吸引很多人前来。有些慕泰山之名而来但并不明确一些信息，比如《字林西报》1910 年 12 月 22 日的一封信中提道："一封信引起注意，孔子墓并不在泰山而在出生地曲阜，在圣山以南 25 英里处。"然而，1914 年 4 月 9 日的《字林西报》上又登载了一则短消息："伯恩先生、皮尔斯先生和艾思柯夫妇离开上海去拜访泰山上的孔子墓。而泰山是泰安府里的圣山。他们是乘坐火车旅行的。"这说明慕名而来的访客还认为孔子墓在泰山，然而就是这里提到的艾思柯夫人在旅行之后于 1917 年发表了《历史的圣地——东岳泰山》并且于 1922 年作了"东岳泰山"的讲座。对泰山地位的形成从上古到明朝进行了历史的梳理，并且提到泰山神的地位也是一步步从历史的发展中奠定的。艾思柯夫人还引用了歌颂泰山的诗歌和法国汉学家沙畹对泰山的评价。她提出泰山本身也有独特的地方，首先广袤巨大的山体足以挡住地震和洪水；另外，泰山属"阳"，具有春天、太阳、光、热等生命的特质。最后，艾思柯夫人还赞美了泰山美丽的景色和经久不绝的历史。这一作品无疑将泰山的历史和文化讲解得非常全面和透彻。受其影响，更多人展开泰山之旅，如前面所提的恩德斯夫人。

（三）泰山文化外文文献存在的问题

1. 外文文献的作者出发点和关注点大多是由自己的身份地位决定的，而很多文献是从宗教信仰角度看待泰山文化的。

汉学家关注的必然是泰山的历史形成和文化内涵，宗教和古迹。地质学家所关注的必然是泰山的地质现象。传教士又离不开宗教的色彩。他们将官民对泰山的进香行为等同西方宗教信仰里的朝圣之旅。虽然二者有相似之处，但是从历史文化的角度来看，泰山进香行为拥有自己的历史特色和内涵，而且进香的每个个体都有不同的诉求，有人登山祈福，有人祈求子嗣延绵，有人祈祷家中病人恢复健康，有人盼望国泰民安……这些与西方宗教是截然不同的。诸如 sacrifice，sacred，pilgrim，God，Goddess 等词语充满西方宗教色彩，有深刻的宗教内涵，在词源上总是和宗教信仰相关。然而，泰山文化绝非宗教信仰可以代替的，这在很多作品中也有体现，比如使用"功德"（merit）一词并不鲜见，足见文献作者也是考量了中国传统文化的特点，所以近现代汉学家韩书瑞在"*Pilgrims and Sacred Sites in China*"这部书扉页上特地用汉语"进香"标识，确实言简意赅，符合中国传统文化的形式。

2. 部分文献存在文化失语和文化误读现象[①]。

就所搜集的文献来看,由于中西文化不对等,必然有一些文化误读现象,比如著名的五大夫松和石敢当的失语问题。《学林散叶》[②]中记录的杜威爬泰山时,同行的校长将"五大夫松"翻译成"Five husband tree(五棵丈夫树)"。显然这位校长将秦始皇因松树为其遮风挡雨而册封的官职"五大夫"给弄混淆了。盖尔所著《中国五岳》中记载五代时期一个叫"敢当"的学者(a scholar named Kan Tang)舍身救助当时的皇帝的故事。为了纪念他,建起一座纪念碑,之后全国各地都效仿起来。400 年后,人物的故事已被遗忘,而石碑上所刻"石敢当"流传下来,因为石碑的石头来源于泰山,所以石碑又被刻成"泰山石敢当",寓意"泰山的石头能驱除邪恶"(This stone from Tai Shan can ward off evil spirits)。显然,这段记录将敢当视为文人(scholar),大概是因为古籍中称其为"士"。但历史记载和传说中的敢当是五代时的一个勇士。"士"在古代并非专指文人学者,也包括武士。还有的现象是文献作者本身对一些名胜古迹的不确定性,因而翻译的时候会出现认识误区,比如将"经幢"翻译成"无字碑"的情况比比皆是。诸如此类误读现象还有很多,这样我们的文化在传承中本来就有多种解释,再加上在目的与文化中很难找到对等词语,失语也就在所难免了。

当然,这些文献中还存在西方人对中国人的蔑视。

(四)总结

本小节就所搜集的近 200 篇泰山外文文献予以整理和分析说明,未来期待发掘更多的文献,更翔实的分析。同时,通过分析整理文献也是为当今泰山文化的国际传播寻找契机,促进泰山文化在更广阔的舞台绽放异彩。

二、反观文献:以文献作者艾思柯为例

(一)艾思柯其人

艾思柯(Florence Wheelock Ayscough,1878～1942),美国汉学家、诗人、翻译家,一生致力于中国传统文学、艺术、古典诗歌的翻译、传播工作。艾思柯出生于中国上海,11 岁的时候,跟随父母回到美国接受教育。在那里,她遇到了一生的挚友、诗人艾米·洛厄尔,二人友谊持续 30 多年。艾思柯于二十几岁时回到上海,因对中国文化深度的热情和兴趣,她开始专攻中

① 更多关于泰山文化传播中的失语问题详见拙作:Tian Fen. *Aphasia in Taishan Culture Worldwide Communication*. Advances in Journalism and Communication,2015.

② 盛巽昌、朱守芬:《学林散叶》,上海人民出版社 1997 年版。

国传统文化，并成为驻上海的皇家亚洲文会北华支会的荣誉图书馆秘书，而且一当就是15年。在上海期间，她嫁给了一位也爱好中国文化的英国学者、商人弗朗西斯·艾思柯(Francis Ayscough，1859～1933)。1917年，艾思柯再次回美期间将中国画和诗歌介绍给洛厄尔，1921年二人合作出版汉诗英译《松花笺》。1935年，艾思柯与汉学家、远东史学家宓亨利[①]结婚，随后在美国芝加哥大学长期讲授中国历史。1929年和1934年，艾思柯发表杜甫诗歌、生活轨迹的系统翻译《杜甫：一个中国诗人的自传》。1942年，艾思柯与世长辞，胡适发去唁电称赞其向西方阐释中国文化帮助西方了解中国文化所作的贡献。宓亨利则称赞艾思柯为"无与伦比的女人"。

艾思柯钟情中国文化，多次用"爱诗客"来指代自己。她对中国文化的贡献在于翻译、记述和讲述中国的历史、艺术和文化，同时尽力纠正以往不准确的涉及中国文化的翻译，号召人们以积极的态度对待中国文化。例如，她评论美国作家赛珍珠(Pearl S. Buck)的小说《大地》(*The Good Earth*)，称赞其选择当代中国农民作为主题，但批评了内容的准确性。

这样一位跨越中西文化的使者也与泰山结下了不解之缘。她钻研泰山文化，以讲座、文章等形式传播泰山文化，所翻译诗歌中也承载泰山文化，同时她又影响文化爱好者积极研究泰山文化。

(二)艾思柯的泰山研究

艾思柯的泰山之缘开启于她对孔子的仰慕。1914年4月9日《字林西报》上报道了这样的信息：伯恩先生、皮尔斯先生和艾思柯夫妇离开上海前往泰安府的圣山泰山去瞻仰孔子墓。从艾思柯认为孔子墓是在中国的圣山泰山来看，她对孔子和泰山的信息还不是太清楚。但是泰山之旅后，1917年艾思柯在《皇家亚洲文会北华支会会刊》上发表《历史的圣地——东岳泰山》一文，上面明确写道："……(泰山)以南60英里处是曲阜，也是孔子生活和去世的地方……"然而这篇文章的重点是从宗教和历史角度梳理泰山的信仰。整篇文章作者分两部分，第一部分轮廓比较清晰，追溯泰山神形成的来龙去脉。第二部分介绍泰山相关信仰，内容丰富。首先讲述了普通人要达到与上天交流的诉求而建立一套精神信仰体系，使得泰山神又增加了更多的权力：掌管生死，同时也衍生出碧霞元君、石敢当等神灵，这样就弥补了一神论

---

① 宓亨利(Harley Farnsworth MacNair，1891～1947)，美国人，1912年毕业于雷德兰兹大学后就前往中国上海，并在圣约翰大学教授历史，1919年担任该系主任，直到1927年。在此期间，他于1916年在哥伦比亚大学完成硕士学位，并获得博士学位。1922年，从加州大学伯克利分校毕业。1927～1928年，他回到美国，在西雅图大学任教，后来搬到了芝加哥大学，在那里他一直从事远东历史教学。宓亨利发表了大量文章，被称为才华横溢的老师。

的不足。但是作者也并未多讲这些神灵，而是将分别讲述名胜古迹、乞丐和登山的环境的介绍上。文章突出的特点就是权威文献引用，比如引用罗约翰讲述中国传统历史的三个阶段。理雅各、翟理思、梅辉立、巴斯德、沙畹、慕稼谷、柏尔根等均出现在文中。

1922 年 3 月 15 日《字林西报》报道了艾思柯的讲座“东岳泰山”(Tai Shan, the Peak of the East)。艾思柯将泰山地位的形成从上古到明朝进行了历史的梳理，并且提到泰山神的地位也是一步步从历史的发展中奠定的。她还引用了歌颂泰山的诗歌和法国作家沙畹对泰山的评价。讲座还提到泰山的两个特点：一是巨大的山体足以挡住地震和洪水；二是：泰山属“阳”，具有春天、太阳、光、热等生命的特质。最后艾思柯还赞美了泰山美丽的景色和经久不绝的历史。

1925 年，艾思柯出版《中国镜子》(*A Chinese Mirror*)，其中“泰山”(T'ai Shan: the great mountain)一章节分为三个部分，分别讲述了泰山信仰形成的过程、泰山的特殊祭祀、从泰安城到山顶的一些著名古迹。前两个部分的内容在 1917 年“历史的圣地——东岳泰山”基础上增加了描述和引用，尤其对沙畹作品的引用。第三部分是以图为纲，讲述了自己亲身经历的 33 个重要古迹的历史和渊源。总体来看，这是艾思柯对泰山研究最系统、最完备的研究。

1929/1934 年艾思柯出版的《杜甫：一个中国诗人的自传》(两卷)将杜甫的生平、生活和诗歌糅合在一起出版杜甫的传记、诗歌，展现出一个伟大诗人的一生。其中《望岳》是这样的：

(兖州)北面 60 英里处是泰山。从很早很早以前，东岳泰山就是朝圣之地；大概是五岳中最著名的山了，神灵与信仰结合在一起，我曾在《中国镜子》里描述过了，事实上也非常有趣。很自然，杜甫也曾沿着这座山陡峭的石阶攀登至山顶，他也用诗歌记录了下来；所有这些都从他的笔墨中保留了下来：

Gazing From Afar To The Lofty Mountain

望岳

What then is the nature of Tai Tsung, Honourable Ancestor of all Mountains?

岱宗夫如何？

Seen from Ch'i in North, from Ch'u in South, its green colour does not fade away.

齐鲁青未了。

Invested at hour of formation and evolution with supernatural qualities,

造化钟神秀，

Dividing northern shade from southern light, it cuts the darkness from dawn.

阴阳割昏晓。

Into cloud layers, rising from its scoured breast,

荡胸生层云,

Fly birds returning to roost; my eyes open until the corners crack follow their flight.

决眦入归鸟,

I shall climb Nothing Beyond Peak,

会当凌绝顶,

Whence beheld, all hills are small.

一览众山小。

短文阐释配诗歌翻译,泰山的地位与杜诗交相辉映,恰到好处。另外,《松花笺》上也刊印了艾思柯和洛厄尔合力翻译的李白的诗歌《鲁郡东石门送杜二甫》。原诗是:"醉别复几日,登临遍池台。何时石门路,重有金樽开?秋波落泗水,海色明徂徕。飞蓬各自远,且尽手中杯!"这首诗翻译被贝克尔引用并配手绘一起展现了出来(见图 6-1):

图 6-1　贝克尔在《中国东岳》(第 14 页)中翻译《鲁郡东石门送杜二甫》并配图

图片来源:贝克尔:《中国东岳》(Dwight Condo Baker: *T'ai Shan: An Account of The Sacred Eastern Peak of China*. *The Commercial Press, Limited (Shanghai)*, p. 14.

(三)艾思柯对传播泰山文化所作的贡献

艾思柯的泰山文化研究参阅并引用了大量外文关于中国传统历史、宗教、文化等内容的研究,而后她的作品又影响了其他文化爱好者,因此她在泰山文化传播上是承前启后的。比如她在文章中多次引用沙畹的《泰山》之后有一段评价是这样的:“泰山古迹和历史传说与泰山神信仰是有差距的。到底这能反映怎样的中国人的心理?据我所知,恐怕欧洲人中只有沙畹才对此话题了如指掌。”对沙畹所著述泰山文化的极大肯定和赞扬恰恰是艾思柯承袭了重要的文献依据,站在巨人之肩上,作品才更有深度。正因为如此,她的作品也是有影响力的,比如贝克尔曾在《东岳泰山》里讲述道:“在玉皇观周围发现宋真宗封泰山的玉册盒子。1748 年,乾隆在此立下三块石碑赞美玉皇大帝(艾思柯夫人曾翻译这三块石碑)。”艾思柯泰山文化研究的影响力由此可窥一斑。

传播媒介的便利条件使得泰山文化在艾思柯的笔下传播更有优势。皇家亚洲文会北华支会是重要的学术、研究机构,作为其荣誉图书馆秘书,艾思柯的泰山研究文章发表在该会报刊之上必然引起广泛影响。而《字林西报》上所刊登艾思柯讲座消息也给泰山文化提供了广阔的传播平台,让泰山蜚声世界。另外,艾思柯还是英国高端妇女组织——英国妇女公会的讲座嘉宾,拥有一些高端听众。受其影响,接替艾思柯担任荣誉图书馆秘书的恩德斯夫人(Mrs. Elizabeth Crump Enders)不仅亲登泰山,还于 1924 年作了“泰山和玉女”(Taishan and the Jade Lady)的讲座。而后出版《庙铃与银帆》,上面也有专门的泰山章节。这些都直接传播了泰山文化。

艾思柯对《望岳》的英译并搭配阐释所表达的泰山文化也直接将泰山文化推向世界。2011 年,奥斯陆大学文化研究和东方语言学系的库内什(Ann Kunish)在其硕士论文《字里行间:中国古典诗歌翻译的功能主义方法》中不仅总结了艾思柯英译汉语诗歌的特点,还将艾思柯翻译的《望岳》与其他 12 首《望岳》翻译相比较来论述中国古体诗的翻译问题。其中作者提到“对译者来说,这首诗是充满有趣的历史、文学和语义挑战的”[①]。围绕这一观点,库内什在阐释每句诗的含义时,都将杜甫诗歌里所表达泰山相应的文化、历史和语义特点一一分析与陈述来对比 13 首诗歌翻译的优缺点。诗歌就这样在艾思柯等译者的笔下将泰山文化传播开来。

---

① Ann Kunish. Readings From Between the Lines: A Functionalist Approach to the Translation of Classical Chinese Poetry [D]. The Department of Cultural Studies and Oriental Languages at the University of Oslo, 2011. pp. 98-112.

除此之外，艾思柯在《中国镜子》中也提道："后来的游历者现在登山比我那时候登山更容易，我也很高兴他们看到了中国最有趣的神祠。当然这句话很大胆，但是我觉得没人会质疑。"不难看出，这是艾思柯对泰山的称赞和持续关注，这给泰山文化的传播提供了支持。

（四）总结

作为中西文化的忠实钟情者和友好使者，艾思柯对泰山文化传播所作的贡献是多维的、系统的、有深度的。艾思柯对泰山展开研究的时间正是泰山引起世界瞩目的密集时间，众多与泰山相关的外文作品在这一时期出现。艾思柯既参阅了大量的文献资料，又亲自登泰山学习，其描述展现给读者一个宗教的、文化的、自然的神圣之山的形象。另外，艾思柯与洛厄尔的合作翻译诗歌的方式也给现在中国传统文化外译提供了一个重要的参考。作为泰山文化的使者，艾思柯值得我们敬仰、探索和研究。

第七章 泰山文化海外传播尝试性研究与实践

本章主要是收录了作者前期的一部分泰山文化海外传播研究的论文。分析了泰山文化海外传播的失语现象及其解决策略，泰山文化海外传播的方向、目标以及泰山文化海外传播尝试与实践等内容。

一、泰山文化海外传播的失语现象及解决策略①

（一）文化“失语”研究综述

失语症（aphasia）本是医学术语，指的是在神志清楚，意识正常，发音和构音没有障碍的情况下，大脑皮质语言功能区病变导致的言语交流能力障碍，表现为自发谈话、听理解、复述、命名、阅读和书写六个基本方面能力残缺或丧失，不同的大脑语言功能区受损有着不同的临床表现。

“失语症”这个词用于学术界，最早由曹顺庆在批判西方文论入侵及中国古代文论的流失时提出②。他在 1996 年、1997 年、2006 年重述中国文论失语症及解决办法③。2000 年，从丛在《光明日报》发表文章，将“失语症”这一概念用于中国文化及外语教学。从丛教授在文中提到，有许多英文水平

① Tian Fen. Aphasia in Taishan Cultune Worduide Communication [J]. Adwace in Jouralism and Communcation, 2015-10-25.

② 曹顺庆:《21 世纪中国文论发展战略与重建中国文论话语》,《东方丛刊》1995 年第 3 期。

③ 曹顺庆:《文论失语症与文化病态》,《文艺争鸣》1996 年第 2 期；曹顺庆:《重建中国文论话语的基本路径及其方法》,《文艺理论研究》1996 年第 2 期；曹顺庆:《再论重建中国文论话语》,《文学评论》1997 年第 4 期；曹顺庆:《再说“失语症”》,《浙江大学学报》(人文社会科学版)2006 年第 1 期。

很高的中国青年学者，在与西方人交往过程中，不能用英语表达母语文化，显示不出来自文化古国的学者所应具有的深厚文化素养和独立的文化风范，当西方同行怀着敬意探询 Confucianism/Taoism（儒/道）的真谛时，我们的学者却心有余而力不足，只能顾左右而言他[①]。这篇文章引起了人们对外语教学中中国文化教育的关注。这些大都从专业或非专业外语教学、跨文化交际等角度进行研究[②]。这些研究集中在国内学生、学者中国文化的失语的状况，并如何在教学中和跨文化交际中规避失语，但并未提出中国文化在对外传播中遇到哪些不和谐、不一致甚至误读的情况，也没有研究国外汉学家如何误解、误读中国文化而造成失语的问题。据此，本书接受中国文化"失语症"这一概念，从传播学的角度出发，以泰山文化传播中的失语现象为例，在实证研究的基础上，来寻找泰山文化传播中的失语现象的表现，分析产生失语的原因并寻求解决策略，期待在中国传统文化向世界传播中起到一定的指导作用，并且希望达到一定的实践推广价值。

（二）泰山文化传播中的失语现象及解决策略

泰山文化在传播中会出现失语现象，用传播学的拉斯韦尔模式[③]分析具体表现在传播主体、传播内容、传播渠道、传播对象和传播效果五个方面。

从文化传播主体来看，泰山文化对外传播的主体即传播者包括政府部门、学术团体机构、专家学者、外语导游、泰山文化爱好者和各类协会甚至普通民众等，他们是泰山文化的直接传播者，构成了泰山文化对外传播的多样化主体。因传播者属于各个阶层，对泰山文化的理解也参差不齐，比如泰山石敢当，很多人只知道这是泰山特有的文化现象，却不知道它所涉及的文化故事及所代表的文化寓意。专家学者的研究考证很多是学术术语，很难普及到普通民众那里，这便造成了失语。就碧霞元君来讲，普通民众知道她是泰山老奶奶，她的生日在阴历三月十五日，却不知道这个称呼是经历了"泰山玉女—泰山娘娘—泰山奶奶—泰山老奶奶"的变化，也历经了从民间到官

---

① 参见从丛：《中国文化失语：我国英语教学的缺陷》，《光明日报》2000 年 10 月 19 日。

② 张为民、朱红梅：《大学英语教学中的中国文化》，《清华大学教育研究》2002 年第 S1 期；马东虹：《外语教学中的文化因素》，上海外国语大学博士学位论文，2007 年；张蔚等：《大学英语教学"中国文化失语症"及其对策研究》，《沈阳农业大学学报》（社会科学版）2009 年第 4 期；陈晓靖：《跨文化交际中文化传输的双向性——谈"中国文化失语现象"》，《吉林工程技术师范学院学报》2010 年第 4 期。

③ 拉斯韦尔传播模式：传播学的泰斗之一哈罗德·拉斯韦尔（Harold Lasswell，1902～1977）在 1948 年发表了《社会传播的结构与功能》（The Structure and Function of Communication in Society）一文。在文章中，拉斯韦尔提出传播过程的五要素是"Who says what in which channel to whom with what effects"，即"谁通过什么渠道对谁说了什么，并且取得了什么效果。"因为核心词有五个 W，所以又称"5W 模式"，或拉斯韦尔模式。

方再到民间的信仰变化，还经历了生日从阴历四月十八日到阴历三月十五日的演变。所以，传播者在认识和理解上的偏颇、不足会直接影响文化的传播质量，这是文化传播中失语的表现之一。

鉴于这一失语问题，传播者对泰山文化要有所了解，还能用目的语讲解出来。对于普通民众，面临文化术语等问题还得清楚其具体内涵，比如斗母宫，如果不知道“斗”在这里指的是北斗星，那很有可能会理解错误，还以为是打斗的意思呢，那给别人讲解起来必然是错的。在高层次的学术交流上，对传播者的文化修养和学术造诣更是具有很高的要求。近年来，我们有很多的泰山文化专家到国外讲学，这是很好的契机，为传播泰山文化作出了崇高的贡献。泰山文化的对外传播离不开外语学习者，而且要求外语学习者不仅对泰山文化理解深刻还要求能熟练用目的语讲解出来，这是解决文化失语的非常关键的一环。

从传播内容来看，泰山文化不仅内涵博大精深、丰富多彩也有众说纷纭且需要考证的史实，比如仅岱庙这一庙宇文化里面的古树名木、石刻石碑、建筑、文物等等就有很多的文化和历史典故在里面。而这些文化典故就现代的研究来讲并非一致，还有的是因为文学性、理论性太强，因此传播到大众层面就会出现断层、误解等失语现象。这些现象是文化内容本身会出现失语的表现，也将是文化传播中最基础的层次，因为文化本身都会出现失语，那么传播起来失语就在所难免了。比如对五大夫松的误读：泰山五大夫松本是一棵为秦始皇遮风避雨的大树，被封为“五大夫”。后人误解，以为是五棵松树，在唐代就已经弄不明白“五大夫松”是怎么回事了。宰相陆贽有“不羡五株封”之句，已经将“五大夫松”当成是五株受封为大夫的松树了。这样一来，也就成了五株松树。清雍正八年(1730)，钦差丁皂保奉敕补栽上了五棵，现在只剩下两棵了。但“五大夫”的封号却因袭不变。后来这些松树附近建立了一座五松亭，这“五松亭”之名，就是来自误解。《学林散叶》中也记载这段五大夫松与杜威的轶事：“杜威游泰山至五大夫松石岩休息，忽然看到‘五大夫松’四字，问是何意。伴同的某中学校长英语不高明，就冲口道‘Five husband tree’(五棵丈夫树)。杜威闻之点头，叹息不已。”这位校长的误读不仅是因为他英语水平有限，更是对“五大夫”这三个字所承载的历史的失语。再比如“石敢当”，有学者考证有“文官”之说，还有人考证有女石敢当，这些考证都是有理有据的，可是在传播这一文化时，石敢当一般就是指的一种勇士斗恶魔的精神。

文化的源远流长，史实考证的差异造就了文化理解的差异性，这就需要把文化分门别类，加以整理，并根据受众理解水平作出不同的研究成果推广，做到雅俗共赏。对于学术研究来讲的文化应该更加细化、专门化；对于面向普通民众推广的文化则力求内容通俗化；对于向外宾传达的文化，不仅要求文化的通俗还要求目的语表达的精确性。泰山文化的对外传播既需要文化内容的译介也需要文化内容的创新。既要传达泰山文化的精髓又要考虑目的语文化的思维模式，以有效的语言表达的准确、流利、得体、连贯的传递泰山文化信息，这对传播者来说有极高的要求，目前相关研究成果还不是很多。

再次，从传播渠道来看，泰山文化传播的重要传播媒介之一是书籍。目前出版的不少研究成果，其考证和记载大都是文言文形式呈现，这对于普通民众而言理解上多少都有一些困难，如果只是照本宣科传授给受众，困难可想而知，而造成的文化失语也在所难免。现代社会高科技已经深入到生活的各个层面，借助现代科技媒介来对外传播泰山文化无疑能使得文化传播更加深远，但是很重要的一个问题也是语言问题。语言是文化的载体，泰山文化的对外传播所借助的语言还是很有限的。泰山上很多汉语的广告牌本身在介绍某一文化时便是有错别字或者介绍不清楚的，如碧霞祠东御碑亭和西御碑亭的“御”都写成了“禦”，而实际上“御”是“驾驭”的意思，引申为皇权，而“禦”是阻挡的意思，并不能完全对等，因此翻译成的外文也会出现不同程度的误译。而由传道士、外国游客以他们的视角写作或记录下来的外文作品，有时因其不能从根源上理解泰山文化，再加上外语和汉语之间本身的差异造成了所承载的文化也大不相同，因而造成失语。

对于传播媒介产生的失语问题，除了力求泰山文化的通俗化外，还应该力求传播媒介的多元化，以受众更能接受的方式传播。高科技的发展带来了多元媒介也越来越多地让传统文化得以借助现代的技术手段传播。央视有个广告，用剪纸的形式宣传孝道。这一广告既用上了现代化的色彩搭配和幻灯片制作，又融合了传统的剪纸技术，惟妙惟肖，别具一格，达到了很好的宣传效果。日本曾经用漫画的形式来宣传泰山文化。多样化的媒介既能吸引受众的注意力，又能把复杂的东西简单化，让受众简单明了又不失乐趣地去了解和理解文化，恰到好处。语言上需要解决的问题是从文言文到通俗汉语，然后再译介成外语。这中间需要做的事情很多，比如汉语译介问题，如果仅是逐字逐句翻译，那文化的传递就会支离破碎，如果翻译者本身不懂泰山文化，那翻译出来的内容就会从源头上造成失语。所以，我们不妨提倡用汉语拼音的形式形成泰山文化独有的术语、概念，在翻译成目的语时加以阐释。这对译者提出很大的要求，既要懂得泰山文化，又要对目的语及其文化掌握得淋漓尽致，具有跨文化的双向思维，这样才能表达出想要的效果，并将失语的概率降到最低。

另外，从传播对象来看，泰山文化对外传播的受众主要在国外，是为了他们了解、理解我们优秀的文化，而因为这方面的翻译作品较少，他们了解泰山文化基本上是通过仅有的外文资料，一般是以前来过中国的传教士、旅行者、国外汉学家等的作品。这就会出现因外籍人士对泰山文化的理解偏颇而产生的失语，比如著名汉学家彭慕兰在其作品《上下泰山：中国民间信仰政治中的碧霞元君》①里面就有对碧霞元君文化的误读，这得到了泰山文化研究专家周郢教授的订正②。再比如"石敢当"，威廉·爱德加·盖尔所著《中国五岳》③中记载："五代时的一个皇帝有过一次不寻常的冒险经历。旅途中，有一个叫'敢当'的学者和他同车……有一个刺客企图刺杀他。这位勇敢的学者敏捷地从垂下的衣袖中取出一根铁棒，挡住了刺客阴险的一击，自己也付出了生命。为了表示对这个忠心耿耿的学者的感激之情，皇帝让人为敢当建起了一座纪念碑。随着时间的推移，许多地方都纷纷效仿，越来越多的人缅怀敢当舍身保护皇帝的事迹。在他献身400年以后，几乎每个城市都可以看到刻有'石敢当'三个字的牌匾。后来，人们对他本人的记忆逐渐淡漠，因为这些牌匾原先都是用泰山上的石头做成的，所以在其名字前加上了'泰山'这两个字。"这段文字误读在于将敢当视为文人（原文为scholar），大概是因为古籍中称其为"士"。但历史记载和传说中的敢当是五代时的一个勇士。"士"在古代并非专指文人学者，也包括武士。我们的文化传达到对方文化里面变了味儿，这便是文化的失语。

外文资料里对泰山文化的误读或误解主要是研究匮乏、考证不够翔实，再加上作者一般是外籍人士，他们虽然懂一些汉语，但是毕竟不是土生土长的中国人，很难从根源上、心底里理解泰山文化的精髓。实际上，语言不通、文化不同造成的失语是在所难免的。那既然存在误读、误解的失语现象，那如何校正呢？以概念比较或者对比的方式对文化交流和传播采取求同存异的态度或是不错的选择，比如给欧洲人讲泰山文化时，他们不了解泰山的地位和作用，我们就可以以希腊的奥林匹斯山为对象对比这两座山的异同，从而让他们有一个形象的认识。但是并不是所有的文化都能达到概念对等或者找到对比的对象，这就需要了解目的语言的传播者不仅了解我们的文化还要对对方的文化了如指掌，以便让目的语国家的人体会到我们文化的深刻魅力。外文资料的丰富给我们提供了译介和研究的契机，我们在懂得了泰山文化的基础上应该做一些翻译和研究工作来宣传泰山、传播文化。

① 彭慕兰：《上下泰山：中国民间信仰政治中的碧霞元君》，《新史学》2009年第4期。

② 周郢：《明清之际的碧霞元君论——兼与彭慕兰先生商榷》，《史学汇刊》2013年第31期。

③ [英]威廉·埃德加·盖洛：《中国五岳》，彭萍、马士奎、沈弘译，山东画报出版社2006年版。

最后，从传播效果来看，随着中国经济政治地位的提高，中国传统文化开始走向世界，世界各国对泰山文化也产生浓厚兴趣，泰山和世界的交流也开始渐渐增加。比如泰山和德国的交流[①]、泰山文化研究的专家参与世界性论坛、国际性学术会议等，这无疑增强了泰山文化的影响力，同时也增加了文化传播的效果。很多国外的节目，他们开始关注和介绍泰山文化，这是很值得高兴的事情。但是值得一提的是，他们的理解有时候并不是那么贴切，如《驾车游中国》曾提到信众来泰山是为了某一个神，而且这一节目多处出现有偏见的地方。所以我们期待的传播效果应该是更加符合我们的文化本意和文化内涵，而不是让文化以一种随意的姿态传播，这样文化的本质就会改变，那就彻底失语了。

在中国文化走出去的大环境下，泰山文化的对外传播效果确实达到了空前的规模，每一个潜在的传播者都有权力和义务对泰山文化的传播作出贡献。泰山文化的传承和传播在现代社会来说是多媒体、多元化的，无论在哪一层次的传播都是有益的。对文化传播持有积极态度才能更好、更有效地传播泰山文化。

三、启示

文化传播在各个层次会出现失语现象，以客观的态度来看待这些失语现象是文化传播的首要因素，对待泰山文化传播如此，对待中国传统文化的传播也是如此。面对外文书面或口语里面对中国传统文化的误读、误解现象时，我们有责任和义务给予指正，也应该予以阐释，每个人都可以充当文化的使者来传播我们优秀的文化。作为外国语学院的师生，我们 2012 年就已经尝试开展这方面的实证性研究和训练。通过开设中国文化(英文版)CBI 课程，教授学生用英文表达中国文化，组织学生建设“文化使者”团体，亲自到泰山学习、翻译和宣传泰山文化，还完成了调查问卷，形成了调查报告。现在我们已经有了专业的教学、科研团队，取得了初步的成果。

面对我们传统文化里独有的概念或术语时，我们不妨提倡用汉语拼音标注再用目的语进行意译的阐释，这样既能突出我们的独特性，也能让目的语国家了解我们文化的精髓。比如一些外文文献中用拼音“Bixiayuanjun”或汉字来解释碧霞元君，这样比“Goddess of Taishan”甚至“Goddess of Azure Cloud”更容易让人一目了然，因为英语里面的 God 或 Goddess 宗教内涵与中国传统道教的信仰相差甚远，所以这样的翻译会引起文化的误读。比

① 陈从阳:《视线所窥永是东方——德意志帝国晚期和魏玛共和国时期的中国文化热》,《西华师范大学学报》(哲学社会科学版)2011 年第 6 期。

如，1879 年马提尔在文章中将神的崇拜与山联系起来，以西方的宗教信仰来考证中国人的宗教观念，因为希腊人认为神居住在奥林匹司山上，而中国人以为神住在昆仑山或泰山上。中国人所以将神庙建于山上，乃因他们相信在高山上才能与居住在天上的神沟通，就像《圣经》中的亚伯拉罕也在磨来亚山上祭祀上帝一样①。我们对文化概念、术语有了一致的翻译后最好形成书面词典的形式来对外推广，也尽量让译者都统一使用这些术语以便能在理解上少费力气。像泰山这一名词的翻译有 Taishan，Mt. Tai，Mt. Taishan 等，如果主管部门能统一术语，这样文化交流就更容易了。

面对文化传播过程中中国文化与对方文化的碰撞(cultural shock)时，我们可以在文化认同的基础上求同存异或者达到文化融合的和谐状态，这一点在羊年的春节上已经得到了验证。在人们欢度 2015 年农历新年之际，外国政要在新春佳节给中国人拜年，同样正在成为惯例：联合国秘书长潘基文、美国总统奥巴马、法国总统奥朗德、英国首相卡梅伦等政要纷纷发表贺词，恭祝中国人民和华人华侨“羊年大吉”。一台能吸引 6.9 亿电视观众的春晚，本身就代表了文化的内在认同，而当春节文化走向世界时，来自世界的认同和参与，无疑让我们对中国文化更加自信。② 有意思的是，印度总理莫迪在他的个人社交网络上，用中文向中国人民祝贺羊年新年；而奥巴马在拜年视频中还幽默用 Lunar new year(农历新年)避开了 the year of ram(公羊年)，the year of goat(山羊年)or the year of sheep(绵羊年)的尴尬。

最后，就像拉斯韦尔模式的线性传播得到批评一样，我们所倡导的泰山文化传播也不仅仅停留在直线传播上，也需要多从受众的角度分析，多从传播媒介的多维度思考，多从不同角度分析和传播文化。同时，我们谈文化失语症是为了从传播学的角度正好地看待、传递和交流我们的优秀文化，当然对已经存在的外文文献，我们也要客观看待，不能人云亦云，需要站在文化的角度正视、审视和阐释。

二、泰山文化海外传播的方向、目标

(一)研究背景

1. 现实背景

中国传统文化的优秀成分，是我们赖以生存的精神食粮，是我们在国际

① 苏瑞隆：《西方学者对泰山文化的研究》，《齐鲁文化研究》总第 2 辑，齐鲁书社 2003 年版，第 239 页。

② 参见吴铎：《当世界向中国拜年，国人更应自省》，2015 年 2 月 20 日，https://news.ifeng.com/a/20150220/43204802_0.Shtml。

舞台上引以为豪的独特魅力。在中央外事工作会议上，习总书记指出："……要在坚持不结盟原则的前提下广交朋友，形成遍布全球的伙伴关系网络。要提升我国软实力，讲好中国故事，做好对外宣传。"在党的新闻舆论工作座谈会上，他强调，要加强国际传播能力建设，增强国家话语权，集中讲好中国故事，同时优化战略布局，着力打造具有较强国际影响的外宣旗舰媒体。

在这一大环境下，立足地方文化，传播优秀的地方文化，是地方院校外语专业师生责无旁贷的义务。五岳独尊的泰山是中国文化的缩影，不仅浓缩了传统的优秀文化，还充满神奇色彩的文化故事。我们立足泰山，讲述泰山故事，传播泰山文化，在国际视野中推广泰山，具有重要的时代意义。

2. 理论背景

1990年，约瑟夫·奈[①]首先提出软实力(Soft Power)概念，之后国内外专家学者和他本人均对软实力进行不同程度的阐释和应用。作为软实力的文化研究一直是我们国家文化建设的重点，也是实现中华民族伟大复兴的重要前提。

文化作为软实力具有对内凝聚，对外吸引、动态兼容性以及传承传播等基本特点。中国传统文化经过几千年的发展，既保留了传统的精髓，也不断发展壮大，吸取了新的营养，具备现代社会的蓬勃生机，不断实现了其作为软实力的价值。随着国际交流的不断加强，中国传统文化和世界文化相互融合，求同存异，文化也在创新，并在不同程度上影响、塑造和改变世界。

(二)作为软实力的泰山文化

泰山是中国文化史的一个局部缩影(郭沫若语)。泰山文化主要是以帝王封禅为主要表现形式的政治文化(名山文化)和民俗文化相结合的一种独特的文化现象。而具体来讲，泰山文化资源涉及政治、历史、自然、地理、旅游、经济、社会、宗教、民俗、艺术、地质等多个方面，在各个类别、层次文化内容上均有表现。每年，慕名来泰山旅游、朝圣和熟知泰山来此祭拜、研究和休闲的民众络绎不绝。其中就有一些外国游客或因好奇、或因研究、或因受别人推介来到泰山一览众山小。作为软实力的泰山，因其地理历史特点和神奇的故事充满了凝聚力、吸引力和传播力。

---

① 约瑟夫·奈(Joseph S. Nye Jr,1937～)，美国哈佛大学政治学博士，曾出任卡特政府助理国务卿、克林顿政府国家情报委员会主席和助理国防部长，曾任肯尼迪政府学院院长，现为该院教授。约瑟夫·奈是国际关系理论中新自由主义学派的代表人物，以最早提出"软实力"(Soft Power)概念而闻名。

1. 泰山的凝聚力

泰山以五岳独尊、五岳之首、第一山等形象展现在世人面前，本身充满巨大的凝聚力。神话故事里将泰山描述为“开天辟地”的盘古的头部化身，足见其在人们心目中的深刻影响。后经过远古时代的柴祭[①]、帝王封禅、普通民众的信仰夙愿、东岳庙会等民俗活动的举办，泰山逐步在人们心目中建立起巨大的山岳形象，具有举足轻重的作用。人们向往泰山、崇尚泰山，体会“会当凌绝顶，一览众山小”，每年来泰山旅游的游客都呈增长趋势。2012年1月22日(除夕)0时至1月28日(正月初六)24时，泰山景区累计接待进山进景点游客261746人，同比增长2.78%；其中进山游客102486人，同比增长1.78%，游客量创历年春节黄金周最高纪录。2013年10月1日14:00至10月2日14:00，各投诉站均没有接到游客投诉，景区实现进山进景点游客72221人，其中进山游客64868人。截至10月2日14:00，假日期间累计进山进景点游客93666人，其中购票进山游客84347人。2015年5月2日14:00至5月3日14:00，泰山景区接待进山进景点游客75764人；截至5月3日14:00，假日期间累计接待进山进景点游客202256人。除了“五一”“十一”和春节假期，每年“三月三”“泰山老奶奶生日”“东岳大帝生日”等民间信仰节日期间，也有大量信众来泰山祈福。

2. 泰山的吸引力

泰山以其悠久的历史渊源和丰富的文化内涵吸引国际友人。泰山自古就吸引了大批国外的地质学家、画家、诗人、摄影家、游客、传教士、汉学家等来到泰山，赞美泰山，表达泰山、研究泰山、传播泰山。根据周郢《万邦瞻岱——泰山与中外文化交流》[②]，早在西汉时期，就有来自安息(伊朗)、苏谢(西域诸国)等使节随同。17世纪之初俄罗斯帝国大臣尼·斯·米列斯库(N. Spataru. Milescu)所著《中国漫记》中已出现有关泰山的介绍。画家坎普在晚清时期来到泰山，游历泰山，不仅留下了登泰山的相关记载，还留下了两部关于泰山的画作。现当代研究泰山的汉学家达白安于2004年发表了研究泰山的专著《身份的反观：中国晚期的泰山朝觐》(*Identity Reflections: Pilgrimages to Mount Tai in Late Imperial China*)。这本书是当代最全面、最翔实、最深刻的泰山研究外文专著。全书主要研究内容分成两大部分，第一部分是文化地层学，从历史、自然的角度描述泰山的多重身份；第二部分帝国晚期的朝觐，分别从朝圣者的身份讲述香客、清帝为了朝代正统和文学作品里的朝圣。除了文化内容研究，泰山风景名胜区管理委员会也推

① 《尚书·舜典》：“舜帝，岁二月，东巡狩，至于岱宗。柴，望秩于山川。”

② 周郢：《万邦瞻岱——泰山与中外文化交流》，《华夏文化》2007年第3期。

出系列国际活动吸引国际友人，如：国际登山节、东岳庙会、泰山东岳庙会暨中国台湾信众泰山行、韩国民俗文化交流周、环泰山马拉松赛、迷你马拉松赛等活动。不同形式的国际活动也真正吸引了世界各地的友人来此了解泰山，传播泰山。

3. 泰山的影响力

传播力决定影响力，随着泰山被评为世界文化与自然双遗产（1987）、世界地质公园（2006）以及国际登山节等活动的展开，泰山越来越被世界认识和接纳，而泰山文化也在现当代借助现代媒体得到广泛传播，对全世界产生影响力。现代媒体诸如微博、微信、博客、宣传网站、短剧等等将泰山推向世界。比如岱庙景区不仅建立了专门的网站宣传岱庙的历史文化，还经常举办讲座等活动通过微信平台向民众传播泰山文化。而中华泰山网、泰山等网站也时刻关注泰山，宣传泰山。电视剧《石敢当之雄峙天东》讲述了泰山石敢当的神话传说，将石敢当这一民间传说发扬光大。另外，由于文化交流的增进，泰山的研究学者和国际交流频繁，一些国际会议的召开也使得众多国际友人来泰山寻踪觅迹，追本溯源，探讨泰山文化。定期召开的中、日、韩、越等山岳文化研讨会便是很好的国际平台，使得泰山得到更广泛关注，增强了它的传播力。而泰山玉得到世界认可也是首先通过搜狐新闻继而在微信平台传播的。

（三）泰山文化的国际传播：现状和对策

泰山文化具备凝聚力、吸引力和影响力，本身就是软实力。然而泰山文化在国际传播过程中也会遇到一些不兼容、不被理解接受的问题，即文化传播的“失语”[①]现象。以下就泰山文化的传播主体、传播内容、传播途径三个方面分别阐述泰山文化在国际传播中的问题现状，并提出相应对策。

1. 泰山文化传播主体

传播主体即传播者，通俗来讲就是谁来传播。泰山文化的传播主体包括政府、大众和个人。政府等官方机构对于泰山文化不遗余力的宣传和积极与诸如联合国教科文组织等国际机构合作，是泰山文化走向世界的重要窗口。大众群体也是泰山文化的重要参与者，他们构成了泰山文化通俗化的主体。泰山的集邮爱好者、民间团体（诸如以石敢当为研究内容的民间团体或组织）均在泰山文化传播中起着重要的作用。泰山文化也不乏个人的力量，很多泰山文化的爱好者通过开博客、摄影展、画展等方式来宣传泰山文化，让更多的人了解泰山。

---

① 从丛：《“中国文化失语”：我国英语教学的缺陷》，《光明日报》2000年10月19日。

传播主体对信息具有选择性倾向，是有目的有选择地进行信息传播的，传播学称之为“守门人”角色。也就是说，对所传播的信息，传播者的理解和表达是传播内容的重要决定者，而传播者因为对信息的理解层次不一样，传播起来就会有差异，从而影响传播效果。学者理解的泰山文化是有学术性的，并且是有史有据的，而普通民众理解的泰山文化是通俗的，并且是口口相传的，有的并未经考证，因此传播起来就会有差异，甚至大相径庭。比如“五大夫松”①。学者分析松树的来龙去脉，考证何时毁坏及重植时间，但是普通民众理解的是松树的数量问题，还有的会忽略掉这一树木所代表的历史故事。

在泰山文化国际传播中，面对不同传播主体的信息选择问题需要有一套完整系统一致的宣传团队，这个团队需要经过系统知识的培训，对泰山文化有一致的态度和学习，这样传播起来才不至于有出入。而要建立这样一个传播团队，不仅需要有丰富的专业的泰山文化知识储备，更需要精通各国语言，并且通晓目的语文化，这样传达文化才会更加贴切、直观、准确和一致。而对于缺乏考证的历史现象和文化现象也需要有能力引证各个史书作出的不同解读。比如“斗母宫”，在不同的英语作品里，有不同的翻译。有的译作“Big Dipper's Mother”，有的译作“Big Bear's Mother”，其实这两个词语均是同一个所指。

2. 泰山文化传播内容

泰山文化博大精深、丰富多彩，充满历史、地理、文学、艺术、自然、信仰等各类文化知识，然而现在的状况是并非泰山文化内容完全走向了世界，很多文化内容并未完全传达到世界上。一个实例是一组印尼的汉学爱好者来到泰山游学，当笔者问及他们泰山因什么而出名的时候，他们表示出茫然，还有的回答泰山是因孙悟空而出名。面对这些回答，只能说我们在传播文化的时候没有精准、没有贴切或者根本没有传达到位。

传播主体对这些层次的文化理解有所差异，对所传播的文化内容就会产生不同的编码问题，比如上面提到的斗母宫的翻译问题。这里很重要的问题就是语言。语言在文化内容的编码上起着至关重要的作用，对语言的熟知掌握程度和对文化的理解程度直接决定了文化传播的成功与否。既然泰山文化内容如此丰富，那么如何才能做到编码的恰当呢？泰山文化内容的承载需要语言，诸如英语、法语、韩语、德语、日语，等等。语言承载文化、表达文化，也塑造了文化。某一语言对文化的表达如果没有忠实源文化，而

① 五大夫是秦朝最小的官级，因为秦始皇登泰山祭祀遇到大暴雨，在大松树下躲雨，随后封这棵树“五大夫”松。

是随心所欲地翻译，必然讲不清楚文化的内涵。所以传播内容需要某一语言的贴切的翻译、介绍和研究，让源语言文化和目的语翻译的文化达成有效的、系统的一致。

在目的语翻译的文化里，还涉及目的语国家受众接受的问题。如果我们“曲高”就可能造成“和寡”，优秀的文化并不能传达给对方。泰山文化的博大精深需要用语言也需要在目的与文化里寻找相类似的文化进行类比、对比或者比喻，让对方更容易理解、更好地接受并且能更愉快的畅谈，从而吸引更多的国际友人来到泰山。另外，将泰山文化内容分类整理论述也是必要的内容整合，在国际上传播更有目的性，更能体现效率。比如建筑，泰山的建筑有中国传统的亭台楼阁，也有受佛教影响的菩萨寺庙，还有充满神秘色彩的石碑、石刻等。如果能系统整理翻译成册将使泰山文化的国际传播事半功倍。

3. 泰山文化传播途径

文化的传播途径就是传播的媒介，也就是通过什么渠道将源文化传达到接受者那里。泰山文化传统的传播途径一般是书籍、电视、网络平台如博客、微博等。现在，得益于信息时代的演进，泰山文化的传播也出现了越来越多、越来越高科技、越来越丰富的状态。旅游部门推出的系列旅游活动微信平台、博物馆的微信平台等都能迅速将信息传达给大众。然而，国际传播中，媒介的应用还比较少，绝大多数靠的是片段的翻译，而外语的信息平台并没有凸显。泰山于1987年被联合国教科文组织评为世界自然、文化双遗产，2006年被评为世界地质公园，这样的信息宣传还亟待加强，而通过与世界其他国家和地区的自然、文化、地质遗产合作交流提高泰山的传播效果也将是必要的途径。

值得一提的是，很多泰山文化研究的专家学者得以有机会走出国门和国际友人交流泰山文化。泰山学院的泰山研究院不仅和韩国、日本建立了友好联谊，轮流召开山岳文化的盛会，更有越南等东南亚国家的参与，形成山岳文化、民俗文化研究的友好气氛。2017年第三届世界名山研讨会的召开更是有英国、德国、巴西、南非等国际专家和国内大中院校、旅游、历史文化等部门的专家学者参会。这里泰山文化的传播媒介就是文化学者，他们及其作品充当泰山文化的传播介质向国际社会传达泰山的文化信息。值得展望的是，如果欧洲、美洲等更多的国家参与进来，泰山将是当之无愧的世界文化、文明的圣地。跟与会专家的交流可窥一斑，很多人只知道泰山五岳独尊的称号却不知道所以然，而很多国际专家还不知道泰山和泰安的寓意。

另外，代表泰山文化的符号，如泰山石敢当、泰山玉、泰山特产等慢慢走向国际，参与国际交流也是必不可少的传播途径和载体。透过一个个文化符号来了解泰山文化是最直接的途径，所以文化符号的开发与传播将是一个重要的话题。

由上可以看出，大量的国际化的传播手段还亟待发掘和使用，需要利用互联网和国际频道来让更多人了解泰山、熟知泰山。另外，更加专门化的泰山文化符号代表也需要广泛开展国际合作，这样让这些文化符号代表泰山文化与国际展开深层次交流。2014 年 1 月 18 日，中华网多语种全媒体平台启动仪式上，专家领导均为多语种、全媒体、多终端的互联网服务平台献计献策，其中佟力强会长在致辞中提到传播创新、传播方式方法要贴近境外受众的信息需求、思维特点、接受习惯，善于运用现代传播技巧和国际通用规则，讲好中国故事，传播好中国声音，努力在提供信息服务中实现引导，在交流互动中形成共识，做到“中国立场，国际表达”“中国形象，国际包装”。

（四）总结

《光明日报》2014 年 1 月 13 日（第 7 版）《让我们的文化软实力硬起来》提到，传播文化软实力的基本功，是“讲好故事”。讲好故事，“曲高”的同时做到“和众”，往往事半功倍。中国传统的忠孝仁义靠民间故事宣扬传承……我们不妨套用这一理念用国际话语讲述泰山文化，传播泰山文化，用国际友人喜闻乐见的、浅显的、通俗的形式将我们的优秀泰山文化知识传递到对方，显示出泰山的独特魅力，让泰山作为国际名山屹立于世界之巅。

鉴于泰山双遗产和其世界地质公园的价值，泰山文化海外传播的路径和效果也亟待发展和完善。泰山文化海外传播不是简单地翻译中文，自说自话或者是对外说教，而应该是一种基于“中国立场、国际表达”的跨文化沟通过程。其表现形式从研究的角度可以是著书立说，从实践的角度可以通过通俗、接地气的而又符合国际规则的无数大大小小的具体项目落实推进。

响应讲好泰山故事，传承传播中华优秀传统文化的时代要求，研究者通过对泰山文化的专业学习以及对近十年来搜集到的大量泰山文化的珍贵外文文献进行分类整理发现：大部分外文文献对泰山既有崇拜又有相当的认知局限性（认知误区）。作为从事泰山文化海外传播的外语人，通过引入中西文化对比研究，力图校正外文文献中的认知误区，并寻找中西文化双方碰撞的火花点，作为泰山文化走向海外的桥梁，从而提高泰山的知名度，促进泰山文化的海外传播。

附录《咬文嚼字：英汉语言里的泰山文化对比研究》是作者在泰山文化海外传播方面作出的积极探索之一。论文以英文发表。

附录
咬文嚼字:英汉语言里的泰山文化对比研究

摘要:本论文主要阐述了泰山文化在英汉语言里是如何表达的,进而分析这些表达方式,发现泰山文化在英汉语表达中的特色和差异。在泰山文化的交流中需要了解这些特色和差异,以促进泰山文化的国际交流。

关键词:泰山文化;英语;汉语

语言是文化的一部分,并对文化起着重要的作用。有些社会学家认为,语言是文化的冠石——没有语言就没有文化;从另一个方面看,语言又受文化的影响,反映文化。可以说,语言反映一个民族的特征,它不仅包含该民族的历史和文化背景,而且蕴含着该民族对人生的看法、生活方式和思维方式(邓炎昌、刘润清,1997)。文化丰富多彩,语言千差万别,语言和文化又密不可分,那么对于同一文化内容在不同语言中是如何反映的呢?本文就泰山文化在英、汉两门语言中的表达方式为例来阐述其中的特点。

1.1　汉语里的泰山及相关文化表达

"泰山"一词在汉语里表达内容丰富,大都有出处和典故,具有深刻的历史和文化因素,是一个充满内涵的词语,而与之相关的字词、诗歌、文章等也均有史可循,堪称文化经典。

提到泰山就会想到"五岳独尊"。根据《述异记》[1]记载,五岳的来源有些

[1] 《述异记》,南朝梁代著名文学家任昉(460～508)撰,共2卷。其中有篇神话讲的是巨人盘古开天辟地之后倒在神州大地上:头朝东,变成了东岳泰山;腹部变成中岳,左臂变成南岳,右臂变成北岳,两脚变成了西岳。巨人之头变成了东岳,所以泰山就是"五岳之首"了。

神话色彩，但是“独尊”则显示了泰山的气量和地位。唐玄宗《纪泰山铭》已有“五岳之伯”的赞词，但明确提出“五岳独尊”的则是石介《泰山》诗：“七百里鲁甸，北瞻何岩岩。诸山知峻极，五岳独尊严。寰宇登来小，龟蒙视觉凡。此为群物祖，草木莫锄芟。”历史上从舜的巡守到秦皇汉武唐宗宋祖的封禅再到康乾的“龙脉”祭拜，历代君王都对泰山奉若神宗，称之为“五岳独尊”“五岳之宗”“首出万山”“第一山”等，足见泰山威严神圣的历史地位。

泰山的地位之高、力量之重使得很多词语都辅以“泰山”二字进行类比以增强气势，如安若泰山①（安如泰山、稳若泰山、稳如泰山、泰山磐石）形容像泰山一样稳固，不可动摇；而安于泰山则是比泰山还稳固；人心齐，泰山移指的是只要大家一心，就能发挥出极大的力量；泰山不让土壤，故能成其大②（泰山不辞土壤，故能成其高）泰山不排斥细小的土石，所以能那么高大，比喻人度量大，能包容不同的事物；重于泰山，轻于鸿毛③形容意义重大，比泰山还要重或比大雁的毛还轻；泰山北斗④比喻德高望重或有卓越成就为众人所敬仰的人，又作泰斗；笃定泰山⑤是说像泰山那样稳定，比喻有绝对把握，无须忧虑；恩重泰山⑥指的是恩情深厚，比泰山还重；泰山梁木是说像泰山崩塌、梁木毁坏一样，比喻伟人去世；泰山其颓⑦则用于哀悼大家敬仰的人；泰山若厉⑧指泰山剥蚀得像一块磨刀石那样大，比喻时间久远。

也有的词语拿泰山进行反衬，起到强烈的对比作用，如挟泰山以超北海⑨（挈泰山以超江河）指夹着泰山跨越北海（江河），比喻做绝对办不到的事；一叶障目，不见泰山⑩（一叶蔽目，不见泰山）指一片树叶挡住了眼睛，连面前高大的泰山都看不见，比喻为局部现象所迷惑，看不到全局或整体；泰山鸿毛则比喻轻重相差极大；蚂蚁搬泰山比喻群众力量大，齐心协力，就可

---

① （唐）李延寿《南史·梁纪下论》：“自谓安若泰山，算无遗策。”又（宋）周密《齐东野语》卷十七：“夜宿丈人之馆，安若泰山。”

② （秦）李斯《谏逐客书》：“是以泰山不让土壤，故能成其大；河海不择细流，故能就其深；王者不却众庶，故能明其德。”

③ （汉）司马迁《报任少卿书》：“人固有一死，或重于泰山，或轻于鸿毛。”

④ （宋）欧阳修等《新唐书·韩愈传赞》：“自愈没，其言大行，学者仰之如泰山北斗云。”

⑤ 周而复《上海的早晨》第一部：“（徐总经理说）：那没问题，包在我身上，笃定泰山！”

⑥ （宋）刘攽《彭城集·次韵孙少述二首》：“君恩重泰山，未有毫发酬。”

⑦ 《礼记·檀弓上》：“孔子蚤作，负手曳杖，消摇于门，歌曰：‘泰山其颓乎！梁木其坏乎！哲人其萎乎！’”

⑧ 《史记·高祖功臣侯者年表》汉高祖刘邦大封功臣的“封爵之誓”：“使黄河如带，泰山若厉，国以永存，爰及苗裔。”意思是：即使到了黄河变成像衣带一样的小河，泰山变成只有磨刀石那样大小，所封的国土都永远存在，一直遗传到子孙后代。

⑨ 《孟子·梁惠王上》：“挟泰山以超北海，语人曰：‘我不能，’是诚不能也。”

⑩ 《鹖冠子·天则》：“一叶障目，不见泰山；两豆塞耳，不闻雷霆。”

以完成巨大的任务；捧土加泰山①指的是用手捧土增加泰山的高度，比喻不自量力；有眼不识泰山②指不认识泰山，比喻见闻太窄，认不出地位高或本领大的人；泰山压顶③指泰山压在头上，比喻遭遇到极大的压力和打击；泰山压卵④则指泰山压在蛋上，比喻力量相差极大，强大的一方必然压倒弱小的一方。

在诗歌中，泰山也是诗人争相咏诵的对象。一句"孔子登东山而小鲁，登泰山而小天下"⑤吸引无数人来泰山小天下；杜甫《望岳》名句"会当凌绝顶，一览众山小"一直是登泰山的原动力；李白的《游泰山六首》、谢道韫的《泰山吟》等诗歌一直是对泰山的无比赞美和惊叹。

另外，与泰山相关的词语也是比比皆是，大都有文化内涵和典故深意，比如封禅⑥、圣地、圣诞、朝圣、石敢当、舍身崖、无字碑、丈人峰、五大夫松等等。

1.2　英语里的泰山及相关景点、名胜古迹的文化表达

英语里的"泰山"二字基本上是音译，比如：Taishan、T'aishan、Mount Tai，而对于各个泰山相关的景点或名胜古迹也大多采取音译的形式，如《泰安曲阜指南》⑦里的实例全部首先以音译介绍出现：Tai-miao（岱庙）、P'aifang

① （汉）韩婴《韩诗外传》卷八："臣赐何敢甚言，尚虑不及耳！臣誉仲尼，譬犹两手捧土而附泰山，其无益亦明矣；使臣不誉仲尼，譬犹两手杷泰山，无损亦明矣。"

② （明）施耐庵《水浒传》第二回："师父如此高强，必是个教头，小儿'有眼不识泰山'。"又（清）李宝嘉《官场现形记》第二十五回："到如今你拿他当古董铺老板看待，真正有眼不识泰山了！"另外有如下典故：木匠的祖师爷是鲁班，手艺巧夺天工，非常高明。传说他曾用木头做成飞鸟，在天上飞三天三夜都不下来。可就是这样一位高人，也有看走眼的时候。鲁班招了很多徒弟，为了维护班门的声誉，他定期会考察淘汰一些人。其中有个叫泰山的，看上去笨笨的，来了一段时间，手艺也没有什么长进，于是鲁班将他扫地出门。几年以后，鲁班在街上闲逛，忽然发现许多做工精良的家具，做得惟妙惟肖，很受人们欢迎。鲁班想这人是谁啊，这么厉害，有人在一旁告诉他："就是你的徒弟泰山啊。"鲁班不禁感慨地说："我真是有眼不识泰山啊！"

③ （明）贾凫西《木皮词·正传》："给了他个泰山压顶没有躲闪，把那助纣为虐的杀个净，直杀的血流漂杵，堵了城门。"

④ （南朝宋）范晔《后汉书·广陵思王荆传》："功易于太山破鸡子，轻于四马载鸿毛，此汤武兵也。"又（唐）房玄龄等《晋书·孙惠传》："况履顺讨逆，执政伐邪，是乌获摧冰，贲育拉朽，猛兽吞狐，泰山压卵，因风燎原，未足方也。"

⑤ 《孟子·尽心上》："孔子登东山而小鲁，登泰山而小天下，故观于海者难为水，游于圣人之门者难为言。观水有术，必观其澜。日月有明，容光必照焉。流水之为物也，不盈科不行；君子之志于道也，不成章不达。"

⑥ 古代帝王在太平盛世或天降祥瑞之时的祭祀天地的大型典礼，其中"封"为"祭天"（多指天子登上泰山筑坛祭天），"禅"为"祭地"（多指在泰山下的小丘除地祭地）。

⑦ Von F. Drasmann, *T'aishan-Küfow-Guide*, Cath. Miss. Press Yenchowfu, Shantung, 1934.

(牌坊)、Pi-hsia-yüan-kün(碧霞元君)、T'aishan nai-nai(泰山奶奶)、Tian nai-nai(天奶奶)、the T'aishan(泰山神)、Tow-mu-kung(斗母宫)、Wu tai fu sung(五大夫松)、Shih pa pan(十八盘)、Ai-shen yai(爱身崖)、She-shen yai(舍身崖)、Shen-k'an(神龛)、Yü hwang(玉皇)、Tao shih(道士)、Fo(佛)、Hei-lung tan(黑龙潭)、Mount Lan-chu shan(拦住山)、Ch'ang-show K'iao(长寿桥)等等。

还有一些采取意译的形式,比如《泰安曲阜指南》里除了汉语的音译还采取了阐释性意译,让读者更明确作者介绍的对象,如:Tai Temple(岱庙)、honrary arch(牌坊)、the etherial, sunlike goddess(碧霞元君)、the T'aishan (grand) mother(泰山奶奶)、the heavenly mother(天奶奶)、the T'aishan god(泰山神)、The Great Bear① Mother's Palace(斗母宫)、eighteen windings(十八盘)、cliff to joy life(爱身崖)、the cliff where life was sacrificed for (parents)-the suicide cliff(舍身崖)、shrine(神龛)、the Jade Emperor(玉皇)、Taoist monk(道士)、Buddha(佛)、Black Dragon Gorge(黑龙潭)、wrapped in clouds(拦住山)、bridge to long life(长寿桥)等等。英国画家艾米丽·乔治亚娜·坎普(E. G. Kemp)②将石敢当音译成 Shih Kan Tang,解释为 This stone from Tai Shan can ward off evil spirits。另外,在很多英文作品中,泰山被称为"holy land"(圣土)、the most sacred mountain(最神圣的山、五岳独尊)等等。

泰山元素不仅出现在英语词语里还在英语诗歌作品里精彩呈现。比如美国诗人尤妮斯·蒂金斯(*Eunice Hammond Tietjens*)(1884~1944)的诗作《最神圣的山》(*The Most Sacred Mountain*):

Space and the twelve clean winds of heaven,
And this sharp exultation, like a cry, after the slow
six thousand steps of climbing!
This is T'ai Shan, the beautiful, the most holy.
Below my feet the foothills nestle, brown with flecks

① 斗母宫是北斗七星的母亲,而北斗星(Big Dipper)是大熊座的七颗亮星。大熊座英译为 the Great Bear,拉丁名 Ursae Majoris,缩写 UMa。

② 坎普(E. G. Kemp,1860-1939),英国画家,著有《中国面容》(*The Face of China*)、《中国精神》(*Chinese Mettle*)等。在她的作品《中国面容》里称南天门是"the Gate of Heaven",称爱身崖(舍身崖)是"Cliff of the Love of Life",称爬山的轿夫是"climb-mountain tigers",称香客是"worshipper",称进香的活动是"pilgrimage",称呼舜是"Emperor Shun",称舜的祭祀泰山是"offering",称皇帝的封禅是"sacrifices to God and to earth",称石敢当是"the stones from Taishan accepts the responsibility"。

of green; and lower down the flat brown plain,
the floor of earth, stretches away to blue infinity.
…

诗歌展现了诗人对泰山的热爱和赞美，并且用 the most holy 展现了泰山的地位，诗歌鉴赏家对这首诗也是推崇有加，认为“诗中的风景被描绘得美妙绝伦，给人一种亦梦亦幻的情景感受，在她的诗中，泰山展现出了疾速的白色祥和的空灵之感，一种初来乍到为之一振的新鲜感。”（曾繁健、魏琳，2012）。汉学家将汉语的泰山诗歌译成英文传诵，比如贝克尔（Dwight Baker）[①]的 *T'ai Shan——An Account of The Sacred Eastern Peak* 中每一章均有英译泰山诗句，而且均是知名的汉学家的英译诗歌作品[②]，比如：佛来遮（W. J. B. Fletcher）[③]翻译的《望岳》，其中“会当凌绝顶，一览众山小”翻译为：

But climb to the uttermost peak-
All other hills seem small
As the eye o'verlooks them all!

还有一些为了更清楚介绍泰山及其文化采用了类比等比较的方式，比如盖尔（E. Geil）在《中国五岳》（*The Sacred* 5 *of China*）里将泰安城和古巴比伦的耶路撒冷类比[④]：泰安寓意国泰民安，耶路撒冷寓意平安之城；将登山的盘道和希腊帕德莫斯（Patmos[⑤]）的小路、英国海港克拉弗莱（Clovelly[⑥]）的小路进行比较：前者是朝圣的必经之路，后者陡峭的斜坡台阶恰恰和泰山的盘道有相似之处。

1.3　两种语言表达方式比较

英、汉语言在表达上均突出了泰山及相关文化的内涵，并承载和传递着这些文化内容。比如斗母宫：汉语里斗母宫是指北斗七星的母亲的官殿，而

① 德怀特·贝克尔（Dwight C. Baker）曾是山东基督教大学传教士，著有《泰山：中国圣山东岳的研究》（*T'ai Shan——An Account of The Sacred Eastern Peak*）。

② 亚瑟·韦利（Arthur Waley）将《泰山吟》翻译为了 *Climbing the Eastern Peak*。

③ 佛来遮（William Bainbridge Fletcher）（1871～1933），英国人，20世纪初来华，任英领事馆翻译。清光绪三十四年（1908）起，任福州、琼州、海口等地英国副领事、领事，之后任中山大学英语教授。翻译出版了《望岳》在内的《英译唐诗选》（*Gems of Chinese Verse*，1918）和《英译唐诗选续集》（*More Gems of Chinese Poetry*，1919）

④ Tai An, Great Peace. It recalls the old Babylonian name, Urusalem, City of Peace.

⑤ 指的是希腊的一个小岛，源于《圣经》：传说圣约翰在这个岛上的山洞里得到了天启，写下了《启示录》等圣书。帕德莫斯是基督教徒朝圣的目的地。来参观的人能看到圣约翰得到耶稣启示的洞穴（这个洞穴被称为天启洞）。

⑥ 英国小镇，度假胜地，地势陡峭险峻。

"斗"字发音为汉语拼音的三声而不是四声[①];英语音译 Tow-mu-kung 则仅仅是对地名的称谓,并看不出其中的文化,所以进一步意译为 Big Dipper's Mother's Palace 或 The Great Bear' Mother's Palace 更能让英文阅读者读出其中的文化。这种英语意译的做法解决了英汉文化不对等的情况,减少了文化失语症(Culture Aphasia)(曹顺庆,1995,2006;从丛,2000)的发生。

英语所阐释的泰山文化会存在与本来文化有差异的地方。泰山文化总有其历史渊源和典故,在汉语表达上有时通过字、词的意思就能一目了然。而英语的解释是建立在对泰山文化理解的基础上,虽然也有内涵但是很多英译的表达似乎仅是在英语的理解范围内,表达不出文化本身的内涵和历史。比如,坎普在其作品提到玉皇大帝时说"Yu-Huang, the Taoist Emperor of the Sky, who first drained the Empire[②]",这里"drained"让人匪夷所思,如果是给整个国家"排水",那跟玉皇大帝的身份似乎不符,因为第一个疏通渠道治水的人是大禹。坎普还提到泰山是"one of the four sacred mountains of China[③]",而和我们所熟悉的"五岳独尊"似乎也有差异。贝克尔提到道士的时候用了一个词 Taoist Priest[④],这里的"Priest"用得也过于霸道,因为道教没有神父(牧师)。

泰山文化的汉语表达在某些场合借用了英语的说法变成了有英语味道的泰山文化。比如圣土、圣山、朝圣、圣诞、祷告等等。这些词由英语译介过来,并未完全变成汉语文化的词,反而附带着英语的文化。比如"朝圣"这个词是由英语的"pilgrim"译介而来,而"pilgrim"在词源上也是有演化过程的[⑤],并且一提到这个词便会立刻联想到乔叟(Geoffery Chaucer)在《坎特伯雷故事集》里描述的朝圣的故事,无疑这个词是和宗教信仰紧密联系在一起的。在汉语里,登泰山被称为去"朝圣"一般是指民众到泰山上对泰山老奶奶的祈求和祭拜,这并不是宗教信仰使然,而是一种实现诉求的过程。另外所谓的"圣"也并不是同一个所指,一个是西方宗教的耶稣,一个是中国土生土长的道家神灵碧霞元君。

英汉语言里也存在一些相似但是本质上又不一样的词语,比如"圣土"。

---

① 三声是名词,指北斗星,四声是动词,意为打斗。

② Emily Kemp. *The Face of China*. Duffield Company, New York. 1909. p. 49.

③ Emily Kemp. *The Face of China*. Duffield Company, New York. 1909. p. 45.

④ Dwight Condo Baker. *T'ai Shan: An Account of The Sacred Eastern Peak of China*. The Commercial Press, Limited (Shanghai), 1925. p. 156.

⑤ late 13c., pelrimage; from pilgrim + -age and also from Old French pelrimage, pelerinage "pilgrimage, distant journey, crusade," from peleriner "to go on a pilgrimage." Modern spelling from early 14c.

我们一提到泰山是圣土就会想到五岳独尊的山峰，充满文化色彩的景点，来此封禅的历代皇帝，来朝拜的泱泱民众，留下墨宝的文人雅士、威严凛凛的东岳大帝和有求必应的碧霞元君……而在英语里“holy land”会立刻与宗教信仰挂钩，并且有明确的所指：约旦河和地中海之间，包括约旦河东岸。历史上指的是以色列和巴勒斯坦地区，现在指的是以色列、巴勒斯坦、黎巴嫩、叙利亚和约旦。两相比较，本质截然不同。

1.4　结论

泰山文化博大精深、源远流长，并且自古有中外交流的历史（周郢，2007）。英、汉语言承载的泰山文化既有明显的民族特色又有各自差异存在。了解这些特色和差异既能将本民族文化发扬光大又可以促进泰山文化的国际交流。

参考文献

1. 曹顺庆：《21世纪中国文论发展战略与重建中国文论话语》，《东方丛刊》1995年第3期。

2. 曹顺庆：《再说“失语症”》，《浙江大学学报》（人文社会科学版），2006年第1期。

3. 从丛：《中国文化失语：我国英语教学的缺陷》，《光明日报》2000年10月19日。

4. 邓炎昌、刘润清：《语言与文化》，外语教学与研究出版社1997年版。

5. 周郢：《万邦瞻岱——泰山与中外文化交流》，《华夏文化》2007年第3期。

6. 曾繁健、魏琳：《英诗中国元素赏析》，冶金工业出版社2012年版，第179页。

后记

2021年9月，新学期开学季，这部书稿也迎来了完稿之时。本书从2019年1月开始，历经两年多时间，先后经历了资料搜集、筛选、整理、翻译、撰写、反复修改、定稿等一系列过程。虽然书稿开始写作于2019年，然前期也经历了断断续续近七年的资料收集和酝酿储备。这些外文泰山资料时间跨度长、内容丰富，作者涉及十余个国家。所搜集到的资料大都来源于公开发表的报纸、书籍、文章、杂志、诗歌译作、画作（包括黑白手绘和彩色作品）以及夹杂在书籍中的若干图片，还有些是直接从国外图书馆、博物馆购买的，这些资料均从不同侧面介绍了泰山以及泰山文化，极具史料和研究价值。

合上电脑，写作过程中的点点滴滴，历历在目。回忆起过程的酸甜苦辣，不觉热泪盈眶，顿时感悟：写作不易！曾几何时，熬夜凌晨。眼望电脑，思绪凌乱。偶有灵感，匆忙记之。苦中作乐，聊以慰藉。

自2012年以来，本人一直致力于泰山文化海外传播研究。2013年，作为重要成员，与团队共同申报并获批山东省社会科学规划研究项目"中国文化软实力建设视角下的泰山文化对外传播现状调查研究"。经过近十年外文文献资料的搜集、整理和翻译，终于完成拙作，作为本项目的结题成果。

"文明因交流而多彩，文明因互鉴而丰富。"讲好中国故事，传承传播中华优秀传统文化是时代的必然要求。本人认为弘扬泰山文化，做好泰山文化的海外传播不是简单地翻译中文、自说自话或者是对外说教，而应该是一种基于"中国立场，国际表达"的跨文化沟通过程。作为从事泰山文化海外传播的外语人，本人将继续以泰山文化外文文献为研究对象，通过引入中西文化对比的方法，寻找中外泰山文化碰撞的火花，用符合国际规则和文化思维的方式架起泰山与海外沟通的桥梁，促进泰山文化的海外传播，共享世界灿烂文明。

在该书即将付梓之际，稍显激动，感激之情，溢于言表。书稿完成得益于众多良师益友的帮助和鼓励。一是该书大量引用了国内外贤达的著述，在此谨向各位学术前辈、专家同仁表示感谢；二是拙著写作和修改的过程中，得到了我的老师山东大学外国语学院马文教授的不断鼓励与支持，坚定了我近十年以来在此领域的不断探索与进步；还有泰山学院泰山研究院聂立申教授的专业知识和宏观指导，帮我奠定了本书稿的框架，我所在的单位泰山学院给了我发挥的舞台和出版资助，在此一并表达我深深的谢意。尤其要感谢的是山东大学出版社王桂琴教授、刘森文编辑在后期书稿修改和出版过程中高水准的专业帮助和让人感动的理解和支持。最后要感谢我的丈夫修志华，长期以来给了我默默的支持；儿子修显皓，聪明好学，乖巧懂事，是我内心强大的动力，谢谢你们！

该书的出版，仅是自己一点浅薄见解，因专业水平还需提高，学识不够渊博，知识把控能力不足，书中肯定有疏漏和不妥之处，在此，敬请各位专家同仁、读者批评指正。

最后用两句话给自己的在此领域的探索暂时画个小小句号：

感谢一切历练，促我进步，

感谢一切美好，让我欣慰！

田 芬

2021 年 9 月于泰山脚下